Couvertures supérieure et inférieure
en couleur

LA VIEILLE ROCHE

Le Marquis de Lanrose

PAR

EDMOND ABOUT

NOUVELLE ÉDITION

PARIS
LIBRAIRIE HACHETTE ET Cⁱᵉ
79, BOULEVARD SAINT-GERMAIN, 79

1905

Librairie HACHETTE et C⁽ⁱᵉ⁾, boulevard Saint-Germain, 79, à Paris.

BIBLIOTHÈQUE VARIÉE, FORMAT IN-16
ROMANS, NOUVELLES ET OUVRAGES DIVERS

Première série, à 3 fr. 50 le volume broché

ABOUT (Ed.) : *Le turco*, 1 vol.
— *Madelon*, 1 vol.
— *Le roman d'un brave homme*, 1 vol.

CHERBULIEZ (V.), de l'Académie française :
— *Le comte Kostia*, 1 vol.
— *Le grand œuvre*, 1 vol.
— *Le fiancé de Mlle Saint-Maur*, 1 vol.
— *Samuel Brohl et C⁽ⁱᵉ⁾*, 1 vol.
— *L'idée de Jean Téterol*, 1 vol.
— *Amours fragiles*, 1 vol.
— *Miss Rovel*, 1 vol.
— *La bête*, 1 vol.
— *Les vacances de comte Ghislain*, 1 vol.
— *Le secret du précepteur*, 1 vol.

CHERBULIEZ (V.) (suite) : *Après fortune faite*, 1 vol.
— *Jacquine Vanesse*, 1 vol.

DAUDET (Ernest) : *Le roman d'un nouveau riche, Hérault de Séchelles et les dames de Bellegarde*, 1 vol.

FEYDEAU (E.) : *Le secours des eaux*, 2 vol.
— *Contes d'Italie*, 1 vol.

GEBHART (Émile), de l'Académie française : *D'Ulysse à Panurge, contes héroï-comiques*, 1 vol.
— *Conteurs florentins du moyen âge*, 1 vol.

LYNCH (Miss Hannah) : *Les érudites, histoire d'une petite fille*, trad. de l'anglais, 1 vol.

GUINOT DE GUÉPINIER : *Amour de philosophe, Bernardin de Saint-Pierre et Félicité Didot*, 1 vol.

SAINTINE (X.) : *Piccioletta*, 1 vol.
— *Seule*, 1 vol.

VERCONSIN : *Saynètes et comédies*, 2 vol.

Deuxième série, à 3 fr. le volume broché

ERCKMANN-CHATRIAN : *L'ami Fritz*, 1 vol.

BLANCO-IBANEZ (V.) : *Boue et Roseau*, traduit de l'espagnol, 1 vol.

GALDOS (P.) : *Miséricorde*, traduit de l'espagnol, 1 vol.

PUYMAIGRE (C.) : *L'œuvre de Chardonne, Extraits choisis*, 1 vol.

PEREDA (José-Maria de) : *Soltilezza*, traduit de l'espagnol, 1 vol.

ROUSTIÈRE (M.) : *L'œuvre de Lamartine, Extraits choisis*, 1 vol.

OSTANO (E.), de l'Académie française : *Les sentiers noirs*, poésies.

TOLSTOÏ (Comte) : *La guerre et la paix* (1805-1815), roman historique, 3 vol.
— *Anna Karénine*, 2 vol.
— *Souvenirs. Enfance. — Adolescence. Jeunesse*, traduits par A. Hachin, 1 vol.

Troisième série, à 2 fr. le volume broché

ABOUT (Ed.) : *Germaine*, 1 vol.
— *Le roi des montagnes*, 1 vol.
— *Les mariages de Paris*, 1 vol.
— *L'homme à l'oreille cassée*, 1 vol.

ABOUT (Ed.) (suite) : *Maître Pierre*, 1 vol.
— *Trente et quarante. — Sans dot. — Les paysans de Bernard*, 1 vol.

GRAND (J.) : *Le tueur de lions*, 1 vol.

Quatrième série, à 1 fr. le volume broché

ACHARD (Ed.) : *Alsace*, 1 vol.
— *Les mariages de province*, 1 vol.
— *La vieille roche*, 3 vol. :
  Le nœud tragique, 1 vol.
  Les vacances de la comtesse, 1 vol.
  Le marquis de Louvois, 1 vol.
— *L'Isidone*, 1 vol.
— *Le Fellah*, 1 vol.
— *Tolla*, 1 vol.

BARNUM (P.-T.) : *Les Millions de Ph. Nag, amuseur des peuples, autobiographie*, par J. Soudan, 1 vol.

BERNARDIN DE SAINT-PIERRE : *Paul et Virginie*, 1 vol.

BERTHET (E.) : *Les houilleurs de Polignac*, 1 vol.

CHERBULIEZ (V.), de l'Académie française :
— *Prosper Randoce*, 1 vol.
— *Paule Méré*, 1 vol.
— *Le roman d'une honnête femme*, 1 vol.
— *L'aventure de Ladislas Bolski*, 1 vol.

CHERBULIEZ (V.) (suite) : *La revanche de Joseph Noirel*, 1 vol.
— *Meta Holdenis*, 1 vol.
— *Miss Rovel*, 1 vol.
— *Noirs et Rouges*, 1 vol.
— *La ferme du Choquard*, 1 vol.
— *Une gageure*, 1 vol.
— *Profils étrangers*, 1 vol.

ÉNAULT (L.) : *Les perles noires*, 2 vol.
— *Le baptême du sang*, 2 vol.
— *L'amour et la guerre*, 2 vol.

VINON : *Contes du Centenaire*, 1 vol.

HOUSSAYE (A.) : *Sculpteurs. — Peintres. — Musiciens*, 1 vol.

LAS CASES (Comte de) : *Souvenirs de l'empereur Napoléon I⁽ᵉʳ⁾*, 1 vol.

MARCO DE SAINT-HILAIRE (E.) : *Anecdotes du temps de Napoléon I⁽ᵉʳ⁾*, 1 vol.

TOPFFER (R.) : *Nouvelles genevoises*, 1 vol.
— *Rosa et Gertrude*, 1 vol.
— *Le presbytère*, 1 vol.
— *Réflexions et menus propos d'un peintre genevois*, 1 vol.

1031-05. — Coulommiers. Imp. PAUL BRODARD. — 9-05-1554.

LA VIEILLE ROCHE

LE MARQUIS

DE LANROSE

OUVRAGES DU MÊME AUTEUR

PUBLIÉS DANS LA BIBLIOTHÈQUE VARIÉE
PAR LA LIBRAIRIE HACHETTE ET Cⁱᵉ

PREMIÈRE SÉRIE, A 3 FR. 50 LE VOLUME BROCHÉ

Le comte Kostia.	16ᵉ édition;	un vol.
Le grand œuvre.	4ᵉ —	un vol.
Le fiancé de Mlle Saint-Maur . . .	6ᵉ —	un vol.
Samuel Brohl et Cⁱᵉ.	8ᵉ —	un vol.
L'idée de Jean Têterol.	9ᵉ —	un vol.
Amours fragiles.	4ᵉ —	un vol.
Olivier Maugant.	7ᵉ —	un vol.
La bête	8ᵉ —	un vol.
La vocation du comte Ghislain . .	6ᵉ —	un vol.
Le secret du précepteur	6ᵉ —	un vol.
Après fortune faite	6ᵉ —	un vol.
Jacquine Vanesse	3ᵉ —	un vol.
L'art et la nature	2ᵉ —	un vol.
L'Allemagne politique	2ᵉ —	un vol.
Hommes et choses d'Allemagne.		un vol.
L'Espagne politique (1868-1873).		un vol.
Hommes et choses du temps présent.		un vol.

QUATRIÈME SÉRIE, A 1 FR. LE VOLUME BROCHÉ

Prosper Randoce	6ᵉ édition;	un vol.
Paule Méré.	8ᵉ —	un vol.
Le roman d'une honnête femme. .	15ᵉ —	un vol.
L'aventure de Ladislas Bolski. . .	10ᵉ —	un vol.
La revanche de Joseph Noirel. . .	6ᵉ —	un vol.
Meta Holdenis.	8ᵉ —	un vol.
Miss Rovel	13ᵉ —	un vol.
Noirs et Rouges.	9ᵉ —	un vol.
La ferme du Choquard	10ᵉ —	un vol.
Une gageure	8ᵉ —	un vol.
Profils étrangers.	3ᵉ —	un vol.

1091-05. — Coulommiers. Imp. PAUL BRODARD. — 9-05.

LA VIEILLE ROCHE

LE MARQUIS DE LANROSE

PAR

EDMOND ABOUT

CINQUIÈME ÉDITION

PARIS
LIBRAIRIE HACHETTE ET Cie
79, BOULEVARD SAINT-GERMAIN, 79

1905

Droits de traduction et de reproduction réservés.

LE MARQUIS
DE LANROSE

I

ÉLIANE

Le monde est plein de gens que vous connaissez un peu sans avoir le loisir ni même le désir de les connaître beaucoup. On les rencontre, on les salue, on leur serre ou on leur baise la main, selon le sexe auquel ils appartiennent; on échange avec eux des politesses sans conséquence et au besoin de petits services : mais excepté leur nom, leur figure et les traits principaux de leur réputation, on ne sait presque rien de ce qui les concerne, et l'on n'est guère avide de les pénétrer plus à fond.

Ce n'est pas qu'en eux-mêmes ils soient indignes de votre intérêt ou de votre curiosité. Dans la foule que vous réunissez sous le titre banal de relations ou de connaissances, il y a des talents, des vertus, des beautés remarquables, des caractères saillants en bien ou en mal, des singularités morales, des vices même qui mériteraient un quart d'heure d'analyse, mais où votre attention ne s'arrête point.

Cette sorte d'indifférence et même de dédain apparent n'est qu'un phénomène d'optique, un effet de perspective. Chacun de nous a son petit point de vue personnel, d'où il observe le monde entier. Selon que les objets s'approchent ou s'éloignent de nous, ils grandissent ou diminuent, ils se dessinent fortement dans leurs moindres détails, ou ils s'effacent jusque dans leurs grandes lignes. Le jour où vous tombez amoureux d'une femme, elle envahit d'emblée le premier plan de votre existence; elle remplit pour ainsi dire à elle seule le premier cercle que tout homme, égoïste ou non, trace autour de lui. Tout ce qui n'est pas *elle*, s'éloigne et s'efface à l'instant; il se peut même qu'un seul objet interposé entre vous et l'univers vous cache absolument tout le reste; il ne faut qu'une main ouverte devant deux yeux pour éclipser un panorama de cent kilomètres.

La haine, l'intérêt, l'ambition, la peur et tous nos sentiments modifient sans cesse la proportion apparente des figures qui nous entourent. L'homme dont vous craignez ou espérez quelque chose accourt au premier plan; rien de ce qui le concerne ne saurait vous être indifférent; vous vous appliquez à le connaître en tout, au physique et au moral, dans le présent et dans le passé; aucun fait de sa vie, aucun détail de son caractère ne vous semble oiseux ou secondaire. Mais dans un mois d'ici, peut-être dans trois jours, le point de vue aura changé. Le premier plan sera rempli par de nouvelles figures; le personnage qui occupe aujourd'hui toute votre attention apparaîtra comme un point brumeux dans le fond du tableau, s'il n'est complétement effacé.

Les lois d'optique s'imposent à tous les arts d'imitation, au roman comme à la peinture : notre but n'est pas de montrer la nature telle qu'elle est, mais telle qu'elle se montre et que chacun peut la voir avec nous. Il y a donc des seconds plans dans les tableaux et dans les livres; on doit sacrifier certaines figures et concentrer le principal effort sur celles qui ont le plus de droits à l'attention du spectateur. Mais ce sacrifice n'est pas irrévocable dans un roman comme dans un tableau. Le peintre est enfermé dans des limites étroites : il ne peut jeter sur la toile qu'une face de la nature saisie dans un moment déterminé. Nos dessins à la plume, moins brillants de couleur et d'une vérité moins frappante, ont l'avantage de marcher pour ainsi dire avec la vie. Nous manions à notre gré cet élément « ondoyant et divers, » qui échappe au génie des plus grands peintres; nous pouvons, si l'action le commande, amener au premier plan les figures qui s'effaçaient au dernier. Le monde est ainsi fait; dans cette multitude d'actions qui s'entre-croisent, les comparses d'hier sont les héros d'aujourd'hui, et les héros qui ont joué leur rôle vont faire nombre dans la foule des comparses.

L'homme avec qui vous vous battez demain pour un mot, pour un geste ou quelque autre niaiserie du même genre, était hier caché derrière les montagnes du dernier plan ; vous ignoriez jusqu'à son existence. Le voilà votre ennemi pour vingt-quatre heures ; de tous les animaux qui encombrent la surface du globe, il est celui que vous envisagez de plus près. Tous les détails de son physique et de son moral vous apparaissent sous un angle odieux ; ses travers les plus innocents deviennent des vices horribles, ses verrues, s'il en a, sont des montagnes portatives ! Rien n'est plus noir que lui ; il distance à vos yeux tous les monstres de la fable et tous les traîtres du mélodrame. Dans un an, cet individu sera retourné de lui-même à sa place. L'oubli aura estompé les traits de son visage et de son caractère ; à peine saurez-vous son nom. L'infâme X. sera le pauvre *Chose*, et vous demanderez avec une nuance de sympathie ce qu'il est devenu depuis le temps.

J'avais besoin de ce discours préliminaire pour introduire au premier plan une femme que vous connaissez de vue ; elle a souvent traversé ce livre. Éliane de Batéjins, deuxième femme du marquis de Lanrose, avait juste trente-six ans lorsqu'elle se jeta à la tête de M. de Mably. Cet acte de folie paraîtrait incroyable si j'omettais les transitions qui l'expliquent sans l'excuser tout à fait. Je dois entrer un peu dans les détails de l'aventure, sous peine de compromettre la vraisemblance du récit et la bonne foi du conteur. Nous vivons dans un temps où les discussions politiques, sociales et religieuses ont envahi jusqu'à la littérature légère ; les partis ne négligent aucune arme et font flèche de tout bois. Tel roman n'est qu'une apologie ou une satire en action. Toute une classe de la société est foulée aux pieds par Balzac, et portée aux nues par George Sand; une idée théologique est victorieuse dans *Sibylle* et vaincue dans *Mademoiselle de la Quintinie*. Supposez qu'après avoir présenté au public une femme noble et pieuse comme la marquise de Lanrose, je conte incidemment, sans preuves à l'appui, qu'elle s'est éveillée coupable un beau matin, j'aurai l'air de dénigrer la noblesse et de nier les influences salutaires de la foi. C'est dire à mots couverts que la vertu ne se transmet pas avec le sang, et qu'elle ne s'enseigne pas dans les églises. Ce genre de polémique est trop facile et trop peu courageux pour me plaire : en effet, personne au monde ne pourrait me prouver qu'Éliane de Lanrose est restée fidèle à son mari.

Les Batéjins de Pillesac (Gironde) appartenaient à cette noblesse déchue qui ne sait pas elle-même d'où elle vient, et qui avait égaré ses parchemins longtemps avant le 4 août 1789. Le père était inscrit à la paroisse sous le nom de Justin-Léandre Le Marchand de Batéjins, né et baptisé le mardi de Pâques en l'an 1775, fils légitime de Justin-Pierre et de Marianne Gratin, son épouse. Il ne se souvenait pas de son père, mais sa mère lui avait fait percer les oreilles chez l'orfèvre horloger du bourg voisin; elle l'avait mené tambour battant jusqu'à l'âge de vingt-cinq ans, et elle était morte. La tradition n'en disait pas plus long; aussi discrète que les archives. Léandre faisait d'ailleurs très-bon marché de sa noblesse : il pensait qu'un de ses ancêtres avait été anobli n'importe où et n'importe quand, en qualité d'échevin : « Car si je m'appelle Le Marchand, di-

sait-il, ce n'est sans doute pas pour des prunes. »
Cependant il croyait avoir entendu dire à un vieux
ci-devant, garde du corps en retraite, qu'un certain
Batéjins avait été quelque chose comme écuyer,
voire chevalier. Mais qu'importe ? Léandre était converti aux idées modernes; il avait porté le bonnet
rouge et présidé le club antigirondin de Pillosno, à
l'âge de dix-huit ans et demi. A vingt-cinq ans, il
épousa une paysanne noble des environs et fut père
de sept filles dont pas une n'avait un centime de dot
à espérer.

C'était ce qu'on appelle au village un bon enfant,
un gai compère, en d'autres termes, un parfait
égoïste et un pilier du café. Il avait pour tout patrimoine une maison hors du village et quelques arpents de vigne qu'il cultivait tant bien que mal. Le
plus clair de la récolte passait par le gosier du maître;
le reste était vendu pour ses dépenses de poche. La
femme et les enfants s'ingéniaient à créer des ressources, sous peine de mourir de faim : elles élevaient
des canards, des poulets, une chèvre qu'on menait
paître le long des haies, sans crainte de déroger. Le
père ne blâmait pas ces petites industries; il y trouvait son compte et se régalait deux ou trois fois par
an d'une poule au pot. Sa conduite n'était ni crapuleuse ni haïssable à proprement parler ; il végétait au jour le jour, sans médire ni méfaire, inutile
et inoffensif, agréable à tout le monde et surtout à
lui-même, insouciant de l'avenir, comme ceux qui
n'ont ni grand malheur à craindre ni grand bonheur
à espérer. Ses filles se marièrent l'une après l'autre,
assez mal : elles n'étaient ni laides ni mal bâties, et

elles avaient appris à travailler de leurs dix doigts. L'une épousa un boutiquier, l'autre un petit fermier, l'autre un employé de la régie, et ainsi de suite. Léandre accepta les maris comme ils venaient; il n'avait pas plus d'ambition pour sa famille que pour lui. Les garçons de Pillesac et des communes environnantes lui parlaient chapeau bas et ne lui tapaient pas sur le ventre.

Sans attacher trop d'importance à la fameuse particule, on voyait en lui le restant de quelque chose qui avait été supérieur au simple paysan. Petit, brun, sec et nerveux, il avait le regard vif et le pas délibéré. Son costume invariable consistait dans une veste de drap vert bouteille et une casquette en forme de melon ; le reste, toile grise ou drap vert, selon le temps. Il portait des moustaches, comme un officier en demi-solde.

Son mariage datait de vingt-deux ans, et il venait d'établir sa fille aînée lorsqu'une porte ouverte entre dix et onze heures du soir introduisit l'imprévu dans sa vie.

Mme de Batéjins s'apprêtait à mettre au monde un huitième enfant, cet enfant du hasard qui arrive, on ne sait pourquoi, dix ou douze ans après les autres, quand la liste paraissait définitivement close. Le père n'était ni triste, ni joyeux de cet accident : il importe assez peu qu'on ait sept filles ou huit, lorsqu'on est bien décidé à ne rien faire pour aucune. La seule chose qui parût désagréable au bonhomme était l'obligation de se lever la nuit pour courir à la sage-femme. Il s'était habillé en maugréant, et il ouvrait sa porte avec un bâillement sonore, quand deux chevaux écumants s'arrêtèrent devant chez lui, une bourse lui tomba dans la main, et deux personnages mystérieux lui demandèrent asile. Il se souvint alors qu'il était gentilhomme, car il refusa l'argent et mit sa maison telle quelle au service des fugitifs.

Les hôtes qui lui tombaient si malencontreusement sur les bras étaient une femme de quarante ans, encore belle, et un jeune homme de vingt-cinq à trente; ils arrivaient de la Rochelle. Paulin Viguier, secrétaire de la princesse San Lugar, s'était lié d'amitié et de politique avec quelques jeunes gens du 45ᵉ de ligne : il fuyait devant un procès criminel et peut-être une condamnation. M. de Batéjins le mit en sûreté et l'aida quinze jours après à passer en Espagne avec Mme San Lugar. Le difficile fut de garder quinze jours un secret de cette importance dans une maison où il y avait six filles et une femme en couches. Il s'agissait avant tout de délivrer Mme de Batéjins sans le secours de la matrone : ce fut la princesse San Lugar, grande d'Espagne de première classe, qui reçut au seuil de la vie la fille d'un demi-paysan. La circonstance permettait d'envoyer les enfants chez une parente de leur mère; mais en revanche il semblait impossible de fermer la porte aux visites, aux soins, aux conseils de toutes les bonnes femmes de Pillesac. Le petit père Batéjins se grandit à la hauteur de la situation; il montra autant d'esprit que de dévouement : l'homme le plus vulgaire a son jour d'héroïsme et de génie. Il refusa jusqu'au dernier moment les largesses qu'on lui offrit; il voulut même ignorer le nom de ses hôtes. « Si vous tenez absolument à n'être pas nos débiteurs, leur dit-il en les embarquant à Pauillac, il sera toujours temps de faire quelque chose pour la petite.

— Soit! répondit la princesse. Je serai sa marraine et *lui* son parrain, par procuration, et j'enverrai les dragées du baptême. Va avec Dieu, homme! Ta fille a une seconde mère en moi. Fais-la chrétienne, je la ferai riche. »

Un mois plus tard, M. Viguier envoya les noms et prénoms du parrain et de la marraine, avec force remerciments et une traite assez obligeante sur un banquier de Bordeaux. La même politesse se renouvela tous les ans, à jour fixe, jusqu'à la mort du pauvre secrétaire qui fut assassiné en 1837, dans une rue de Séville. Mme San Lugar écrivit alors elle-même, et d'un style tout maternel, à sa filleule qui avait quinze ans. Éliane lui répondit et prouva que les libéralités de la noble marraine n'avaient pas été inutiles à son éducation. Certes, M. de Batéjins en avait absorbé quelque chose; si les hommes de cette trempe ont un jour de désintéressement, ils n'en ont pas quinze années. Mais la mère eut grand soin de prélever sur chaque annuité quelques centaines de francs au profit de sa fille. Une ambition légitime était née dans le cœur de cette pauvre créature opprimée; elle pensait que la Providence, en lui donnant une sage-femme dix fois millionnaire, avait marqué des vues particulières sur la petite Éliane. L'enfant fut élevée autrement que ses sœurs; on soigna ses pieds et ses mains, elle ne conduisit pas la chèvre le long des haies. Dans le village, on l'appelait *la demoiselle*, parce qu'elle était mieux mise et plus instruite qu'une paysanne; peut-être aussi parce qu'elle laissait percer une pointe d'orgueil. Ses parents ne lui cachaient pas assez qu'elle était une grande dame en herbe, et les enfants sont enclins à prendre au mot les rêveries dont on les berce.

Le vieux desservant de Pillesac qui la voyait intelligente et la savait bien protégée, se chargea de parfaire son instruction religieuse et littéraire. Il lui enseigna presque tout ce qu'il possédait lui-même, sans excepter le latin du séminaire; il s'adonna surtout à cultiver cette âme ardente et fière, avide du beau et du grand, emportée par un élan irrésistible vers les plus hauts sommets du monde moral. Elle abusait un peu de l'oraison et s'égarait parfois jusqu'à l'extase. Elle se plongeait avidement dans la vie des saints et se pâmait à demi au spectacle d'un beau martyre. « Et moi aussi, disait-elle, je saurais mourir pour ma foi! »

Un trait particulier de cette exaltation virginale : les saints personnages qu'elle aimait étaient ceux qui avaient pratiqué les vertus chrétiennes dans les plus hautes positions, comme Louis de Gonzague ou Élisabeth de Hongrie. Elle rêvait de se voir sur un trône, pour donner le spectacle d'une grande humiliation volontaire. Il eût été plus simple assurément de s'en tenir à l'humble condition où la Providence l'avait mise. A quoi bon monter pour descendre? On n'a que faire de courir, lorsqu'on est assis au but.

M. de Batéjins la plaisantait quelquefois en buvant

bouteille. Elle écoutait les railleries les plus sceptiques avec un singulier mélange de soumission filiale et de dignité. Le bonhomme lâchait sur elle tout cet essaim de lazzis bourdonnants qui agacent, inquiètent une conscience jeune, et la jettent souvent hors de la route. Elle ne discutait rien, ne réfutait rien, ne répondait à rien. Comme un joli poulain tourmenté par les mouches, elle secouait ses oreilles et disait à son père : « Maintenant, permettez-moi d'aller prier pour vous. »

Le curé assistait souvent à ces petites scènes de famille. Il disait à M. de Batéjins :

« C'est ma seule paroissienne que je vous permette de taquiner, car elle n'est pas scandalisable. Cette enfant-là aurait inventé la religion et la vertu, si la religion et la vertu n'étaient éternelles. J'ai bon espoir, monsieur de Batéjins. Si votre fille ne devient pas une grande dame, nous en ferons toujours une sainte, et c'est un pis-aller dont les plus ambitieux se contenteraient, n'est-ce pas? »

Les soins du bon vieillard furent payés par la princesse : il eut une troisième cloche, qu'il rêvait depuis bien des années, et trois vitraux neufs pour le chœur.

Mais on craignit sérieusement que cette libéralité de Mme San Lugar ne fût la dernière. De 1839 à 1842, pas un courrier d'Espagne, pas un sou, pas un mot. Eliane atteignit ses vingt ans au milieu d'une détresse d'autant plus pénible qu'on y était moins préparé. L'enfant montra dans cette occasion combien elle était forte. Elle ne donna pas le moindre signe d'impatience ou de doute ; elle écrivit régulièrement à sa bienfaitrice, sur un ton toujours égal; elle supporta avec douceur les querelles de son père; elle conserva l'élégance toute relative de sa toilette, par des miracles d'économie et de travail, et elle refusa gravement, poliment, deux partis convenables que le bruit de sa décadence avait encouragés. Au lieu de se laisser aller, comme une autre eût fait à sa place, elle chercha des distractions dans un travail ingrat mais ambitieux et digne d'elle. Cette enfant de vingt ans compulsait les papiers des mairies et des paroisses voisines; elle fouillait de ses petites mains dans les archives de sept ou huit notaires, et elle reconstruisait sa généalogie en ligne paternelle et maternelle. Son travail ne fut pas stérile. Elle réussit à prouver que le chef de la famille, Le Marchand de Batéjins, avait été échevin de Libourne sous Henri II; parmi ses descendants on comptait un évêque, un général, un gouverneur de place et deux conseillers au parlement. La ligne maternelle, moins ancienne, remontait à Louis XIII.

Mais hélas! les quartiers ne font pas le bonheur, et la pauvre Éliane courait grand risque d'ensevelir tous ses ancêtres avec elle. Mme San Lugar, veuve de son beau secrétaire, était tombée par degrés dans le plus profond découragement. Sa dernière lettre, vieille de trois ans et plus, laissait entendre que la princesse allait se mettre en retraite pour un mois dans un couvent de Séville. C'était là probablement qu'elle avait été retenue, accaparée et mise en quarantaine. Comment arriver jusqu'à elle? On pouvait parier presque à coup sûr que les lettres de sa pupille étaient confisquées l'une après l'autre par la supérieure du couvent.

Éliane médita longtemps sur les difficultés de la position et finit par imaginer un coup d'audace et de génie.

Elle se rendit à la ville voisine et fit faire son portrait au daguerréotype : la photographie sur papier était encore dans l'enfance. Elle envoya la plaque à l'archevêque de Séville avec deux lettres dont l'une, adressée à Sa Grandeur, était écrite en latin. L'autre disait à Mme San Lugar : « Ma chère bienfaitrice, Dieu m'a fait savoir par un rêve que vous aviez trouvé la paix de l'âme au pied de ses saints autels. Cette révélation m'a inspiré un désir invincible de faire mon salut dans les mêmes chemins, et, si rien ne s'y oppose, auprès de vous. Mon père et ma mère ont assez de famille pour que ma présence à la maison leur soit plus onéreuse qu'utile; le mariage ne m'inspire que la peur et le dégoût. J'ai vingt ans, une santé magnifique et une éducation hors ligne, grâce à vous. Daignez mettre le comble à vos bontés en permettant que j'aille vous rejoindre. Vous avez promis autrefois de me chercher un époux : donnez-moi, noble et sainte princesse, le seul pour qui je soupire : c'est Notre-Seigneur Jésus-Christ. »

Était-elle sincère en écrivant ainsi? Je ne sais; elle ne le savait probablement pas elle-même.

Le message arriva à son adresse : il fut remis à Mme San Lugar par l'archevêque en personne, qui daigna apostiller d'un mot la pétition d'une si belle et si pieuse enfant. Tout justement, la supérieure était en quête d'une attache assez forte pour retenir sa riche pensionnaire. La monotonie des habitudes monastiques avait fait un assez beau miracle en amusant trois années de suite cet esprit inquiet et ce cœur mal éteint. Souvent on remarquait les symptômes menaçants du réveil, un besoin de grand air, une aspiration vers les choses du dehors. Après avoir déclaré hautement qu'elle voulait prendre le voile, la princesse n'en parlait plus et ne souffrait plus qu'on lui en parlât, même à confesse. Elle manifesta certaines velléités de donner un coup d'œil à ses affaires temporelles : trois fois en un hiver, elle avait commandé une chaise à porteurs, visité son palais de Séville et vérifié les comptes de l'intendant. L'archevêque crut être habile en lui donnant une jeune compagne qui l'attacherait au cloître, et peut-être, Dieu aidant, la déciderait par son exemple à prononcer des vœux irrévocables.

Les mêmes conseillers qui lui avaient montré cette jeune Française comme un souvenir vivant de ses plus grands péchés, renouèrent laborieusement le fil qu'ils avaient rompu ; ils prouvèrent à la bonne dame qu'il fallait édifier la France et l'Espagne, en offrant à l'autel cette victime expiatoire. Éliane fut mandée en toute hâte au couvent *del Sangre*. Elle reçut à Pillesac une somme assez ronde pour combler le déficit de la pension interceptée trois ans, et pour payer tous les frais de son voyage. M. et Mme de Batéjins eurent la meilleure part à ce petit trésor. Ils noyèrent leur douleur chacun à sa manière, le père dans le vin, la mère dans les larmes, et conduisirent jusqu'à Bordeaux leur fille qui ne pleurait pas. Le curé voulut être du voyage : ce bon vieillard qui avait alors soixante-quinze ans sonnés, fut plus homme que prêtre en cette circonstance. Après avoir abouché son élève avec les dames du Sacré-Cœur qui devaient la voiturer jusqu'à la première étape, il la serra longtemps dans ses bras, et lui dit :

« Adieu, ma pauvre fille! Il est donc décidé que nous ne nous reverrons plus qu'au ciel! Je t'ai prédit que tu serais une sainte : hélas! voilà ton avenir décidé! Je ne peux pas regretter le bonheur qui t'arrive : heureuse l'âme chrétienne qui entre dès la jeunesse dans le chemin sans obstacles et sans dangers! Mais je pleure à l'idée que tu aurais pu faire autrement ton salut, sans rien sacrifier de ce que tu abandonnes. Tu souffriras peut-être, et tu regretteras! La nature a des droits qu'elle réclame tôt ou tard; je sais ce qu'il en coûte pour embrasser à vingt ans l'état le plus parfait de la vie chrétienne. Enfin! le sort en est jeté, *alea jacta est*, comme disait je ne sais plus quel Père de l'Église. Que Dieu t'épargne les tentations trop rudes, et reçois la bénédiction d'un pauvre vieux bonhomme qui a souffert et lutté, lui aussi! »

Éliane embrassa son vieux maître, mais elle ne pleura pas avec lui. Dans la désolation de ces adieux, son beau visage resta rayonnant, malgré elle. Était-ce la vocation qui l'entourait déjà d'une auréole? Tout le monde le crut. Les saintes femmes qui la conduisirent de brigade en brigade jusqu'à Séville revinrent édifiées de sa résolution et de sa joie expansive. Le fait est qu'elle avait beau faire pour conformer son âme à la mélancolie du moment ; quelque chose d'indompté se redressait en elle, et entre ses paupières modestement baissées un sourire de confiance et de victoire perçait.

Son visage éblouit Mme San Lugar et les nonnes elles-mêmes. On n'avait rien vu de pareil à Séville où la beauté court les rues ; personne n'avait rêvé un idéal si complet, même dans la chapelle du *Sangre*, où le chœur est décoré par Murillo. La princesse passa huit jours à tourner et à retourner cette admirable poupée qu'on lui donnait. Et comme elle avait été belle, comme elle était restée longtemps jeune, comme la femme est toujours femme, comme enfin elle avait le cœur saturé de prières et d'austérités, il se fit en elle une réaction de bienveillance et de pitié. Elle se dit plus d'une fois, mais tout bas, qu'immoler une créature si accomplie, c'était offenser Dieu et non pas le servir. Un soir qu'elle s'était amusée à dénouer les cheveux de sa filleule, et qu'elle passait ses longs doigts desséchés dans ces boucles épaisses, d'un noir bleu, elle pensa à la prise de voile, aux grands ciseaux, au drap mortuaire, à toutes les saintes horreurs dont l'idée l'avait laissée indifférente tant qu'il ne s'était agi que de les affronter elle-même. Et elle fondit en larmes, tandis qu'Éliane, toujours souriante, lui disait : « Ce n'est pas moi, j'espère, qui vous ai fait du chagrin ? »

Mme San Lugar avait vieilli pour ainsi dire en un jour : c'est le sort des femmes que l'amour a longtemps gardées jeunes. Elle avait fait des miracles pour s'attacher un homme qui aurait pu à la rigueur être son fils, et pour protéger son amant contre le ridicule et le mépris. Elle ne voulait pas qu'il fût montré au doigt comme le soupirant d'une douairière, et un soupirant pauvre, c'est-à-dire exposé aux plus horribles soupçons. Sous le despotisme de cette idée, la pauvre femme s'était pour ainsi dire cramponnée à la jeunesse : elle avait voulu rester belle, et la volonté, mère de tous les miracles, avait encore fait celui-là. Pas un cheveu n'avait blanchi, pas une ride n'avait creusé son petit sillon sur ce front tendu nuit et jour par un sourire énergique. La taille était restée droite, parce que la princesse n'avait pas voulu plier. Un embonpoint tardif, vous savez? cet embonpoint providentiel de la cinquantième année, était venu fort à propos pour étayer l'édifice, et Mme San Lugar avait eu le bonheur si rare d'être aimée jusqu'au dernier jour. Ses yeux toujours fixés sur les yeux du beau secrétaire n'avaient pas rencontré ce regard froid ou embarrassé qui poignarde une femme de cinquante ans. Elle était sûre de lui et d'elle-même, et elle avait enfin le droit de l'épouser lorsqu'il périt victime d'une jalousie posthume. Le prince San Lugar, gouverneur d'une colonie espagnole, prit ses mesures pour qu'un rival heureux n'héritât point de ses millions. Il légua sa vengeance à un jeune Malais qui lui devait tout.

Ce coup brutal frappa deux cœurs en un : le lendemain, la princesse était vieille. Elle eut autant de rides et les cheveux aussi blancs que les autres femmes de son âge : vous auriez dit qu'elle avait pris toutes ses années à la fois, comme un capital économisé longtemps. Son cœur même parut frappé de caducité; elle se persuada que désormais elle ne pouvait plus aimer personne. L'esprit tomba dans une paresse engourdie et découragée; rien ne la touchait plus; elle n'appartenait plus à la terre; elle bâillait à tous les événements, joyeux ou terribles, à toutes les pensées neuves ou vieilles, familières ou sublimes. Deux grands mois s'écoulèrent avant que cette Espagnole, dévote jusqu'au mysticisme de sainte Thérèse, eût l'idée de retrouver son amant dans l'autre monde : Viguier était mort en état de grâce.

Le couvent la prit tout entière, et sans doute il l'eût gardée si Mlle. de Batéjins n'était venue réveiller ce pauvre cœur. La vue de la jeunesse et de la beauté a le privilège de galvaniser les femmes qui ont vécu pour l'amour. Nous sentons tous un tel besoin de recommencer la vie que nous nous attachons par instinct à ce qui nous rappelle ce que nous avons été.

Éliane avait de l'esprit et du tact : elle s'insinua très-habilement dans la confiance et l'amitié de sa marraine, mais je suis tenté de croire que tout le mouvement qu'elle se donna pour plaire contribua peu au succès. Elle aurait pu ne rien dire et ne rien faire; son âge et sa figure parlaient et agissaient pour elle. L'important n'était pas de conquérir ce cœur malade, mais de le ressusciter. Au bout de quinze jours, Mme San Lugar s'intéressait à Mlle de Batéjins; elle la faisait causer, elle l'écoutait avec sympathie, elle admirait qu'une enfant si jeune eût appris tant de choses, elle s'étonnait de voir qu'elle en ignorait beaucoup d'autres. Et à force de passer en revue les petites ignorances de sa filleule, elle en vint à se rappeler mille choses qu'elle avait oubliées elle-même : le monde, les palais, les châteaux, les voitures, les bals, que sais-je? On oublie tout, dans la vie contemplative et légèrement égoïste d'un couvent cloîtré; tout, jusqu'à l'existence des misères qui pullulent en dehors et qu'on soulageait autrefois avec tant de plaisir et une telle plénitude de cœur !

La jeune fille n'y mit peut-être aucune malice, mais il est clair que ses étonnements, ses naïvetés, ses petites ignorances la poussèrent fort avant dans le cœur de sa marraine. Mme San Lugar se récriait à chaque mot :

« Se peut-il? A ton âge! tu ne connais pas ceci! tu n'as pas vu cela? Jésus, Marie, Joseph ! Elle n'a jamais pris de glaces! Elle ignore l'usage des éventails! Elle ne sait pas qu'on dîne en robe décolletée! Elle me demande ce qu'on entend par une livrée, elle qui descend en droite ligne de gentilshommes vieux chrétiens! Mais tu ne sais rien de rien, ma pauvre chère créature, malgré la belle éducation qu'on t'a donnée dans ton pays! Il faut apprendre, il faut voir, il faut sortir un peu avant de prendre le voile! Si tu mourais si neuve et si sotte, les saints du paradis se moqueraient de toi. »

Là-dessus, elle embrassait la belle filleule, la faisait asseoir à ses pieds sur un tabouret, et s'efforçait de lui expliquer le mécanisme du monde, tout en lissant de la main ses cheveux noirs. Éliane ouvrait de grands yeux et témoignait des admirations qui n'étaient peut-être pas feintes. Quelquefois elle demandait grâce à la bonne princesse : « Non, disait-elle, j'aime mieux que vous ne me parliez pas du monde avec votre voix si belle. Songez donc que je suis décidée à mourir dans ce cloître, loin de tout!

— Aurais-tu déjà des regrets?

— Non, madame, Dieu m'est témoin que je regrette une seule chose, et une chose que lui-même ne pourrait pas me donner. Je voudrais vous avoir vue une fois, jeune et belle comme vous l'étiez au moment de ma naissance, heureuse, admirée, triomphante, au milieu d'un de ces salons que je ne dois pas connaître, avec tout un peuple d'adorateurs prosternés à vos genoux.

— Enfant! disait la bonne dame. Et moi, sais-tu ce que je voudrais avant de mourir? Revivre en toi pour un quart d'heure, et te voir entourée comme je l'étais à ton âge.

— Y songez-vous, ma noble protectrice? Que suis-je, hélas! Une pauvre fille ignorante, gauche, sans grâce, sans beauté!

— Je te dis que tu es belle, et je m'y connais peut-être! Aussi belle que moi dans mes plus heureux jours!

— Non!

— Si! Nous comparerons, petite tête de fer!

— Et comment, je vous prie?

— Tu crois donc que les peintres et les sculpteurs ont refusé de faire mon portrait? Je te mènerai dans mon palais, un jour ou l'autre, et tu verras! »

Il se passa pourtant quelques semaines avant que la princesse franchît le seuil du couvent avec Mlle de Batéjins. Elle s'y trouvait si bien depuis qu'elle avait une compagne! Éliane fut assez forte pour contraindre la curiosité, peut-être l'ambition qui l'attirait hors du cloître. Elle ne risqua pas l'allusion la plus détournée aux promesses que sa marraine lui avait faites; il semblait qu'elle fût entièrement accaparée par les exercices de dévotion et l'amitié de Mme San Lugar. Elle sortit enfin pour une demi-journée, mais ce fut comme malgré elle, et non sans retourner la tête à chaque pas vers la maison de Dieu.

La princesse la conduisit au palais San Lugar et se plut à lui montrer tout un monde de merveilles. La richesse était le moindre mérite de cette admirable maison, contemporaine et voisine de l'Alcazar; chaque meuble attestait autant de goût que de magnificence; les aménagements, d'un confortable exquis, avaient gardé comme un arrière-parfum d'amour heureux. La vieille dame pleura : comment n'aurait-elle pas pleuré? Mais ces larmes, étanchées par les lèvres d'Éliane, perdirent un peu de leur amertume; Mme San Lugar les trouva bien plus douces que celles dont elle avait inondé le couvent.

Cette visite, abrégée par Mlle de Batéjins, fut suivie de plusieurs autres. La jeune fille, après avoir mis sa marraine en garde contre les émotions du souvenir, lui lâcha doucement la bride. Elle semblait mesurer d'une main craintive la dose de distraction qui convenait à ce cœur blessé. Au bout de quatre mois, les deux amies avaient pris l'habitude de sortir deux fois par semaine, et bientôt la noblesse de Séville, sachant quel jour Mme San Lugar était chez elle, demanda permission de la voir. Les housses des salons disparurent petit à petit, les tableaux se débarrassèrent de leurs toiles vertes; les gens de la princesse quittèrent la livrée de deuil. La pauvre dame s'accoutuma insensiblement à cumuler les splendeurs du monde avec les austérités du cloître, et cette existence en partie double récréa son esprit par la variété des occupations.

Depuis longtemps, les pauvres de la princesse n'avaient eu affaire qu'à l'intendant. Éliane sut prouver à sa marraine qu'elle doublerait le prix des aumônes en les donnant de sa propre main. On devine aisément que la jeune fille fut de moitié dans la bonne œuvre. Mme San Lugar éprouva des jouissances ineffables en voyant sa filleule, qui avait appris l'espagnol au couvent, causer avec les indigents, s'intéresser à leurs peines, entrer dans leur confidence et leur donner de sages conseils. Un matin, pendant qu'Éliane faisait de la morale à une ouvrière de la manufacture, l'enfant de cette malheureuse étendit ses petites mains vers la demoiselle, qui le prit, lui lava la figure et l'embrassa. Mme San Lugar assistait dans son fauteuil à cette petite scène : elle en reçut une impression profonde et décisive.

En voyant un marmot sur les bras de sa filleule, cette femme qui n'avait connu que l'amour stérile, se sentit grand'mère tout à coup. Un nouvel horizon s'ouvrit devant elle, un voile se déchira, elle aperçut au loin, dans l'avenir, un bonheur qu'elle n'avait pas encore rêvé. Peut-être cet incident fut-il bientôt sorti de sa mémoire, car le cloître est un milieu où les sentiments naturels s'étouffent aisément. Mais la supérieure du *Sangre* commit le lendemain une grave imprudence.

Les nouvelles habitudes de la princesse avaient jeté l'alarme dans la communauté. On craignait de la voir reprendre goût au monde; on savait que ses collatéraux, deux hommes spirituels et de bonne mine, avaient quitté la cour pour se rapprocher d'elle et reconquérir son héritage : il fallait donc la cloîtrer à tout prix, ou perdre les millions. Personne n'eût osé traiter directement une affaire si délicate : la princesse était ombrageuse; lui laisser voir qu'on spéculait sur elle, c'était lui faire prendre tous les couvents en horreur. On tourna la difficulté en lui disant que Mlle de Batéjins, au su de tous, était assez bien préparée pour commencer son noviciat; qu'il serait peut-être dangereux d'attendre davantage; que ces fréquentes sorties, ces journées entières passées au sein du luxe et des grandeurs, enfin le contact trop répété du monde le plus brillant pouvait faire avorter, si l'on n'y prenait garde, une si précieuse et si belle vocation.

Malgré tous les ménagements dont cette déclaration fut entourée, la princesse se blessa au vif. Elle crut voir dans les scrupules de la supérieure une allusion au désordre de sa vie passée et répondit sèchement que dans le palais San Lugar Mlle de Batéjins ne courait pas plus de dangers qu'au couvent; qu'elle était seule responsable de l'avenir de sa filleule; qu'elle en devait compte à la famille et à

Dieu, mais à nul autre; qu'enfin elle ne savait pas si le cloître était décidément un asile plus sûr que le monde, pour une femme qui veut faire son salut; qu'il ne suffisait pas d'étourdir le bon Dieu par l'éternel bourdonnement d'une prière mécanique; qu'il fallait le servir par des actes et que les monastères d'Espagne ne faisaient pas, entre eux tous, le bien que Mlle de Batéjins avait fait la veille entre neuf et dix heures du matin.

Cela dit, elle annonça qu'elle partirait à l'instant même avec sa filleule, et promit d'envoyer une donation au couvent. Éliane parut bien étonnée d'un changement si imprévu, mais elle ne se fit prier que de la bonne sorte. « Noble et bonne marraine, dit-elle à la princesse, j'ai quitté mes parents pour servir Dieu auprès de vous. Où vous irez, j'irai. Permettez-moi de vous dire avec Ruth : « Votre pays sera mon pays, et vos dieux seront mes dieux. »

Elle avait remporté une belle victoire, moins belle cependant qu'elle ne le croyait, car elle se voyait déjà fille adoptive et seule héritière de la princesse. Son installation définitive au palais San Lugar fut un progrès sans doute, mais ne fut pas un avancement. Sous le niveau du cloître elle était presque l'égale de sa marraine ; dans le monde, il fallut prendre rang à la suite des parents et des anciens amis qui passaient nécessairement avant elle. On lui assigna dans le palais un appartement convenable, elle fut admise au salon et à la salle à manger, mais la marraine tint son rang et la filleule eut à garder sa distance. Au Sangra, filleule et marraine mangeaient des confitures dans leur cellule avec la même cuiller !

Les neveux de la princesse arrivèrent de Madrid. Si l'un des deux avait été garçon, son affaire était faite. Mais ils avaient femmes et enfants et deux jolies familles, ma foi ! Éliane entendit sa marraine déclarer en termes formels qu'elle n'était pas femme à dépouiller les siens, que sa fortune irait à qui de droit, et qu'elle économiserait sur ses revenus pour les charités qu'elle aurait à faire.

La bonne dame acheva d'élucider la question en disant elle-même à sa filleule :

« Tout le monde demande en quelle qualité tu es chez moi ; que veux-tu que je réponde ? Si je dis comme filleule, il faudra conter des histoires à n'en plus finir. Comme amie ? On se moquera, car l'amitié veut une égalité d'âge et de rang. Veux-tu être ma lectrice ? C'est un emploi qui ne déroge pas. J'ai des yeux pour lire moi-même ; il est donc entendu que tu n'auras rien à faire. Je te nourris, je te loge et je te donne mille écus par an. Trouve un brave garçon qui t'épouse ; le capital des mille écus sera ta dot ; pas de remerciments, embrasse-moi. »

Pauvre Éliane ! épouser ce qu'on appelle un brave garçon ! Elle serait plutôt morte. Il s'en présenta dix en un an, de ces braves garçons dont parlait la princesse : des employés, des officiers, des gentilshommes de quatrième classe, de petits propriétaires honnêtes et aisés. Elle les congédia aussi fièrement que les demi-manants de Pillesac. Sa résolution était arrêtée ; elle entendait que le mariage lui donnât tout ou rien. Si la Providence ne lui adressait pas un grand seigneur très-riche et très-aimable, elle épouserait à vingt-cinq ans un chapitre de Bavière : un chapitre est toujours moins triste qu'un couvent.

En attendant l'arrêt qu'une femme est obligée d'attendre et qu'elle n'a pas le droit de hâter, Éliane s'appliqua sérieusement à mériter la fortune la plus haute. « S'il est écrit, pensait-elle, que je dois rester fille, je ne veux pas avoir rien à me reprocher. » Elle lut, elle étudia, elle cultiva son esprit et se donna une éducation supérieure. En même temps elle cherchait sans nulle hypocrisie à rapprocher son âme de Dieu. Ce n'était pas l'ambition, mais la foi la plus sincère et la charité la plus ardente qui la poussaient aux exercices religieux et aux œuvres pies. Elle priait avec ardeur parce qu'elle croyait à l'efficacité des prières ; elle donnait aux pauvres parce qu'elle voulait devenir la créancière du ciel.

Son mérite fut apprécié à Séville et l'on rendit justice à ses vertus éclatantes. Mais elle avait le malheur d'être classée et de vivre dans un pays où aucun homme digne d'elle ne pouvait l'épouser sans descendre. Cet esprit net et hardi comprit au bout d'un an qu'il n'y avait rien à espérer à Séville, ni même en Espagne. Les grands seigneurs pouvaient penser qu'elle n'était pas à sa vraie place, mais aucun de ceux qui avaient leurs entrées chez la princesse n'aurait pu offrir sa main à la lectrice de madame.

Quand cette vérité lui fut bien démontrée, elle ne songea plus qu'à se dépayser avec sa bienfaitrice :

elle dressa des batteries formidables contre ce vieux cœur brisé. Mme San Lugar avait été d'humeur vagabonde ; son nom restait écrit (avec un autre, hélas !) sur le livre des voyageurs, dans toutes les auberges d'Europe. Mais il semblait à peu près impossible de remettre en mouvement une machine humaine si vieille et si rouillée. Éliane y parvint, par des miracles de ruse et de patience. L'entreprise était d'autant plus difficile que la filleule n'avait plus l'oreille de sa marraine à toute heure du jour. Il fallut guetter le moment, saisir des occasions rares et fugitives, tenir en main des arguments toujours prêts et les jeter dans cet esprit chaque fois qu'on voyait une fenêtre ouverte. A toute fin, la princesse se laissa persuader qu'un changement de climat lui serait salutaire. Elle s'éloigna pour trois mois avec sa filleule et deux domestiques, et ce petit voyage, commencé dans l'automne de 1844, n'était pas encore achevé en 1850. Et, depuis le printemps de 1847 jusqu'à l'hiver de 1850, Mme San Lugar, qui avait cru se retirer du monde, habita le plus bel hôtel du Cours-la-Reine et tint un état de maison qui éblouissait tout Paris.

Éliane commença par se faire montrer toutes les villes d'Europe : elle visita l'Allemagne, la France, l'Angleterre, l'Italie deux fois en détail; elle poussa une pointe jusqu'à Saint-Pétersbourg, mais elle ne rencontra point sa destinée sur les grands chemins : une fille qui voyage n'amasse pas plus de maris qu'une pierre en roulant ne recueille de mousse. Toutefois, ces deux ans de locomotion assidue ne furent pas pour elle un temps perdu. Elle en usa pour s'introduire à fond dans le cœur de sa marraine : la berline rapproche nécessairement les distances; elle force l'intimité aussi bien qu'une cellule de couvent. Le partage assidu des plaisirs et des fatigues, le sommeil en commun, les repas sur les genoux, mille petits services échangés à toute heure, font que deux voyageuses au bout d'un certain temps ne sont plus qu'une seule personne. Il n'y a pas de secret qui résiste longtemps à ce régime; le cœur le mieux fermé s'ouvre un jour de lui-même, comme un coffre ébranlé par une longue suite de cahots.

Jamais Mme San Lugar n'avait conté ses amours à personne; le monde en avait deviné ce qu'il avait pu, mais cette âme hautaine était rebelle à tout épanchement. Elle disait : un confident est un inférieur que d'un seul mot nous faisons notre maître. Certes Mlle de Batéjins était la dernière personne à qui elle pensait montrer sa vie à nu. Elle le fit pourtant, un soir que le trop plein des souvenirs débordait à la fois par ses yeux et par ses lèvres. C'était dans la campagne de Naples, à Torre del Greco, sur le seuil d'une villa qu'elle avait habitée six mois avec lui. La maison, qu'elle reconnut de loin, était tombée en ruines; un jardin magnifique, qu'il se plaisait à cultiver de ses mains, n'existait plus. Elle chercha vainement un platane sous lequel ils avaient passé des soirées entières, seuls ensemble, les yeux tournés vers la mer phosphorescente, le cœur plein, l'esprit noyé dans cet anéantissement que donne le bonheur absolu. Le platane était tombé avec les autres arbres, et de ce paradis trop bien défriché, il ne restait que cinq ou six raies de champ plantées en ricin et en maïs.

Mme San Lugar avait rêvé longtemps à ce petit coin de terre ; plus d'une fois, depuis la mort de Paulin Viguier, elle avait regretté de n'être pas restée là, prudemment enfouie et pleinement heureuse avec l'homme de son choix. Sa première promenade aux environs de Naples s'était portée, d'instinct, vers Torre del Greco : la secousse n'en fut que plus rude. Les larmes jaillirent de ses yeux, elle s'assit ou plutôt se laissa tomber en arrière sur le sol poudreux, se prit la tête entre les deux mains, et cria en espagnol de sa voix grave et un peu rauque :

« Mort l'ami, morte la maison, morts les arbres, mort tout ! »

Éliane, qui s'était tenue discrètement à l'écart, entendit cette explosion et courut s'agenouiller auprès de sa marraine :

« Les âmes ne meurent pas, dit-elle.

— *Es verdad!* (c'est la vérité!) »

La princesse saisit Éliane par le cou et l'embrassa comme elle ne l'avait pas encore embrassée. Dès ce jour elle prit l'habitude de lui parler de son parrain et de la traiter en égale.

Rien n'eût été plus étrange à entendre que cette histoire d'un bonheur coupable racontée par une dévote espagnole à une vierge de la plus austère piété.

Mme San Lugar, lorsqu'elle pensait au jour du jugement, maudissait à grands cris les erreurs de sa vie ; elle se demandait avec une anxiété horrible si Dieu pourrait lui pardonner une si longue suite de péchés mortels. Mais lorsque son esprit s'arrêtait quelques minutes sur le tableau du bonheur passé, elle ne maudissait plus que la mort, la vieillesse et tout ce qui la mettait à l'abri du péché. Sa filleule la gourmandait avec une autorité douce quand elle la voyait s'abandonner un peu sur la pente des regrets mondains. Presque toujours la princesse acceptait humblement la leçon et se frappait la poitrine; quelquefois cependant l'amour était plus fort :

« Hé! bien, oui, disait-elle, je risque mon salut, je pèche par pensée. Mais n'importe, si dans un seul instant le simple souvenir d'un bonheur qui n'est plus me donne un siècle de paradis!

— Y songez-vous? c'est la félicité d'en haut qui vaut plus dans un seul instant que vingt siècles de bonheur terrestre!

— Tu n'en sais rien, petite fille! Attends au moins pour nous juger, que l'amour ait échauffé ton cœur de pierre!

— Mon cœur sera de pierre pour tous les sentiments que Dieu condamne.

— Fasse le ciel! Tu as raison. C'est moi qui suis une vieille enfant. »

Quand par hasard la princesse s'obstinait dans ses révoltes, Éliane élevait simplement un doigt vers le ciel. Mme San Lugar se souvenait alors qu'elle avait une grâce à mériter sur la terre. Le désir de retrouver son amant dans un autre monde lui donnait un instant la force de l'oublier. Mais l'oublier de cette façon, n'était-ce pas encore penser à lui?

Il n'y a rien d'indifférend sant l'éducation d'un cœur. Longtemps avant d'aimer, une femme se fait une théorie de l'amour, et elle la construit nécessairement avec les matériaux qu'elle a recueillis dans sa jeunesse. Les confidences de Mme San Lugar semaient chez Éliane des germes qui devaient éclore plus tard.

La jeune fille souleva un jour une question qui étonna beaucoup la noble Espagnole.

« Lorsque vous aimiez mon parrain, lui dit-elle, vous aviez donc oublié Dieu?

— Moi? Jamais! Es-tu folle? J'ai toujours eu la foi et toujours fait mes dévotions, avec *lui*.

— Lui aussi?

— L'aurais-je aimé, sans cela, je te prie ?

— Vous aviez donc la foi tous les deux, et tous les deux vous offensiez Dieu!

— Hélas! Mais avec quelle ferveur nous implorions son pardon!

— Quand on s'accuse, on promet de ne plus retomber.

— Nous promettions aussi!

— Et vous retombiez toujours?

— Est-ce ma faute, à moi, pauvre nature créée pour le péché? Pourquoi le ciel ne mesure-t-il pas la tentation qu'il nous envoie à la vertu qu'il a mise en nous? Que peut-on lorsqu'on n'est pas la plus forte, et qu'on le sait? Lutter, même en cédant; se repentir tant qu'on peut au milieu du bonheur le plus ineffable, prendre tous les matins une résolution douloureuse qu'on oublie tous les soirs, mais surtout s'humilier incessamment, demander grâce après chaque faute, poursuivre sans relâche une perfection impossible. Voilà ce que j'ai fait, et lui aussi, jusqu'au dernier jour. Nous avions soin de notre âme comme tu as soin de tes mains : tu les laves plusieurs fois par jour, et pourtant tu n'espères pas les conserver sans tache jusqu'à la fin de ta vie. Les Parisiennes qui renoncent au ciel parce qu'elles ont péché, sont des folles. Elles ne croient donc pas à la clémence divine ? Quelle idée se font-elles de leur Créateur et de leur père ? Dans les pays où l'on a la vraie foi, en Espagne, en Italie, les femmes les plus tendres à la tentation sont aussi les plus ardentes à la prière, et c'est bien naturel : l'appui n'est pas fait pour les forts ni la pénitence pour les justes. »

Ces confidences et ces discussions s'imprimèrent profondément dans l'âme d'Éliane : une jeune fille n'oublie rien du premier roman, bon ou mauvais, moderne ou suranné, où elle a lu le mot *amour*. Mlle de Batéjins perdit au frottement de Mme San Lugar le duvet de son ignorance, mais elle gagna quelque chose en échange. Elle prit peur de cette farouche et implacable folie qui poursuit une femme jusque dans la vieillesse et fait saigner encore les cœurs de soixante ans : telle est l'idée qu'elle se faisait de l'amour. Ce nom ne lui rappelait que des images terribles, comme les convulsions de deux grandes mains osseuses, un flot de larmes coulant sur des joues de cuir tanné, le grincement de trente-deux dents longues et déchaussées, de grands cheveux d'un gris verdâtre hérissés par la passion. Les plus doux souvenirs de la pauvre princesse, ses récits les plus émouvants, ses aspirations les plus poétiques revêtaient une couleur effrayante en passant par sa bouche. La même histoire, contée par un beau garçon de trente ans, eût produit une autre impression, je suppose.

Éliane se promit bien d'éviter les remords qui accompagnent l'amour coupable et lui survivent. Elle s'arma de résolutions énergiques, redoubla de piété, mit son espoir en Dieu et attacha un sens particulier à ces mots de l'oraison dominicale : « Ne nous induisez pas en tentation ! »

Toutefois, elle demeura persuadée qu'il y a des passions irrésistibles, plus fortes que la vertu et que la prière elle-même. Il fallait bien qu'il en fût ainsi, puisqu'une femme aussi fière, aussi loyale et aussi pieuse que Mme San Lugar, avait couru trente ans, malgré elle, dans les chemins de traverse. Éliane se demanda comment elle agirait si elle était entraînée, elle aussi, hors de la bonne route. Elle chercha des expédients pour rester femme de bien, tout en aimant un homme, si elle ne pouvait se défendre d'aimer. Ce petit cœur honnête et sophiste à la fois, plein de droiture et pourtant fertile en malice, s'imagina qu'il pourrait se donner, le cas échéant, sans encourir le mépris du monde ni la colère de Dieu. « Si je rencontre l'homme irrésistible, je l'aimerai, libre ou non, puisqu'il n'y a pas moyen de faire autrement. Mais il n'en saura rien : Dieu seul et moi nous connaîtrons le secret de ma faiblesse. Et s'il me devinait, lui? car ils devinent quelquefois l'amour le mieux caché. Je lui avouerais tout, et, m'adressant à son honneur, je lui proposerais une transaction irréprochable : « Aimez-moi dans le plus profond de votre âme, mais ne m'en dites rien : le crime est dans l'aveu. De mon côté, je jure de rester votre fidèle amie et de vous donner la première place dans mes prières. Vivons ainsi, heureux d'une affection réciproque et d'une conscience pure. Dieu qui verra nos peines et connaîtra nos mérites, saura nous en récompenser un jour. Plus nous nous fuirons ici-bas, plus nous sommes certains qu'il daignera nous réunir l'un à l'autre pour une éternité de bonheur et d'amour. »

Voilà comment la jeune fille se fortifiait à vingt-cinq ans contre les séductions du monde. Ce travail intérieur, joint au remue-ménage d'une ambition toujours croissante, assombrissait un peu sa physionomie. Les salons de Paris qui la virent apparaître en 1847, lui firent un succès d'un genre tout nouveau : on vanta sa beauté fatale ; on parla des héroïnes de Corneille ; on la compara à Mlle Rachel.

Elle-même outrait un peu, dans sa personne et sa toilette, ce que les peintres appellent le caractère. Elle étalait en plein faubourg Saint-Germain les attitudes dont elle avait fait collection dans les musées d'Italie. L'instinct de cette jeune fille lui disait que pour produire une sensation profonde à Paris, il importe avant tout de ne ressembler à personne. Au bout d'un certain temps, l'effet produit, son originalité solidement établie, elle s'humanisa et se détendit. L'idole laissa venir à elle ceux que ses trop grands airs avaient intimidés. Elle daigna causer, sourire, montrer ce qu'elle savait, et gagner son diplôme de femme supérieure.

Dieu sait par quels efforts elle décida Mme San Lugar à se faire une maison à Paris. La princesse s'était juré d'éviter toute installation et de garder sa liberté entière. Mais Éliane, avec son admirable perspicacité, devina que Paris est la seule ville du monde où le mérite personnel prime tout. En Russie, en Allemagne, en Angleterre, et même en Italie, elle était restée à son rang malgré tous ses efforts et l'amitié croissante de la princesse. On avait bien voulu la trouver belle et intelligente, mais personne ne s'était avisé de lui donner le pas sur les filles plus nobles et plus riches qu'elle. Ce collier de dépendance qu'elle avait promené partout en frémissant ne tomba que deux ou trois mois après son arrivée à Paris. Le monde de Paris, lorsqu'il s'engoue d'un homme ou d'une femme, ne fait pas les choses à demi. Il est un peu blasé sur les noms, sur les millions, sur les diamants et semblables bagatelles : commencez par lui plaire ; il vous tiendra quitte du reste. L'homme qui a mis une cravate blanche à dix heures du soir pour aller prendre une ou deux glaces n'hésitera pas longtemps entre Mme San Lugar et Mlle de Batéjins, s'il les voit assises côte à côte. L'une est princesse et grande d'Espagne, soit ; mais l'éclat de cette grandeur ne rejaillit en rien sur ceux qui la regardent. Elle est dix fois millionnaire, mais elle ne songe point à partager sa fortune avec le monsieur en cravate blanche. Elle a pour un million de diamants sur le corps : le premier mouvement de ceux qui aperçoivent cet étalage est de dire : « Voilà des diamants qui ne sont pas à leur place. Ne siéraient-ils pas mieux à cette admirable fille qui, sans un seul bijou, a la majesté d'une reine ? » La beauté a cet avantage sur la richesse qu'elle peut faire mille heureux sans se dépenser. La vue seule d'une Éliane transforme en plaisir vif la soirée la plus terne et la plus maussade ; elle centuple la valeur des sandwiches et des bouillons qui se consomment autour d'elle ; à souper, elle verse aux convives un poison plus friand que le vin de Champagne frappé. Mlle de Batéjins sut attacher par son esprit et sa grâce un peu fière autant d'admirateurs que sa beauté en attirait. Au bout de quelques mois, il n'y eut plus de fête sans elle ; tous les salons voulurent l'avoir, et la princesse par-dessus le marché.

Mme San Lugar était venue plusieurs fois en France, et elle avait conservé un médiocre souvenir de l'hospitalité parisienne. Le fait est que les portes du faubourg Saint-Germain ne pouvaient pas s'ouvrir à deux battants pour le jeune Paulin Viguier. Lui mort et la princesse notoirement convertie, les choses devaient aller d'un autre train : ce fut à qui inviterait la grande dame et sa filleule. Je ne sais si elle pénétra les causes du revirement qui s'était fait en sa faveur ; mais elle fut sensible à l'accueil qu'elle recevait partout. Peut-être aussi le plaisir de promener une jeune fille si belle et si fêtée éveilla-t-il dans son cœur une sorte de sentiment maternel. Il est certain qu'elle rougissait d'aise aux succès d'Éliane et qu'elle ne ménageait rien pour lui en assurer de nouveaux. Elle la conduisit chez les bonnes faiseuses, présida elle-même aux soins de sa toilette, et donna des fêtes pour elle à son hôtel du Cours-la-Reine. Là, Mlle de Batéjins était réellement la fille de la maison. La princesse, en badinant, l'appelait quelquefois ma fille ; on prétendit en plus d'un endroit que M. et Mme de Batéjins n'avaient été que des parents nourriciers. Et comme ils étaient morts à quelques mois d'intervalle, pendant les voyages d'Éliane, il fallut toute l'autorité des ecclésiastiques les plus respectables pour faire tomber ce méchant bruit.

Par une cause ou par une autre, mais surtout, j'en ai peur, parce qu'elle était sans dot, Éliane fut plus admirée que recherchée en mariage. Le comte de Mably seul lui offrit un vrai nom, une fortune encore acceptable et une personne digne d'elle. Il ne vint pas de but en blanc chez Mme San Lugar lui demander la main de sa filleule : la démarche fut précédée d'une cour assidue qui ne dura guère moins de dix-huit mois. Tout Paris put assister à ces préliminaires; le comte affichait son amour en homme qui n'a rien à ménager et ne dépend que de lui-même; Mlle de Batéjins, sous sa réserve accoutumée, laissait percer une préférence visible. Dirai-je qu'elle était éprise de Gontran ? Son cœur retardé par une éducation peu commune, n'était peut-être pas encore bien éveillé. Mais l'espoir de devenir comtesse et millionnaire la flattait évidemment : d'ailleurs l'homme en lui-même répondait à l'idéal qu'elle avait rêvé.

Elle ne se défendit donc point contre un penchant légitime et qui ne pouvait la mener qu'à bien. Aux premiers mots sérieux que Gontran lui dit à l'oreille, elle répondit sans pruderie :

« Moi aussi, je crois sentir que je vous aimerai facilement. Je voudrais être sûre que Dieu nous a créés l'un pour l'autre. C'est une étude à faire : essayons! »

Le jeune homme fut tout ébahi de cette réponse honnête et sage. Il avait rencontré sur son chemin beaucoup de demoiselles à marier, et aucune ne lui avait parlé de ce ton-là. Les unes s'effarouchaient au seul mot de mari comme si on leur avait demandé la permission de leur couper la tête ; les autres prenaient un air simple en étudiant à la dérobée tous les détails du prétendant ; d'autres enfin (la nouvelle école) batifolaient agréablement sur le seuil de la vie et s'embarquaient pour le mariage comme pour une partie de campagne. Les quelques mots d'Éliane le firent entrer en lui-même ; il les médita longuement et se sentit devenir meilleur ; cet homme de plaisir eut la notion du bonheur vrai.

Dès ce jour, il vécut pour Mlle de Batéjins et trouva moyen de la voir à peu près tous les soirs. Une douce intimité s'établit entre eux, en plein monde. Ils n'avaient pas le temps d'échanger beaucoup de paroles, mais ce peu suffisait à maintenir la communauté de sentiments et d'idées. Réunis ou séparés, ils s'entretenaient ensemble à tout instant, comme deux chronomètres réglés l'un sur l'autre marqueront la même heure à mille lieues de distance.

Chaque fois qu'ils se retrouvaient, le premier regard échangé les rassurait l'un et l'autre. Il fallait des obstacles bien insurmontables pour les empêcher de se dire quelques mots. Presque tous les discours de Gontran pouvaient se résumer ainsi : je vous aime un peu plus qu'hier, et cependant hier je ne croyais pas qu'on pût vous aimer davantage. Éliane, de son côté, avouait loyalement les progrès qu'il avait faits dans son cœur.

Si quelque nuage passager inquiétait l'esprit de la jeune fille, Gontran le devinait à la première rencontre et se hâtait de le dissiper. Elle lui dit un soir :

« Savez-vous exactement mon âge?

— Non, mais qu'importe?

— C'est que j'aurai bientôt vingt-sept ans ; la chose est grave. Je m'étais promis de quitter le monde à vingt-cinq, si je n'avais pas trouvé un cœur comme le vôtre. Maintenant, je m'effraye de vous aimer ; vous êtes terriblement jeune pour moi. »

Gontran dépensa quinze jours à se défendre du crime de jeunesse. Son dernier argument fut un retour offensif : Si vous trouvez qu'il est trop tard à vingt-sept ans, marions-nous bien vite, tandis que vous n'en avez que vingt-six.

Éliane, à son tour, se mit sur la défensive ; elle demanda du temps, non plus pour réfléchir, car son parti était pris et sa parole donnée, mais pour savourer ce demi-bonheur fait de discrétion, de privation et d'espérance. Elle était de bonne foi, quoi que le monde ait pu supposer dans la suite. Son cœur appartenait sans réserve à M. de Mably. Les lenteurs qu'elle imagina l'une après l'autre prouvent seulement qu'une moitié de son être était encore engourdie ; elle avait peur des réalités qu'elle voyait grimaçantes et terribles à travers le vieux masque de Mme San Lugar. Peut-être aussi craignait-elle l'opinion de sa marraine. Elle avait cru remarquer que la princesse, tout en remuant ciel et terre pour lui découvrir un mari, s'obstinait à trouver tous les partis indignes. La grande dame qui, six ans plus tôt, l'eût livrée sans scrupule au premier venu, se montrait aujourd'hui beaucoup plus ambitieuse pour elle. Or, comme la princesse ne parlait pas d'ajouter un centime à la dot, on pouvait craindre que ce dédain systématique ne fût un calcul intéressé. Les vieilles gens tiennent à leurs habitudes; Éliane faisait partie des habitudes de sa marraine : peut-être aimait-on mieux la garder au logis que de la donner à un homme ?

La jeune fille se décida pourtant. Elle n'osa jamais aborder la grande affaire avec Mme San Lugar, mais elle permit à Gontran d'oser pour elle. Il ne se le fit pas dire deux fois.

Gontran ne doutait pas du succès de sa démarche, quoiqu'il connût fort peu la princesse et qu'il ne se fût pas mis en frais pour lui plaire. Vous savez qu'il n'était pas dans l'âge de la diplomatie. Cette vieille Espagnole saurie au feu des passions lui avait toujours fait l'effet d'un épouvantail à jeunesse, et peut-être avait-il laissé voir ce qu'il en pensait. Mais elle n'était ni la mère ni la parente d'Éliane, et d'ailleurs Éliane avait atteint la grande majorité. On était encore assez riche, grâce à Dieu, pour mépriser vingt mille écus de dot ; il s'agissait donc simplement de remplir un devoir de politesse, une pure formalité.

Il est rare qu'un homme, et même un amoureux, ne se rende pas justice à lui-même. Gontran savait ce qu'il valait, et qu'il était de meilleure maison que Mlle de Batéjins. Son stage de dix-huit mois avait rétabli sa réputation et arrêté sa ruine. Il lui restait deux millions, ou à peu près; ses dernières folies étaient vieilles et presque oubliées. Que pouvait-il donc craindre? Rien, sinon que Mme San Lugar eût la velléité de l'embrasser sur les deux joues.

Il fit donc sa visite, arriva sans trembler et demanda la main d'Éliane, aussi naturellement qu'il se fût fait servir une livre de bonbons : « Madame, je suis le comte de Mably, j'aime Mlle de Batéjins, votre filleule, j'ai le bonheur d'en être aimé, et quoiqu'elle ait le droit de disposer d'elle, je remplis un devoir de respect en vous priant de m'accorder sa main. » La princesse bondit sur sa chaise longue, mais elle reprit aussitôt son sang-froid et répondit : « Monsieur, je suis sensible à votre courtoisie, et je vous promets de ne pas m'opposer au bonheur d'une personne sur qui je n'ai absolument aucun droit. » Elle se leva là-dessus et fit sa révérence à Gontran sans permettre aucune réplique.

Le comte regagna sa voiture, aperçut derrière un rideau le sourire d'Éliane, approcha un doigt de ses lèvres, envoya discrètement le baiser des fiançailles, et referma la portière en murmurant :

« Un peu sèche, la marraine, mais on s'en moque! Le tour est fait. A ce soir chez les Vantajoux. Éliane me dira les nouvelles. »

Mais Éliane ne vint pas chez les Vantajoux, et toute une quinzaine s'écoula sans qu'elle reparût dans le monde. Gontran se présenta chez la princesse et apprit qu'elle était indisposée. « C'est contre moi qu'elle est indisposée! » disait-il en sortant; mais je prendrai bientôt ma revanche. Il circula beaucoup devant l'hôtel du Cours-la-Reine, et constata avec un peu de dépit que les fenêtres ne souriaient plus. Enfin, pour comble de surprise, il revit Éliane au bout de quinze jours et la trouva aussi indifférente, aussi calme, aussi parfaitement à l'aise que si elle n'avait jamais parlé d'amour avec lui. Il l'invita à danser; elle ne s'en défendit point, mais elle ferma l'oreille à tous les souvenirs qu'il évoquait. La patience était le moindre défaut de Gontran. Il s'arrêta court au milieu d'une valse et dit à Mlle de Batéjins, au risque d'être entendu de la galerie :

« En un mot comme en cent, suis-je un étranger pour vous?

— Oui, répondit Éliane.

— Vous m'aimiez, cependant!

— Peut-être.

— Et vous ne m'aimez plus?

— Non.

— Qu'est-ce que j'ai fait pour cela?

— Rien.

— Ainsi vous m'immolez sans raison, sans prétexte?

— Pensez de moi tout ce que vous voudrez, mon cher monsieur de Mably. »

L'orchestre s'arrêta sur cette conclusion désespérante, et Mlle de Batéjins regagna sa place au bras de Gontran qui la conduisait moins qu'il n'était conduit. Au dernier pas qu'ils firent ensemble elle parut hésiter, comme saisie au cœur par un regret poignant. Sa main droite s'appuya fortement sur le bras du jeune homme, elle se pencha vers lui et lui dit d'une voix étouffée :

« Encore un mot pourtant. Quel directeur avez-vous? »

Il ouvrit de grands yeux. Elle reprit avec une vivacité fébrile : « Pratiquez-vous ? Fréquentez-vous les églises ? Avez-vous la foi ?

— Non, mais c'est un détail, et si vous y teniez beaucoup....

— Merci, monsieur, fit-elle en se plongeant dans une profonde révérence. »

L'intimité de ces deux âmes finit là. Gontran ne sut jamais si ce *merci monsieur* s'appliquait à la valse ou à la religion. Il poursuivit encore un mois ou deux son inhumaine, mais elle le découragea si bien qu'il retomba bientôt dans les plaisirs faciles et reprit l'œuvre interrompue de sa ruine. Lorsqu'il apprit, l'hiver suivant, qu'Éliane épousait M. de Lanrose, il ne chercha plus la cause de sa trahison. Elle l'avait abandonné pour un vieillard riche : c'est un événement qui se voit tous les jours. Quant au prétexte hypocrite qu'elle avait mis en avant, faute de mieux, Gontran ne daigna pas le prendre au sérieux. Il se mit à haïr et à mépriser la nouvelle marquise.

Cependant Éliane était alors vraiment digne d'estime ; elle méritait même une certaine admiration. La princesse, assez mal disposée pour M. de Mably, commença par semondre sa filleule qui s'était engagée trop légèrement, à son gré. Tout en disant qu'Éliane était libre, elle usa de son autorité pour la tenir close et coite, tandis que ses amis réguliers et séculiers ouvraient l'enquête sur ce jeune homme. Les enquêtes de ce genre aboutissent toujours où l'on veut. Pourquoi ? Musset l'a dit :

...C'est que notre nature
A de bien et de mal pétri sa créature.

Tout homme a ses défauts, comme il a ses qualités ; il est bon à prendre ou à laisser, selon qu'on envisage la face ou le revers de la médaille. Mme San Lugar et ses vénérables amis ne tinrent compte que du revers.

On ne pratiqua point de propos délibéré la fameuse théorie de Basile ; mais sans calomnier précisément un homme, il est facile de le noircir aux yeux de sa future. La princesse mit en avant les liaisons que M. de Mably avait affichées ; elle oublia de dire qu'on ne lui en connaissait pas une depuis longtemps ; elle fit le dénombrement des millions qui avaient fondu dans les mains de ce prodigue ; elle ne conta point qu'il avait su en garder deux : elle fit un recueil des anecdotes qui pouvaient le discréditer dans l'esprit d'Éliane ; elle laissa de côté les traits assez nombreux qui devaient le faire aimer. Elle insista beaucoup sur le crime d'impiété, lorsque Gontran n'était coupable que d'indifférence et de légèreté, comme presque tous les jeunes gens de son époque : s'il se brouilla décidément avec Dieu, ce fut par dépit, après la trahison d'Éliane. On devine l'effet d'une accusation si grave sur une fille élevée comme Mlle de Batéjins : épouser un mécréant ! Quelques années de bonheur douteux, suivies d'un veuvage éternel !

D'autre part, Éliane savait qu'en refusant Mably, elle courait grand risque de n'épouser personne, ni pour le temps, ni pour l'éternité. Mme San Lugar prévint l'objection et fit comprendre à sa filleule qu'une rupture savante et bien conduite pouvait la mener à des destinées plus hautes. Avoir été demandée par le comte de Mably, c'était déjà un titre ; l'avoir refusé froidement, dignement, pour incompatibilité de conscience, c'était une action méritoire au premier chef. Quel homme bien pensant ne serait pas tenté de se donner lui-même en récompense à la vertu la plus austère et la plus héroïque de notre temps? L'important était de bien rompre et de prouver à tout Paris qu'on n'avait pas gardé la trace d'un regret dans les derniers replis du cœur.

Mlle de Batéjins joua ce jeu hardi et difficile ; d'autant plus difficile que les renseignements et les raisonnements de sa marraine ne lui avaient pas fait oublier la jolie figure et la voix sympathique de Mably. Ce n'est jamais sans grand effort qu'une fille se déguise en statue, surtout à l'âge où elle devient véritablement femme. Mais Éliane entra si bien dans l'esprit de ce rôle que pas un mot, pas un regard ne trahit ses douleurs ou ses hésitations. Le monde avait les yeux sur elle ; comme on ne savait pas jusqu'à quel point au juste elle s'était avancée avec Gontran de Mably, ses moindres gestes et ses paroles les plus naturelles prêtaient au commentaire. Chaque fois qu'elle entrait dans le même salon que son ancien *ami*, l'attention publique était plus éveillée qu'au cinquième acte d'un drame. Elle tint bon, Dieu sait au prix de quels efforts, jusqu'au jour où Gontran lui céda le champ de bataille. Il courut se jeter comme un furieux dans les amours de passage, laissant Mlle de Batéjins plus honorée, plus admirée, mieux en pied dans l'opinion publique et mariée d'avance au premier veuf ou célibataire qui aurait la velléité de faire une grande dame. Ce prédestiné fut le marquis de Lanrose, on le sait.

Ce que je n'ai pas dit, c'est qu'il y eut un an de passion entre le marquis et sa femme. Ce n'était pas l'amour qui les avait unis. M. de Lanrose s'était donné un mois pour choisir une fille honnête, intelligente et bien construite. Il s'agissait pour lui de punir le mariage indécent du comte Adhémar, et de déshériter autant que possible un fils qui lui ressemblait si peu. D'abondant, il n'était pas fâché de trouver une femme qui fît les honneurs de sa maison. Sa maturité vaillante et verte lui permettait de la prendre jolie ; il tenait aux principes religieux : sa première femme avait été un esprit fort et une vertu malheureusement très-faible. Éliane de Batéjins remplissait toutes les conditions du programme : il la demanda sans hésiter et elle le prit au mot, croyant épouser un vieillard. Le temps des illusions était passé pour elle ; elle touchait à cette période de découragement où le regard des plus belles et des plus triomphantes se tourne avec tristesse vers l'horizon désert.

Le marquis la combla de tous les biens qu'elle espérait de lui, et il lui fit en outre une adorable surprise. Il eut vingt ans pour elle pendant tout près d'un an. Plus heureuse que Valentine de Mably, la marquise eut sa lune de miel. Un accident déploré par tout le monde, mais non par les Adhémar, altéra pour quelques mois la belle santé d'Éliane, et changea forcément l'amour en amitié. Éliane se rétablit avec le temps, mais soit que le marquis eût jeté tout son feu, soit qu'il eût rencontré des distractions dans un autre monde, soit que la jeune présidente des servantes de Joseph eût élevé des obstacles trop respectables entre elle et son mari, le fil rompu ne fut jamais renoué. Les deux époux n'en firent pas moins bon ménage. Non-seulement ils s'estimaient, mais ils étaient fiers l'un de l'autre. Le marquis se parait de cette belle et sage personne, savante sans pédantisme, gracieuse avec dignité, et maîtresse de maison accomplie. Quant à elle, il faut avouer qu'elle eût été bien difficile si elle n'avait pas admiré son mari.

Rien ne troubla cette bonne harmonie, et cependant il est certain qu'après huit ans de mariage le marquis et sa femme étaient séparés par un abîme. Ni l'un ni l'autre n'avait rien fait pour s'éloigner, mais ils avaient dérivé insensiblement à leur insu, comme deux navires entraînés pendant la nuit par des courants sous-marins. Chacun des deux se croyait innocent, dans la sincérité de son cœur; du reste ils avaient trop bon goût pour se rien reprocher l'un à l'autre. « Il est fâcheux, pensait le marquis, que ma femme se soit jetée dans les coteries et les conférences. Elle appartient à Dieu, aux bons Pères, à ses petites amies, à ses pauvres, à tout le monde enfin, sauf à moi. Ses idées qui jadis ressemblaient parfaitement aux miennes, ont pris une autre couleur; à peine si j'entends la langue qu'elle parle. C'est un malheur. Pouvais-je l'éviter? Non, car l'histoire d'Éliane est celle de toutes les femmes de son monde; la pauvre enfant a roulé sur une pente irrésistible. Si j'avais essayé de la retenir par le bras, elle m'aurait laissé son bras dans la main.

Rien ne peut empêcher une femme de suivre la mode, et la mode commande à ces dames de faire leur salut loin de nous, dans les couvents humides et les escaliers à pic. » Éliane de son côté accusait le cheval, le cigare, le club, l'opéra, les journaux et toutes ces nouveautés de la vie parisienne qui entraînent les maris loin de leurs femmes. Elle n'en voulait pas au marquis : il suivait le courant, il marchait avec le siècle, il n'était ni meilleur ni pire que tous les hommes de sa caste.

Le modèle des juges, qui fut, je pense, le roi Salomon, n'aurait pas su de quel côté venaient les premiers torts : la marquise avait fait son premier pas vers le couvent des bons Pères à l'heure même où le marquis retournait par hasard à son club. Ni l'un ni l'autre n'avait cru venger une injustice et user de représailles. Comme leurs contemporains et leurs égaux des deux sexes, ils avaient bifurqué simultanément, par instinct. Et leurs habitudes étaient si bien séparées qu'ils se seraient gênés l'un l'autre si la marquise s'était convertie au plaisir ou le marquis à la dévotion.

II

LA CHUTE

Éliane et Gontran, lorsqu'ils se retrouvèrent à la Balme, se haïssaient furieusement. Il y avait de quoi. Le comte de Mably ne doutait pas qu'il n'eût été joué par l'avarice et l'ambition d'une hypocrite; Éliane se félicitait d'avoir échappé aux séductions d'un homme sans honneur et sans foi. Après l'avoir entendu dénigrer sur tous les tons par les amis de la princesse, elle avait été, trois mois durant, en butte à ses poursuites, et elle ne lui pardonnait pas une insistance si compromettante. Elle le vit s'étourdir ensuite au milieu de plaisirs scandaleux, et elle lui en voulut de s'être consolé si tôt. Elle apprit qu'il avait fini de se ruiner, et, au lieu de le plaindre, au lieu de se demander si elle n'était pas un peu responsable, elle se dit injustement : « Je serais dans la misère, si j'avais joué jusqu'au bout mon rôle de dupe. »

On se rappelle avec quelle âpreté Gontran la maudissait en partant pour la Crimée. Il avait d'assez bonnes raisons pour rejeter sur elle le poids de ses malheurs et de ses dernières fautes. Cette femme, la seule qu'il eût vraiment aimée, lui coûtait, pensait-il, tout ce qu'il avait perdu chez les autres : fortune, réputation, illusions, et le reste. « Car enfin, je n'aurais ni connu la Brindisi, ni mangé mes derniers millions, ni usé mon cœur jusqu'à la corde, si elle avait tenu sa parole en se donnant à moi. »

La haine de Gontran fut guérie par les beaux yeux de Mlle Barbot. Un homme heureux ne peut haïr personne; un amoureux n'éprouve que de l'indifférence pour les femmes qu'il aimait ou détestait encore hier. Mais Éliane n'avait plus le cœur assez plein de son mari pour que la rancune ne pût y garder place. La seule annonce de l'arrivée de Gontran avait mis sur pied dans son âme une armée de sentiments hostiles. Elle rentra tout émue dans l'appartement qu'elle partageait avec son mari, et se répandit en récriminations peu chrétiennes contre un malheureux et un absent. Elle ne parlait de rien moins que de quitter la Grande-Balme sur l'heure, pour échapper à la vue d'un homme si odieux.

Le marquis de Lanrose lui fit entendre raison ce soir-là : s'il avait pris la fuite avec sa femme devant un rival évincé, le monde en aurait dit de belles!

Ce premier danger évité, le mari d'Éliane ne se tint pas pour satisfait. Il voulut assurer la paix de sa vieillesse en réconciliant la marquise avec Gontran. Il savait que la haine n'est que l'envers de l'amour, et que son honneur courait presque un égal danger, que la marquise aimât ou détestât M. de Mably. La passion est sujette à de tels soubresauts qu'un mari de cet âge doit la tenir pour suspecte. Dans le moment, il l'avait pour alliée, mais il aimait mieux la supprimer d'un coup que de la voir un jour tourner casaque.

Un homme qui se sent vieillir ne peut pas malheureusement obtenir que sa femme vieillisse avec lui. Mais il peut, s'il est habile, ajouter quelques années à cet esprit fringant, mûrir ce cœur trop vert, engourdir au moyen de narcotiques moraux l'élément vivace et rebelle.

En assurant sous main l'existence de M. de Mably, le marquis avait deux idées : sauver un gentilhomme de la misère basse ; empêcher que ce garçon ne devînt trop intéressant. Cela fait, il prit ses mesures pour éteindre la fureur d'Éliane et lui montrer dans M. de Mably un homme semblable à tous les autres, ni pire ni meilleur, et digne de la plus parfaite indifférence.

C'était bien raisonné; mais M. de Lanrose oublia plus d'une fois son rôle. Les hommes comme lui sont toujours un peu dupes de leur cœur. Après avoir défendu Gontran par système, il le fit par conviction : chaque jour l'attachait davantage à ce rival tant redouté. Peut-être la contradiction injuste et acharnée de sa femme ne fut-elle pas étrangère au progrès rapide de cette amitié. A toutes les déclamations d'Éliane, il répondait par des éloges de plus en plus vifs, et Gontran lui fournit des armes sans le savoir par sa conduite si sage au début, si loyale et si courageuse à la fin.

Qui peut dire pourquoi la marquise était sourde à l'éloquence des faits eux-mêmes? Il se fit, je suppose, un singulier travail dans son esprit, lorsqu'elle vit une enfant plus jolie qu'elle, et infiniment plus riche, se jeter à la tête de son amant évincé. Éprouva-t-elle un sentiment de regret? sentit-elle pour la première fois le néant du bonheur qu'elle s'était choisi? Personne n'en sut rien, et si elle avait eu des confidences à faire, je suppose qu'elle ne se fût pas adressée à son mari. Le marquis reconnut avec regret qu'elle demeurait implacable, et peut-être eût-il cherché d'autres arguments contre la haine, si l'heureux dénoûment imaginé par Lambert n'était venu le rassurer tout à fait.

Il était évident que M. de Mably, marié à Valentine, ne devait plus porter ombrage à personne. Amoureux d'une jeune et jolie femme, aimé passionnément, converti le plus agréablement du monde à la morale du ménage, père de famille avant peu, astreint d'ailleurs à l'obligation de veiller sur sa propre femme, Gontran n'aurait ni le temps, ni même l'idée de convoiter le bien d'autrui. Que son bonheur durât seulement une douzaine d'années, Éliane serait alors une femme de quarante-cinq ans! Ainsi pensait le sage et bon marquis de Lanrose; il sentit son repos aussi bien assuré et à moins de frais que s'il avait lu la mort de M. de Mably dans quelque bulletin de Crimée. Les morts revivent quelquefois dans l'imagination des femmes; leur souvenir s'interpose entre les vivants et les vivantes, et l'on compte par centaines les maris trompés moralement au bénéfice d'une ombre. Un jaloux ne tient pour morts que ses rivaux bien mariés.

Ce n'était pas que M. de Lanrose fût jaloux à proprement parler. Il aimait la paix de sa vie et l'honneur de son nom, voilà tout. D'ailleurs il était quitte envers le Minotaure et il eût trouvé abusif qu'on l'obligeât de payer deux fois.

« Grâce à Dieu, se disait-il, me voilà hors d'affaire. Éliane est gardée non-seulement par sa conscience et sa religion, mais par la confiscation définitive du seul homme qu'elle ait remarqué avant moi. Si elle l'a regretté quelque temps, comme on paraît le croire, elle en a fait son deuil aujourd'hui. D'ailleurs elle est trop fière pour faire des avances à l'homme qui s'est marié si gaillardement sous ses yeux, et ce n'est pas Gontran qui reviendra jamais à elle. Il y perdrait, d'abord. Puis il est galant homme, il a du cœur, il m'aime, et ma foi! le diable m'emporte! je l'aime cent fois plus que mon chafouin d'Adhémar! »

Il est certain que le marquis tint lieu de père à Gontran à l'époque de ses noces. L'intimité qui les liait depuis la Balme devint si étroite à Lyon, dans une vie presque commune, que la farouche Éliane dut changer de ton et de visage. Faut-il croire qu'elle fut désarmée par le spectacle d'amour et de bonheur qu'on étalait naïvement sous ses yeux? Vit-elle avec plaisir ces jolis enfantillages qui animèrent les dernières journées de la *cour?* Les amoureux sont tous myopes; ils ne volent pas le monde qui les entoure et se serrent les mains sans se douter qu'ils froissent souvent un cœur.

Mais Éliane était bien forte. Du jour où son mari l'eut décidée à tendre la main à Mably, elle arbora un sourire doux, tranquille, égal, presque maternel. On remarqua, le jour du mariage, que sa toilette la vieillissait de six ans. Le marquis augura bien de cette métamorphose évidemment volontaire. Toutefois, elle fut un peu malade dans la soirée, mais elle refusa d'appeler un médecin. « Ce n'est rien, disait-elle; un petit élancement dans la région du cœur. J'en ai beaucoup souffert autrefois; Mme San Lugar le savait bien. »

Mais la princesse San Lugar ne pouvait être appelée en témoignage; elle était morte depuis un an.

L'installation des Mably dans la vie parisienne donna trois ans de fièvre à la marquise de Lanrose. Jamais Gontran n'avait pu être un étranger pour elle depuis le petit drame de leurs premières amours. Elle l'avait tantôt maudit, tantôt regretté, quelquefois pleuré, jamais oublié. Lorsqu'elle se mit enfin à lui rendre justice, elle le suivit d'un regard bienveillant, presque tendre; mais ce fut au détriment de Valentine, qui d'abord, à la Balme, lui avait beaucoup plu. Vous auriez dit que cette âme si noble et si grande éprouvait le besoin de se venger sur quelqu'un. Mais de quoi? Je ne sais : peut-être de sa vie manquée, des dernières années de sa jeunesse sacrifiées au titre et à l'argent. Elle fit grâce au mari et se mit à chercher des griefs contre la femme. Sans s'avouer que la jeune comtesse lui avait pris sa part de bonheur, elle établit un parallèle quotidien entre les actions de Valentine et ce qu'elle eût fait elle-même à sa place.

Elle nota soigneusement les maladresses et les erreurs de son innocente rivale, et ne manqua jamais de dire : « Je me serais conduite autrement; je n'aurais pas racheté l'hôtel, j'aurais refusé les diamants, j'aurais vécu moins en dehors, j'aurais fermé ma porte à celui-ci, refusé les invitations de ceux-là; les Adhémar me touchent de bien près : est-ce que j'en ai fait mes intimes? » De ces détails groupés avec soin, elle ne tirait aucune conclusion. Elle ne disait pas même à son oreiller solitaire : « Gontran aurait été plus heureux avec moi. »

Lorsqu'elle se vit un peu délaissée par le jeune ménage, elle en sentit plus d'orgueil que de dépit. Il lui sembla que Valentine la craignait, ou du moins qu'une affinité secrète attirait la fille des Barbot vers le monde intermédiaire. Mais Gontran? Que devait-il penser, faire et dire dans les salons du faubourg Saint-Honoré? Son élément n'était pas là; il souffrait à coup sûr; il avait par moment la nostalgie du vrai monde.

A cette idée, Éliane était prise de compassion pour lui, et pourtant elle ne s'affligeait pas, au contraire. Son cœur gonflé par un sentiment mal défini s'enlevait doucement vers des régions inconnues.

La conversion soudaine de la petite comtesse, son retour aux salons austères, cette affiliation aux confréries qui fut comme une entrée en religion, prit Éliane au dépourvu et lui tira quelques larmes. On dit pourtant que le retour d'une brebis égarée est une fête pour tous les justes. Peut-être la marquise avait-elle rêvé le ciel sans Valentine; la peur d'y retrouver ce joli visage importun lui gâtait son paradis. Au bout de quelque temps, elle se consola à l'idée que les époux Mably se trouvaient séparés en ce monde et dans l'autre par la diversité des sentiments et des pratiques. Valentine adonnée à la haute dévotion mettait entre elle et son mari toute l'armée des Saints et des Martyrs, des Anges et des Archanges, des Trônes et des Dominations.

Mais si la jeune femme prenait assez d'empire sur lui pour l'amener à résipiscence? Cette perspective éblouit la chrétienne et troubla profondément la femme. Éliane était trop sincèrement pieuse pour voir un accident fâcheux dans le salut d'une âme. Elle se promit d'aimer, d'admirer, de bénir sa rivale si elle faisait un tel miracle. Mais, d'un autre côté, elle pensa que Valentine négligerait peut-être de l'entreprendre, ou qu'elle l'essayerait en vain. Dans le premier cas, il était sûr qu'elle n'aimait pas son mari; dans le second, on verrait clairement qu'elle n'était pas aimée. Éliane ouvrit les yeux et attendit. Le moment était solennel.

Une année entière s'écoula, et Gontran ne fit pas mine de dépouiller le vieil homme. Il laissa les forces du ciel s'interposer entre sa femme et lui. On ne vit rien de nouveau dans ses habitudes; ses discours respiraient toujours une franche odeur de fagot; c'était le même scepticisme, heureux, riant, sûr de lui-même; rien ne prouvait que Valentine eût essayé de le convertir.

Éliane se remit à penser qu'elle aurait fait d'héroïques efforts si elle avait occupé la place de Valentine. Elle ne tarda guère à se dire qu'elle eût certainement réussi. Elle en vint même à croire qu'une simple étrangère comme elle pouvait atteindre ce but avec l'aide de Dieu. Si la perversité est contagieuse, comment la foi et la vertu ne le seraient-elles pas?

Elle ne s'arrêta pas longtemps à cette vue, mais elle y revint souvent : c'est ainsi que la plupart des femmes s'affermissent dans le bien ou dans le mal. Lorsqu'il lui parut démontré qu'elle tenait en main le salut de Gontran, elle ne conclut pas qu'il fallait l'entreprendre sans retard. C'est seulement chez l'homme, et pas chez tous les hommes, que l'idée mûre se traduit aussitôt en fait.

Éliane se répéta cent fois que M. de Mably n'était pas perdu sans ressource, que sa femme avait tort de le laisser dans l'impénitence, que la plus humble chrétienne pouvait le catéchiser en quelques jours, qu'il y avait faiblesse impardonnable à négliger une bonne œuvre si facile : elle pensa que Gontran ferait la plus noble figure du monde dans la chapelle des bons Pères, sur un prie-Dieu de chêne sculpté; elle le vit monter au ciel sur les ailes des Anges, et pensa que la présence d'une âme si charmante ajouterait un élément tout spécial à la félicité des élus.

Un soir qu'elle caressait *in petto* ces agréables fantaisies, son mari rentra du club plus tôt qu'à l'ordinaire, et la surprit dans une sorte d'extase, les mains jointes, les yeux vagues, les nerfs tendus. Elle se leva en sursaut et embrassa le marquis avec une ardeur inusitée.

« Qu'avez-vous? lui dit-il; vous n'êtes pas souffrante?

— Loin de là, répondit Éliane. Je pensais à la bonté de Dieu qui réunira dans son sein les justes qui se sont aimés sur la terre. Toujours jeunes, toujours époux, nous goûterons là-haut un bonheur éternel. Voilà, mon cher Armand, l'idée qui me ravissait lorsque vous êtes venu interrompre mon rêve, ou plutôt le compléter. Je vous adore. »

Elle ne mentait pas, elle épanchait au bénéfice de son mari le trop plein de son âme. En reportant au marquis de Lanrose la conclusion d'une rêverie qui n'avait pas commencé par lui, elle cédait au besoin de rentrer dans le devoir, d'excuser aux yeux de Dieu et aux siens cette aberration passagère. Et surtout, oui, surtout, elle se satisfaisait en exprimant au premier homme venu son désir le plus dominant. La femme est ainsi faite qu'il lui faut à certaines heures mettre dehors ce qu'elle a dans l'esprit. La gestation de ses idées aboutit presque toujours à un terme inévitable, et c'est pourquoi les maris entendent des confidences ou reçoivent des épanchements qui ne s'adressent pas à eux.

Le marquis n'était pas une nature extatique, mais un homme de bon sens, tranquillement dévoué à sa femme. Il laissa parler Éliane et sourit plus d'une fois au pathétique de son discours. « Chère enfant, lui dit-il, nous sommes assez bien portants l'un et l'autre pour reléguer au second plan les choses du ciel.... »

Elle insista sur le néant des plaisirs terrestres. « Néant, soit, reprit-il, mais ce néant a bien son importance, et Dieu ne l'aurait pas organisé avec tant de soin s'il n'y attachait aucun prix. Vivons heureux d'abord, et ne nous exaltons pas, si nous pouvons, par des idées de l'autre monde.

— Mais l'union des âmes pour une éternité! c'est tout le but de la vie! tout!

— C'est quelque chose, assurément; mais une chose obscure et très-mal définie. Dieu fera de nous ce qu'il lui plaira, selon nos faibles mérites. Je m'en rapporte à lui, et je n'ai pas la prétention d'anticiper sur ses décrets. Commençons par obéir à ses commandements, et pour la récompense, reposons-nous sur sa justice.

— Doutez-vous donc qu'il réunisse à jamais ceux qui se sont aimés ici-bas et qui meurent en état de grâce?

— Ce qu'il fera sera bien fait, ma chère Éliane. Mais ma première femme est morte en état de grâce, si j'en crois ce que l'on rapporte. Je l'ai aimée deux ou trois ans, elle m'a payé de retour; sa dernière pensée, après mille et une.... promenades, a été, m'a-t-on dit, d'implorer mon pardon. Eh bien! foi d'honnête homme, je serais désolé de la retrouver là-haut. D'autant plus qu'il faudrait ou divorcer avec vous, ou scandaliser tous les saints par un crime de bigamie. C'est pourquoi, grande enfant, laissez à Dieu le soin des choses d'outre-tombe, et contentez-vous d'être aimée tendrement ici-bas sans faire votre nid là-haut. »

Le marquis avait raison, mais un homme doit se garder de trop avoir raison contre sa femme. Le cerveau d'Éliane se remit au travail sur de nouvelles données. L'élève de Mme San Lugar se demanda si elle était sérieusement mariée à un homme qu'on devait lui disputer après la mort ; et, comme M. de Lanrose n'avait pas pour lui les arguments irrésistibles de la présence réelle, comme il était moins assidu à son ménage qu'à son club, Éliane prit l'habitude d'organiser son avenir sans lui. Elle oublia petit à petit qu'elle était mariée : elle l'était si peu! Et la première fois qu'un hasard imprévu la mit seule en présence de M. de Mably, elle découvrit étourdiment au jeune homme la place qu'il avait reconquise et gardée au fond de son cœur.

Ce jour-là, tandis que Gontran frisait sa moustache avec fatuité et admirait le biais ingénieux qu'elle avait pris pour se perdre, Éliane courut à Saint-Thomas d'Aquin, s'agenouilla sur la pierre et demanda sincèrement à Dieu si elle était dans la bonne voie. L'oraison, cette force des faibles, ne la rassura qu'à demi ; elle se releva profondément troublée, incertaine de ce qu'elle avait fait et de ce qui lui restait à faire et tremblant d'avoir déchaîné des passions coupables dans une âme qu'elle pensait éveiller au bien.

Le temps qui calme tout redoubla son agitation et sa crainte. A mesure qu'elle s'éloignait de cette heure imprudente où elle avait trahi son secret, elle s'exagéra la gravité de l'imprudence. Elle rêva tantôt que Valentine, tantôt que M. de Lanrose lui demandait compte de ses paroles; elle eut peur que Gontran n'en tirât avantage comme d'un droit donné et acquis. Aussi lui fallut-il un effort héroïque pour dissimuler son angoisse la première fois qu'il vint chez elle après l'événement. Plus le comte affectait de se souvenir, plus elle se croyait tenue d'oublier. Cependant lorsqu'elle eut réussi à faire la sourde oreille et à jouer le rôle d'une femme qui n'a rien dit, elle fut prise d'un scrupule auquel l'amour naissant, ou renaissant, n'était peut-être pas étranger.

« S'il était vrai que ce jeune homme eût été touché par la grâce ! S'il ne fallait qu'un mot pour achever sa conversion ? N'avait-elle pas charge d'âme ? Pouvait-elle sans crime abandonner à mi-chemin le travail qu'elle avait entrepris ? »

Je ne sais si Gontran devina ces hésitations. Soit calcul, soit instinct, il les mit à profit. Dans un de ces instants rapides et fugitifs où il était seul avec elle dans le salon du quai d'Orsay, il prit un ton demi-sérieux et lui dit :

« Hé bien, c'en est donc fait, vous renoncez à me convertir ? »

Elle se troubla : la question était comme un écho de ses plus secrètes pensées.

« Parlez-vous sérieusement ? répondit-elle.

— Est-ce que tout n'est pas sérieux avec vous ? J'ai beaucoup réfléchi depuis quelques jours.

— Tant mieux ! A quoi ?

— A ce que vous m'avez dit. Il me semble que j'irais droit au ciel si vous vouliez bien m'y conduire.

— Ah ! si Dieu m'avait accordé le don de persuasion !

— Vous me persuaderez tout ce qu'il vous plaira, je vous jure.

— Je n'ai qu'une chose à vous dire : soyez chrétien!

— Mais comment, si je n'ai pas la foi?

— Commencez par la pratique : la foi viendra bientôt.

— Pratiquer avant de croire! c'est de l'hypocrisie, cela.

— Non! c'est de la prière en action. Dieu verra votre bon vouloir, il vous donnera la grâce.

— Eh bien, je veux essayer. J'irai dimanche à la messe. Avez-vous une église à me recommander?

— Vous trouverez Dieu dans toutes.

— Je le sais. Mais je prierais mieux, ce me semble, si j'étais sous le même toit que vous. »

Elle le regarda fixement, vit ou crut voir qu'il ne plaisantait pas, et lui dit :

« Vous n'êtes pas assez impie ni assez fat pour vous méprendre sur ma conduite : je vais tous les jours à la chapelle Saint-Joseph. »

Gontran apprit le chemin du couvent; il y alla d'abord en curieux, la canne à la main, et bientôt avec un livre. Il voyait Éliane de loin, la saluait à la sortie, mais causait rarement avec elle. Souvent, après l'avoir rencontrée le matin, il la cherchait après midi dans les allées du bois de Boulogne. Elle prit des habitudes de promenade qu'elle n'avait pas autrefois : c'était un petit sacrifice en échange du grand qu'elle avait obtenu de Mably. Elle ne descendait pas de sa voiture et Gontran ne descendait pas de son cheval, mais il faisait quelques pas auprès de la calèche, et l'on dit tant de choses en deux minutes!

Le comte se prêtait de bonne grâce à la fantaisie d'Éliane; il répondait sérieusement à ses questions et se laissait confesser en plein air. Mais il gagnait si peu de terrain qu'il en vint à se demander si elle ne se moquait pas, comme au temps de la princesse. Deux ou trois fois par semaine, il la quittait avec dépit, bien résolu à finir cette plaisanterie. Cependant un charme invincible le ramenait au couvent tous les matins, à la promenade tous les soirs.

Un jour, il lui dit :

« Rien n'avance. La foi ne me vient pas; j'aurais besoin d'être catéchisé à fond. Indiquez-moi quelqu'un, ou plutôt chargez-vous de la besogne vous-même.

— Je ne suis qu'une ignorante.

— Soit, mais une ignorante qui peut tout sur moi.

— Venez à la maison.

— Quand ?

— Ce soir. Mon mari dîne avec moi ; il sera heureux d'assister à notre conférence.

— J'ai peur de l'ennuyer. C'est un croyant, d'accord, mais il n'a pas l'esprit de prosélytisme.

— Hé bien, j'irai chez vous. Attendez-moi demain soir avec Mme de Mably.

— Ma femme en ce moment a l'esprit tourné ailleurs. On dirait que la dévotion lui pèse un peu depuis une quinzaine. Elle en aura trop pris à sa dernière retraite.

— Il ne me reste donc qu'à vous donner l'adresse de mon directeur, le P. Ange.

— Merci, non. J'aime mieux me damner, décidément. Adieu!

— Attendez! Je ne veux pas avoir un tel malheur sur la conscience. Je vous enverrai le Bosquet de pénitence en rentrant. C'est un bon livre. Lisez-le. »

Gontran avait cet opuscule chez lui, mais il n'eut garde d'en rien dire. Il était trop heureux d'engager un petit commerce discret avec la marquise. Le Bosquet de pénitence arriva, tout annoté par les blanches mains d'Éliane, tout rempli de gravures, de papiers découpés, de symboles, d'images mystiques, de prières qui portaient indulgence. Ce païen de Mably goûta des jouissances idolâtres, en s'initiant à ces petits secrets d'un cœur féminin. Il vola quelques images et une violette sèche qu'on avait peut-être oubliée à son intention; il remplaça la fleur par une autre et choisit chez un libraire spécial, aux environs de Saint-Sulpice, d'autres gravures symboliques qu'il chargea de plaider pour lui. Le mysticisme a cela de commode qu'il emprunte à chaque instant le vocabulaire de l'amour.

Chargé d'électricité comme une bouteille de Leyde, le livre retourna au quai d'Orsay, discrètement, comme il était venu. Éliane n'était pas femme à le reprendre sans l'ouvrir; elle avait de trop bons yeux pour ne pas voir les changements qu'il avait subis en voyage. Mais elle n'en dit rien, quelques efforts qu'on fît pour l'induire en confidence.

Gontran lui dit un matin au sortir de la messe :

« Votre livre est charmant; c'est une rosée qui tombe sur les âmes. Mais il ne m'a pas désaltéré; je voudrais la suite.

— Bien! dit-elle. L'auteur est un de mes amis, le

P. Tricotel. Il prêche demain soir, à tel endroit : venez l'entendre. »

Il accepta l'invitation, mais je ne sais s'il goûta l'éloquence onctueuse du bon Père. Il pensait que sa femme était en route pour Carville, qu'il avait un ou deux mois de liberté devant lui, et qu'il serait un sot de manquer une occasion si belle. Ce soir-là, comme Éliane allait monter en voiture devant la porte du couvent, il s'approcha d'elle et lui dit :

« Je suis ému du sermon, mais j'ai des objections à faire.

— Écrivez à M. Tricotel ; il aime à correspondre avec ses ouailles.

— C'est que mes objections ne s'adressent pas à lui seul. J'ai des doutes sur toutes les matières de foi ; mon esprit se défend contre tous les dogmes ; à chaque affirmation qu'on prétend m'imposer, je trouve aussitôt une réponse. Si l'on veut me sauver, il faut qu'on ait la patience de me convaincre sur tous les points l'un après l'autre, et ce n'est pas l'affaire d'un jour. Connaissez-vous une personne au monde qui me veuille assez de bien pour entreprendre ce travail-là ? »

Elle réfléchit un instant et le regarda entre les yeux, suivant l'habitude qu'elle avait prise, car elle se défiait également d'elle et de lui. Gontran se mit en garde et prit un air candide.

« Allons, dit-elle, j'aime assez votre âme pour dépenser une heure à son profit, et je vous estime trop pour vous craindre. Attendez-moi demain à trois heures, chez vous. »

Le lendemain, tandis que Valentine débutait si

brillamment sur la plage de Carville, Gontran prenait toutes les mesures de prudence que commande un rendez-vous. Il fut un peu déçu, pour ne pas dire mystifié, lorsqu'il vit paraître Éliane. Elle tenait par les mains deux petites orphelines de neuf à dix ans, vêtues de laine noire et coiffées du bonnet à trois pièces. « Mon ami, dit-elle en entrant, voici deux innocentes qui dissiperont vos erreurs, éclairciront vos doutes et répondront à vos objections. Elles n'ont pourtant pas étudié la logique ; mais elles savent leur catéchisme, et c'est assez. »

Le comte fit la grimace, mais il eut le bon goût de rentrer son dépit en lui-même. Il accueillit les deux orphelines, les conduisit au salon, les établit tout étonnées dans deux fauteuils où leurs petites jambes pendantes, avec de gros souliers au bout, faisaient la plus étrange figure. Elles étaient troublées, moins pourtant qu'on n'aurait pu le supposer : ces enfants adoptés par l'élite du faubourg sont un peu les poupées de la haute noblesse : les noms, les titres et les splendeurs du monde sont choses moins nouvelles pour eux que pour un fils de bourgeois. Les duchesses vont les voir, les marquis et les princes leur portent des bonbons, les prélats confirment paternellement leurs grosses joues violettes, jusqu'à l'âge où l'orphelinat leur procure un emploi de cuisinière ou de bonne d'enfants, et met d'autres poupées à leur place.

Gontran les laissa prendre haleine et courage, tandis qu'il échangeait quelques banalités avec Mme de Lanrose. Puis il leur fit subir un examen d'un quart d'heure sur les choses qu'on enseigne aux communiants des deux sexes. Les deux élèves prouvèrent à qui mieux mieux qu'elles savaient le catéchisme sur le bout du doigt; elles récitèrent sans perdre haleine des définitions métaphysiques qui mettraient à la torture l'esprit d'un philosophe; elles résoluront en courant les problèmes les plus ardus; elles réfutèrent sans passer un seul mot les objections toutes faites qui, depuis plusieurs siècles, provoquent des arguments tout faits.

Tandis qu'elles débitaient leur leçon d'une voix aigrelette, comme une horloge bien remontée sonne les heures et les demies sans hésitation et sans erreur, Éliane hésitait un peu; elle commençait à douter de la portée de cet exercice et de l'efficacité de son invention. Depuis longtemps elle croyait, pour l'avoir entendu dire, qu'un enfant armé du catéchisme, peut confondre les logiciens et convertir les incrédules; mais au moment de vérifier le fait sur une âme dont le salut lui était plus cher que sa propre vie, elle se sentait envahir par la tristesse et le découragement. Ces textes si remarquables dans leur simplicité lui apparurent tout à coup comme une lettre morte. Toutes les vérités dont on l'avait allaitée, dont elle se nourrissait encore chaque jour avec une joie sans mélange et un insatiable appétit, lui semblèrent quelque chose d'indifférent et d'inutile aux besoins de l'heure présente. Une voix intérieure lui disait que les affirmations de l'Église devaient glisser sur ce cœur endurci, comme l'eau sur un marbre. Elle reprochait aux pères et aux docteurs de n'avoir pas un peu passionné le dogme en ajoutant à ces eaux pures l'acide qui mord le marbre et entame le métal. Le calme de Gontran, sa parfaite sérénité, sa politesse attentive et souriante redoublaient d'instant en instant l'impatience de la marquise. Elle fut plusieurs fois sur le point de couper la parole aux petites filles et d'improviser un autre catéchisme à l'usage de son cher mécréant.

Il devina ce trouble, et pendant un quart d'heure il en jouit avec malice, trop habile pour triompher ouvertement, affectant d'être tout à la leçon des orphelines, évitant même d'arrêter les yeux sur la marquise qu'il voyait sans la regarder, comme une demoiselle à marier dévisage en baissant les yeux le jeune homme qu'on lui présente.

L'examen terminé, il fit son compliment aux petites missionnaires et sonna pour demander des confitures et des gâteaux. Il ordonna que leur collation fût servie au jardin, et permit aux enfants de cueillir deux gros bouquets pour l'autel de la Vierge. L'âge reprit ses droits sur les deux innocentes ; elles coururent dans les allées aussi étourdiment que si elles n'avaient pas catéchisé ce jour-là même le plus incorrigible positiviste du club. Éliane les suivit, mais ses deux chaperons lui échappèrent bientôt : il était plus aisé de les suivre que de les rejoindre.

Les enfants poussèrent de grands cris à la vue d'un gros marronnier qui s'arrondissait au milieu de la pelouse :

« C'est l'arbre, c'est notre arbre ! l'arbre du couvent ! »

La marquise et le comte, qui n'étaient pas loin

l'un de l'autre, s'approchèrent pour savoir d'où cet arbre leur était connu.

« Mais, répondirent-elles ensemble, on le voit par les fenêtres du dortoir. Et d'ici, du milieu de l'herbe, on voit les fenêtres du couvent! Tenez, sœur Marianne qui passe avec son grand balai! »

Gontran comprit que Mme de Lanrose était allée chercher ses jeunes acolytes dans un orphelinat de la rue de Grenelle, adossé pour ainsi dire à l'hôtel de Mably. Le potager des sœurs s'ouvrait sur une étroite impasse, derrière le jardin de l'hôtel. Le jardinier du comte avait aussi une porte sur l'impasse ; il s'en servait pour voiturer l'engrais des plates-bandes et le sable des allées, ou pour emporter les fleurs flétries.

Éliane avait ses entrées, grandes et petites, dans tous les couvents de Paris. Plusieurs orphelinats la citaient avec orgueil au nombre de leurs patronnesses ; il n'y en avait pas un qui ne se fût empressé de lui confier toutes les pensionnaires sans demander pourquoi. Elle avait donné la préférence au couvent de l'*Ave-Maria*, rue de Grenelle, parce qu'il touchait presque à la maison de Gontran. Mais le catéchumène était un stratégiste consommé : il comprit au premier coup d'œil le parti qu'on pouvait tirer d'un voisinage si respectable et si discret. « Avant huit jours, se dit-il, les portes dérobées feront leur office. »

Tandis que les petites voisines se poursuivaient dans les allées, se barbouillaient de confitures et se bourraient de gâteaux, il prit Éliane à part et lui dit :

Êtes-vous contente de moi?

— Oui, si votre attention était sincère et si vous avez écouté la bonne parole en esprit de justice et de vérité.

— J'ai écouté comme j'ai pu, foi d'honnête homme, et tant qu'il vous plaira de m'instruire par le même procédé, mes oreilles seront à votre service. Mais la grâce n'a pas encore opéré.

— Pourquoi? Parce que vous avez l'esprit troublé par les passions de ce monde. Commencez par devenir aussi simple que les enfants et je réponds du reste.

— Vous en parlez bien à votre aise. La simplicité du cœur ne s'achète pas comme une charge d'agent de change. Je suis très-compliqué, pétri de bien et de mal, de vrai et de faux, de bons instincts et de tendances détestables; et j'ai cela de commun avec tous les hommes de mon temps et de mon éducation. A qui la faute?

— A vous, qui avez mal vécu. La grâce ne se fait pas prier pour descendre dans les âmes pures.

— J'ai fait des sottises; d'accord. Mais personne ne peut les défaire. Dieu lui-même ne peut pas anéantir le passé et décréter que j'ai vécu comme un saint. Il faut donc qu'il me prenne comme je suis, ou qu'il y renonce.

— Ne vous a-t-on pas dit tout à l'heure qu'il est infini dans sa miséricorde comme dans sa grandeur?

— On m'a dit mille choses écrites d'un fort beau style. Mais franchement, entre nous, pensez-vous qu'on me les ait apprises? J'ai su mon catéchisme autrefois ; je ne l'ai même pas tout à fait oublié. Si vos petites filles avaient hésité un moment dans leur récitation, j'aurais achevé la phrase à leur place. Mais savoir n'est pas croire, et retrouver un texte égaré dans un repli du cerveau n'est pas récupérer la foi perdue. Savez-vous ce que c'est que la foi, vous qui rêvez la conversion des infidèles ? C'est l'abdication volontaire et douce de cette indomptable Raison qui se révolte en nous à chaque instant. C'est le consentement d'un cœur vraiment heureux qui souscrit, les yeux fermés, aux choses qu'il ne peut comprendre. Tandis que ces enfants frappaient sur ma tête à coups redoublés pour y faire entrer les vieux dogmes chrétiens, je me comparais moi-même à ces rochers du pôle nord qui sont des vagues durcies par le froid. Rien ne peut les entamer, le fer s'y use ou s'y brise. Vienne un rayon de soleil, un souffle de l'été ; les rochers s'amollissent si bien que les petits oiseaux les fendent à coups de bec et les petits poissons à coups de nageoire. Comprenez-vous la métaphore ? J'ai le cœur endurci et comme cristallisé par le froid. Tous les efforts du monde n'y feront pas entrer un atome de catéchisme tant qu'on ne l'aura pas dégelé. Réchauffez-le (ce n'est pas à vous que je m'adresse ; je parle en général) ; réchauffez-le, dis-je, et il deviendra plus souple, plus fluide, plus prompt à se mouler sur la forme du vase que l'eau de cette carafe.

— Êtes-vous donc si malheureux, mon pauvre ami ?

— Malheureux ? Non. Je vous estime trop pour mendier votre compassion. L'homme qui cherche à se faire plaindre d'une femme est un impertinent : il croit qu'on peut l'aimer.

— Il est permis d'aimer le prochain.

— Oui, vous avez raison ; j'employais le mot dans le sens le plus usité aujourd'hui. L'amour, pour le commun des hommes, est devenu un synonyme poli du libertinage. Ah! parlez-moi de cette sympathie toute morale, de ce chaste lien qui unit plus étroitement les âmes que les basses familiarités du corps : à la bonne heure ! Mais il y a bien peu de femmes assez haut placées dans l'échelle des êtres, entourées d'une assez pure atmosphère de noblesse et de vertu pour qu'on puisse sans injure, leur demander cet amour-là! Il y en a pourtant ; ce n'est pas en votre présence qu'il est permis de le nier ; mais elles n'éprouvent jamais pour nous l'estime qu'elles nous inspirent ; elles se défient toujours !

— Non !

— Si! A telles enseignes que pour entrer ici et donner quelques soins à une âme, hélas ! bien malade, vous avez cru devoir abriter votre innocence derrière ces deux enfants.

— Mon innocence, non ; ma réputation, peut-être. D'ailleurs je ne vous connaissais pas hier aussi profondément qu'aujourd'hui.

— Il est facile, allez ! de me connaître à fond. Un étourdi mal dirigé dans sa première jeunesse, traité injustement un jour, et jeté par le désespoir dans une voie déplorable, ramené miraculeusement par une fausse apparence de bonheur domestique qui n'a pas tenu ce qu'elle promettait ; isolé dans Paris et dans sa propre maison ; sans vraie famille, sans amis sérieux ; envié de quelques-uns parce qu'il est ou paraît riche des biens de ce monde, mais plus pauvre et plus dénué dans le fond de son cœur que les orphelines qui jouent là-bas ; fier d'ailleurs et décidé à faire bon visage, à se roidir jusqu'à la fin contre les ennuis de la terre et les menaces du ciel même : voilà l'homme qui jette l'ancre à vos pieds, ô ma douce, ma noble et mon angélique espérance! L'Écriture dit qu'autrefois Dieu envoyait ses messagers ici-bas pour sauver les âmes en peine. Vous n'avez pas les ailes d'un ange, mais vous en avez tout le reste : c'est à vous de me dire si je suis condamné sans appel. »

Cette tirade bien lancée sur un ton qui laissait deviner mille émotions contenues, produisit tout l'effet que l'orateur en avait espéré. Il vit Mme de Lanrose haletante et à demi suffoquée s'appuyer contre un arbre et rester un moment sans voix. Mais il se garda bien de lui demander ce qu'elle éprouvait : à triompher trop tôt on risque de manquer la victoire. Il se mit à parler de choses indifférentes, en homme qui se repent d'avoir montré le fond de son cœur. Durant quelques minutes, il bourdonna ce qu'il voulut aux oreilles de la marquise : elle était trop occupée de ce qu'elle avait entendu pour écouter autre chose. A peine répondit-elle un ou deux monosyllabes au hasard, sans savoir ce qu'elle disait.

Le comte de Mably, calme et froid comme un général sur le champ de bataille, décida de rester sur ce premier avantage. Il appela les enfants, emplit leurs poches, les remercia, et les conduisit jusqu'à la porte de l'impasse qu'il entr'ouvrit. Éliane suivait machinalement, toute rêveuse, et plus pâle qu'un marbre.

« Chères petites, dit Gontran, vous voilà tout près de chez vous. A partir de demain, cette porte sera toujours ouverte. Et vous viendrez achever votre bonne œuvre, n'est-ce pas?

— De grand cœur, monsieur, si notre bienfaitrice nous ramène. »

Éliane, prise à partie, répondit qu'elle verrait, qu'elle réfléchirait, qu'elle n'était pas sûre....

« Vous m'avez fait tant de bien! » dit Gontran.

Sans attendre la réponse, il se pencha vers ses petites catéchistes et les baisa au front. Puis poussé par une inspiration soudaine, il fit participer Mme de Lanrose à ce remercîment audacieux. Éliane sentit deux baisers se poser sur ses joues; elle n'eut pas le temps de s'en défendre ni le courage de s'en fâcher. Eût-elle eu la résolution de se montrer sévère, elle était paralysée par la présence de ses petits anges gardiens. Le bon sens lui disait qu'un seul mot de reproche, un seul signe de résistance aurait scandalisé gravement ces pauvres innocentes, tandis qu'un acte de familiarité fraternelle ne les étonnait même pas.

Elle sortit du jardin à demi folle, et se laissa conduire au couvent par les deux orphelines plutôt qu'elle ne les y conduisit.

En vérité l'amour ne répartit pas équitablement ses plaisirs et ses peines. La marquise de Lanrose se nourrit de scrupules, d'agitations et de remords pendant les vingt-quatre heures qui suivirent; et pourtant sa conscience n'avait jamais été plus pure.

Elle voulait sincèrement, sans arrière-pensée, ramener une âme à Dieu. Ses actes et ses discours paraîtront entachés d'une certaine imprudence, mais il ne s'y mêlait pas un atome d'hypocrisie. Elle adorait Gontran sans le savoir, elle n'avait pas conscience de sa faiblesse. Son but unique était une bonne action, une œuvre de salut. Elle passa presque toute la soirée à genoux sur les dalles d'une église, ouvrant son âme toute grande aux inspirations du ciel, et suppliant les saints de lui prêter la force et l'éloquence. Au milieu de ses prières, un doute venait par moment lui traverser l'esprit et chaque fois elle éprouvait une douleur aiguë. Elle se demandait si son mari, si Valentine, si le monde ne méconnaîtrait pas la droiture de ses intentions et la pureté de sa conduite. Elle doutait aussi quelquefois de la sincérité de Gontran, mais aussitôt elle se reprochait ces accès de méfiance comme des jugements téméraires.

Gontran, de son côté, fumait un excellent cigare sous les ombrages frais de son jardin. Il se mit tout à fait à l'aise après le départ d'Éliane et des petites filles; il jeta sa redingote, sa cravate et son gilet, et s'étendit sur un divan de canne pour cuver plus commodément une joyeuse espérance.

Il n'était plus amoureux d'Éliane : le temps, l'expérience, le mariage avaient calmé cette grande passion tissue d'amour et de haine qui lui avait donné tant d'émotions fortes. Mais il était piqué au jeu et il s'animait petit à petit comme un homme engagé dans une partie intéressante. Nulle estime d'ailleurs pour la marquise : il admirait le singulier détour qu'elle avait pris pour tomber décemment et doubler le prix de ses moindres faveurs. Le dénoûment, aux yeux de ce vainqueur, ne faisait aucun doute. Il se voyait déjà engagé dans une liaison d'autant plus agréable qu'elle serait discrète et quasi provinciale en plein Paris. Il se félicitait de n'avoir pas épousé cette majestueuse Éliane : car enfin, pensait-il, je serais à la place de M. de Lanrose et il serait peut-être à la mienne. L'idée de trahir un si parfait galant homme, son ami, ne l'incommoda pas longtemps : il est rare que ce scrupule arrête un amant de notre époque. On se prouve à soi-même qu'on n'a point fait le premier pas; qu'on a répondu à des provocations directes, et qu'on n'est pas encore assez bon patriarche pour jouer le rôle de Joseph. D'ailleurs, il n'était pas démontré que la marquise en fût à ses premières armes.

Elle semblait si forte et si savante! Ses façons d'agir ne trahissaient en rien l'inexpérience d'une novice. Quelle faute impardonnable si Gontran, par délicatesse, laissait au vieux marquis un trésor qui appartint à d'autres! Il se jugea et s'acquitta haut la main, en un quart d'heure. Puis il songea au moyen de hâter les événements et d'organiser sa vie en attendant le retour de Valentine. Après, on verrait bien. La marquise n'avait pas l'air d'une femme à passions éternelles, obstinées, cramponnées, comme on en rencontre peu dans la bonne compagnie, heureusement. Elle s'était détachée une première fois de M. de Mably; une deuxième séparation ne lui coûterait pas davantage. Tout cela s'arrangerait à merveille; le château en Espagne se bâtit en quelques heures depuis la cave jusqu'au grenier. Après quoi, notre ami Gontran s'aperçut qu'il avait un appétit de maçon. Il dîna chez lui, seul avec ses agréables pensées qu'il arrosa d'une vieille bouteille de Clos-Vougeot. Il digéra dans sa calèche, au bois de Boulogne, et se dit qu'il lui serait facile de rester invisible à Paris. Une bonne promenade le matin, dans les routes écartées ; le milieu de la journée rempli par un doux tête-à-tête avec une femme d'esprit, et les soirées tranquilles, mouvement modéré, voiture suspendue, fraîcheur délicieuse et bon air. Il rentra vers onze heures et dormit comme un ange. Éliane ne ferma point les yeux de toute cette nuit.

Le lendemain matin à sept heures, Gontran craignit que la marquise n'eût fait ses réflexions. Le succès lui parut moins assuré que la veille. Il se demanda s'il avait bien invité Éliane, s'il avait fixé l'heure, si elle avait formellement promis. La crainte de passer un jour entier dans l'attente lui donna cette trépidation particulière aux amoureux qui ont un rendez-vous. Il sentit son cœur osciller au bout d'un fil, comme un balancier de pendule. Dans le doute il écrivit un mot très-respectueux, qu'il porta lui-même à la chapelle de Saint-Joseph et qu'il glissa par une fente dans le prie-Dieu de la marquise. Personne ne le vit ; la chapelle était vide. Il rencontra en sortant une femme de cinquante-cinq à soixante ans qu'il avait souvent aperçue en ce lieu, à petite distance de Mme de Lanrose. Elle était reconnaissable à des cheveux tout blancs qui contrastaient avec des yeux très-noirs. Mais la lettre était en sûreté dans une case d'ébène qu'Éliane ouvrait seule et qu'elle ouvrit en effet à huit heures du matin pour y prendre son livre.

Elle pâlit à la vue de ce papier plié en quatre, sans enveloppe et sans adresse, et elle ne se demanda pas une minute quelle main l'avait apporté là. Son premier mouvement fut de le renfermer au plus vite sans y toucher du bout des doigts. Elle se mit ensuite à chercher Gontran dans la chapelle : elle voulait le punir à l'instant, d'un regard sévère, lui dire par les yeux qu'il l'avait offensée et qu'il avait commis une sorte de sacrilège en prenant un prie-Dieu pour une boîte aux lettres.

Pendant un bon quart d'heure Éliane épancha sa colère au dedans, car M. de Mably, contrairement à l'habitude qu'il avait prise, ne se montra point. Sa chaise était vacante; on ne voyait auprès de son pilier favori qu'une vieille aux yeux brillants, tout habillée de noir. Éliane connaissait vaguement cette singulière personne; elle la trouvait un peu partout, à la chapelle de Saint-Joseph, dans les rues du quartier, et même à la sortie des Italiens, de temps à autre. A force de la voir et de rencontrer sur sa route ce regard vif, pénétrant, inquisiteur, elle avait été prise de curiosité, et elle s'était informée. Un des bons Pères lui dit que la dame aux yeux brillants était une veuve de province appelée Mme Martin; qu'elle avait de quoi vivre et qu'elle s'occupait de bonnes œuvres. On n'en savait rien de plus, mais c'était bien assez pour Mme de Lanrose qui, n'ayant pas de secrets à cacher, ne craignait aucune inquisition. Elle prit l'habitude de coudoyer la dame aux yeux brillants jusque dans l'escalier de ses pauvres.

Ce matin-là, il parut à la marquise que les yeux noirs brillaient d'un éclat inusité entre les longues anglaises de cheveux blancs. Mais son trouble était si profond qu'elle voyait partout des ennemis et des espions autour d'elle. Tous les yeux lui semblaient attachés sur son prie-Dieu; chaque fois que l'officiant se tournait vers l'assemblée des fidèles, elle se croyait regardée et jugée, et son cœur se serrait. Cette lettre enfermée sous une épaisse tablette et sous un coussin de velours n'était pas assez bien cachée au gré de la pauvre marquise. Elle la voyait à travers tout et même à travers ses paupières quand elle fermait les yeux : le papier blanc prenait des lueurs phosphorescentes, comme si les démons y avaient laissé l'empreinte de leurs doigts. Il semblait même par moments que cet écrit funeste s'animât d'une vie insolente et brutale. Il soulevait le coussin sous les mains tremblantes d'Éliane, et plus elle appuyait ses coudes et ses mains, plus elle sentait la résistance.

Elle se mit à prier avec tant de ferveur que la paix rentra dans son âme. Le démon familier qui la mettait au supplice s'arrêta ou s'enfuit exorcisé. Sa raison se raffermit; elle se rappela que M. de Mably n'avait pas d'amour pour elle, qu'il ne lui avait pas dit un mot alarmant depuis bien des années, qu'elle-même ne l'aimait plus, sinon d'une amitié permise, comme toute chrétienne peut et doit aimer le prochain. Elle repassa dans son esprit l'entretien de la veille et décida qu'il était de nature à édifier les anges eux-mêmes. Si M. de Mably avait clos la conférence par une couple de baisers, cela même attestait l'innocence de son cœur. Ces baisers fraternels ne ressemblaient en rien à ceux qu'elle craignait, à ces brulûres de la chair qui l'avaient poursuivie quelquefois dans ses rêves lorsqu'elle se croyait encore éprise de Gontran. Ainsi fortifiée, elle put hasarder des conjectures plus raisonnables sur la lettre qui lui avait fait si grand'peur. Elle vint à penser que c'était peut-être une simple invitation ou plutôt une humble prière à l'effet d'obtenir encore la visite des petites orphelines. Il se pouvait que Gontran, retenu par quelque affaire, s'excusât de manquer à la messe du couvent.

« Pauvre jeune homme! Il s'unissait de cœur aux prières d'Éliane; il se recommandait à son intercession, dont il avait, hélas! si grand besoin. » A cette idée, la marquise sentit son cœur se fondre; elle pria pour elle et pour lui, et aussi pour la pauvre Mme San Lugar dont le nom, Dieu sait pourquoi, se présenta subitement à sa mémoire. A propos de Mme San Lugar, elle pensa à la mort, à la maladie, à la perte de ceux qu'on aime, et elle s'avisa tout à coup que M. de Mably n'avait pas pu venir parce qu'il était souffrant. C'était la première fois depuis une semaine qu'il manquait à ce pieux rendez-vous du matin. La veille, avant six heures, on ne l'avait pas vu au bois de Boulogne. Pourquoi? Après la confiance et l'amitié qu'on lui avait témoignées? Éliane s'attendrit à l'idée que ce jeune homme mourrait impénitent si la main de Dieu s'abattait sur lui avant la conversion parfaite; elle éprouva un violent besoin d'achever l'œuvre au plus tôt, de le voir au plus vite, et d'abord de connaître ce qu'il avait écrit dans ce pauvre innocent petit billet. Voilà comment les affaires d'un libertin se font quelquefois toutes seules dans le cœur le plus honnête et le plus saint.

Éliane attendit impatiemment l'*Ite missa est* pour avoir des nouvelles de ce cher catéchumène. Appuyée sur son coussin de velours, qui ne lui avait jamais semblé si moelleux et si doux, elle accusait la lenteur de l'assemblée qui ne s'éloignait pas assez vite. La vieille Mme de Vantajoux qui sortait presque toujours la dernière, appuyée sur sa canne et sur un valet de chambre à tête de buis sculpté, s'arrêta un instant auprès d'elle comme pour échanger deux mots de politesse. Éliane évita la conversation en levant les yeux vers le ciel et en balbutiant bien vite une prière. Lorsqu'elle vit enfin la chapelle déserte, les six cierges éteints et le sacristain lui-même éclipsé, elle ouvrit son prie-Dieu, saisit le billet de Gontran, le serra dans son gant et marcha d'un pas léger vers la porte, doucement caressée par les coins aigus du papier qui s'enfonçait dans sa peau.

Devant le bénitier, elle rencontra la vieille aux yeux brillants qui lui présenta deux doigts mouillés avec une révérence très-humble. Mais ce léger incident n'arrêta ni son élan ni sa joie. Elle pensa que cette bonne femme attardée derrière un pilier n'avait pas pu la voir, ne pouvant être vue. Et d'ailleurs elle était si sûre de son innocence! si pleinement édifiée sur les intentions de Gontran!

La lecture du billet, qu'elle dévora dans son coupé, lui prouva qu'elle avait eu bien tort de s'effaroucher tout un quart d'heure. Rien de plus pur, de plus respectueux, de plus touchant que ce petit mot. L'âme à sauver, comme s'intitulait le comte de Mably, suppliait son bon ange de venir à deux heures, avec les orphelines, pour achever son œuvre de miséricorde. On rappelait que la porte du jardin serait ouverte sur l'impasse, et que les enfants ne sortiraient pas, pour ainsi dire, de l'ombre tutélaire du couvent.

La marquise garda le billet : pourquoi donc aurait-elle brûlé cette prose édifiante? Elle déjeuna avec son mari, le taquina un peu sur ses habitudes d'Opéra et son indifférence en matière de religion : elle se sentait si forte! Vers une heure elle sortit avec le célèbre petit carnet revêtu d'un magnifique émail de Limoges; elle expédia lestement une demi-douzaine de visites chez des pauvres vrais ou faux qui trouvèrent sa charité plus large et plus facile que jamais. Ce devoir accompli, elle courut à l'Ave-Maria, trouva ses orphelines tout équipées, se fit ouvrir la porte du potager et retourna fièrement, sans arrière-pensée et partant sans scrupule, au rendez-vous de Gontran.

L'entretien dura deux bonnes heures, et pourtant les questions de dogme n'y furent que très-incidemment discutées. Le comte interrogea les petites filles juste assez pour justifier leur présence, qui justifiait celle d'Éliane. Deux mots à l'une, deux mots à l'autre, et tout fut dit. Les confitures et les gâteaux, les fleurs et le jeu remplirent le reste de la séance, à la satisfaction des gamines. La marquise et Gontran, sans les perdre de vue, s'occupèrent exclusivement d'eux-mêmes. Chacun d'eux fit et refit tour à tour l'histoire de son âme, Éliane contant les menus événements qui l'avaient amenée par degrés à la perfection absolue, Gontran se confessant avec discrétion des sottises qui l'avaient conduit au but opposé. L'intérêt de ces confidences était d'autant plus vif que chaque interlocuteur ne pouvait guère parler de soi sans parler abondamment de l'autre. Leurs existences avaient été si étroitement unies pendant dix-huit mois ! Elles semblaient tendre à se mêler de nouveau et à se confondre en une seule, malgré tous les obstacles, car l'entretien s'élevait à des hauteurs si sereines que le monde extérieur décroissait à vue d'œil. Ces deux êtres, formellement divisés par la loi, se donnaient le plaisir de monter au plus haut du ciel, sur les ailes du sublime ; et quand ils avaient dépassé d'un kilomètre ou deux la région des nuages, le mari d'Éliane et la femme de Gontran ne leur apparaissaient plus dans le lointain que comme deux points sans conséquence.

D'amour entre eux, pas un seul mot. Seulement, le comte rendait justice aux vertus, aux qualités, à la haute intelligence d'Éliane, bien supérieures selon lui à la grâce et à la beauté que le monde admirait en elle. La marquise disait des duretés à Gontran : elle l'accusait brutalement de gaspiller tous les trésors que Dieu s'était plu à lui prodiguer sans mesure : noblesse, courage, esprit, que sais-je encore ? Il avait tout pour lui, sauf le plus grand des biens qu'il repoussait obstinément. Les hommes devaient s'incliner devant lui ; la beauté naturelle de son cœur donnait tant de charme aux moindres choses, que son amitié pure et simple était plus précieuse aux yeux d'une femme de bien que l'amour de tous les autres. Par quel entêtement fatal persistait-il à se déprécier lui-même et à se rendre indigne d'une chaste et sérieuse amitié? Le comte répondait qu'il se souciait peu des amitiés féminines, sauf une, et que Mme de Lanrose avait assez de clémence dans l'âme pour le tolérer comme il était. La marquise jurait qu'elle l'avait en haine, ou du moins qu'elle détestait sa légèreté impie; toute prête, d'ailleurs, à lui tendre la main dès qu'il aurait abjuré ses erreurs et amendé sa conduite.

Elle parlait de lui tendre la main, et elle ne s'apercevait pas, la pauvre femme! que cette main était depuis un quart d'heure dans celle de Gontran. Il l'avait prise sans affectation, en causant, par un geste vif et familier, comme pour attirer l'adversaire à son opinion et faire entrer son raisonnement par endosmose dans l'esprit d'Éliane. La minute d'ensuite, il avait fait le distrait pour la rendre distraite, il avait joué avec la main comme un Turc joue avec les grains de son chapelet d'ambre, comme un lycéen joue avec son bouton de tunique en récitant une leçon qu'il ne sait pas, comme un visiteur timide joue avec son chapeau en cherchant un compliment. Mais bientôt les épidermes avaient échangé leur chaleur, les mains s'étaient pour ainsi dire attachées l'une à l'autre, un fluide invisible circulait entre les deux cœurs, et les artères battaient à l'unisson.

Au lieu de profiter de l'avantage visible qu'il avait pris, Gontran changea de note vers quatre heures et revint aux propos de simple courtoisie. Un amoureux naïf aurait poussé les choses étourdiment, au risque d'effaroucher la marquise. Un roué cache si bien l'abîme qu'on n'en voit pas les bords avant de se sentir au fond. Ce fut lui qui donna le signal du départ et appela les orphelines. Il oublia de les embrasser, pour cette fois, et il baisa la main d'Éliane en grande cérémonie, comme il eût fait chez elle sous les yeux du marquis. Un baiser même fraternel, après la conversation intime qu'ils avaient eue, n'aurait pas pu laisser la marquise indifférente, et son trouble l'eût peut-être avertie du danger. Le fait est qu'elle sortit du jardin plus forte que la veille, j'entends plus sûre d'elle-même, moins agitée, plus décidée à revenir le lendemain, mieux aveuglée sur le terrain qu'elle avait perdu.

A toutes les raisons qui la forçaient de penser à M. de Mably, cet incident tout négatif en ajouta une nouvelle. La veille encore, elle se demandait avec effroi pourquoi Gontran avait pris une liberté si peu usitée dans le monde. Maintenant, elle cherchait par quels motifs il ne l'avait pas prise une deuxième fois. Était-ce indifférence ou timidité? Elle craignit d'avoir effarouché cette âme sœur de la sienne; elle s'accusa de froideur et de rudesse; il lui tardait beaucoup de revoir ce jeune homme et de lire dans ses yeux l'impression qu'il avait gardée du rendez-vous.

Gontran devina qu'elle avait besoin de le rencontrer avant la fin de la journée. Il fit seller un cheval et gagna la route un peu déserte où elle se promenait fidèlement tous les jours. Ils échangèrent quelques mots indifférents, mais elle eut la consolation de voir qu'il était gai, content d'elle, et quelque peu réconcilié avec lui-même. Jamais il n'avait eu si bon visage; la santé nouvelle de son âme semblait déjà se refléter dans ses yeux. Il abrégea lui-même un rapide entretien qu'elle eût bien volontiers prolongé quelques minutes, et quand il disparut au galop dans la direction d'Auteuil, Éliane comprit que le prosélytisme avait grand empire sur elle : un vide se fit dans son cœur au départ du cher néophyte.

Le lendemain, il n'eut garde de manquer à la messe des bons Pères. Il arriva cinq minutes avant elle et s'installa près du pilier, devant la dame aux yeux brillants qui devançait aussi l'heure des offices. A l'entrée d'Éliane, il s'inclina de loin, discrètement, d'un air de componction et de respect qui semblait honorer à la fois le Créateur et la créature; c'est ainsi que les personnes bien nées osent se saluer sous les voûtes du saint lieu. Il sortit des premiers et retourna chez lui sans attendre la marquise : à quoi bon la compromettre aux yeux des autres dévotes ? Le fretin de ces bonnes âmes ne savait pas le nom de Mably; mais les personnes de distinction connaissaient l'homme et son histoire.

Mme de Lanrose, après l'avoir cherché des yeux, lui sut gré de sa délicatesse; elle l'en récompensa par une bonne visite et une longue conversation bien douce et bien intime. Les orphelines étaient toujours de la partie, mais on ne songea point à les faire causer, même pour la forme. Ni l'une ni l'autre ne s'en plaignit ; les deux heures de conférence s'écoulèrent comme deux minutes. Au départ, Éliane tendit sa main qui attendait le baiser de la veille : Gontran la prit et la serra cordialement, sans plus. Cette marque de désintéressement était bien faite pour rassurer la vertu la plus ombrageuse. Éliane savait, comme tout son sexe, que l'amour est envahissant. Il se contente aujourd'hui de la faveur la plus insignifiante ; demain il lui faudra des aliments plus sérieux, sous prétexte qu'il a grandi. Au bout de quelque temps, ses exigences toujours rassasiées, toujours insatiables, n'admettent plus de restriction. Le comte de Mably, fidèle au plan qu'il s'était tracé, soumit ses privautés à une progression décroissante. Éliane en conclut qu'il s'épurait de jour en jour au contact d'une âme vraiment sainte, et qu'il rompait l'une après l'autre les chaînes honteuses du corps.

Elle s'accoutuma donc à vivre sans scrupule dans l'intimité de Gontran. Elle revint huit ou dix fois à l'hôtel de Mably, et se persuada qu'elle pourrait y passer deux heures tous les jours jusqu'à la fin de sa vie : les femmes ont cela d'admirable que chez elle l'amour présent envahit tout l'avenir et tout le passé : celle qui vous dit *je t'aime*, sous-entend de très-bonne foi qu'elle n'a aimé et n'aimera que vous. Or Éliane aimait Gontran de toute la vigueur d'une âme très-puissante ; son erreur consistait à croire qu'elle l'aimait à la façon des anges, abstraction faite de tout élément corporel.

Le premier dimanche qui survint la priva de sa conférence quotidienne : les orphelines consaeraient tout le jour à des exercices pieux. Mme de Lanrose s'ennuya mortellement, d'autant plus que son mari voulut la distraire en la menant aux courses. Jamais, je crois, elle n'avait été aussi indifférente aux victoires du turf. Tandis qu'on se passionnait autour d'elle pour les casaques bleues, jaunes ou rouges, elle repassait dans son esprit les arguments les plus propres à ramener dans le giron de l'Église un cœur déjà touché et visiblement attendri.

La pauvre femme était vraiment trop sûre de son innocence. Un jour qu'elle sortait du potager des Sœurs pour entrer dans le jardin de Mably, elle aperçut au bout de l'impasse cette femme aux yeux brillants qui la suivait depuis trois ou quatre ans comme son ombre. La rencontre en elle-même était insignifiante, mais deux heures plus tard, en revenant sur ses pas, Éliane revit les mêmes yeux, la robe noire et les cheveux blancs qui se perdirent aussitôt dans une allée. Pour la première fois, elle se dit qu'elle était peut-être épiée, mais elle ne s'arrêta pas longtemps à une idée si absurde. Elle ne se connaissait pas d'ennemis sur cette terre où elle avait fait tant de bien. Et quant à soupçonner son mari d'un espionnage indigne, elle le connaissait trop. Au demeurant, qu'avait-elle à cacher? Une bonne œuvre. Forte de sa conscience, elle releva la tête un cran plus haut. Tous les orgueils sont haïssables, excepté un : l'orgueil de l'innocence méconnue.

Si le marquis avait été moins rare à la maison, si surtout il n'avait pas eu l'habitude de railler finement les bonnes œuvres de sa femme, nul doute qu'elle ne se fût ouverte à lui un jour ou l'autre. Elle eut la bouche ouverte pour lui conter la demi-conversion de son ami Gontran. M. de Lanrose ne croyait pas à l'efficacité des sous qu'on éparpille chez les pauvres. Il possédait, sur cette matière, un petit argument de poche qu'il répétait à madame toutes les fois qu'il lui ouvrait sa bourse : « Chère amie, lui disait-il, l'aumône comme on la fait est une source de misère. Voici cinquante louis que je vous donne de bon cœur. Mais je proteste contre le gaspillage auquel vous les destinez. Cette modique somme, telle que vous la voyez réunie sur mon bureau, est une force. Entre les mains d'un homme intelligent et laborieux, elle deviendrait un instrument de travail, la source d'une petite fortune. Supposez qu'on la joigne à mille autres sommes égales que la charité mal éclairée dispersera avant la fin du mois dans Paris, on fera un million, instrument admirable, puissance prodigieuse qui donnera peut-être à mille individus le moyen de vivre honnêtement par le travail. Si l'on avait employé à des entreprises industrielles ou agricoles la moitié de ce qu'on a perdu en aumônes stériles depuis trois siècles seulement, on ne verrait plus un seul pauvre, le travail facile et bien payé abonderait partout, il y en aurait même pour les enfants et les vieillards. Quant aux malades et aux infirmes, ils seraient hébergés dans des maisons de refuge, et, grâce aux avantages de la vie commune, ils vivraient beaucoup mieux en coûtant beaucoup moins. Voilà ce qu'on obtient en rassemblant assez de pièces d'or pour créer un capital. Vous faites justement le contraire et vous tournez le dos au but, car cet argent que je vous donne va se répandre en pièces de deux sous, sur une multitude de têtes qui ne seront ni moins misérables, ni moins vides, ni mieux poignées quand vos cinquante louis seront fondus.

— Il se peut, répondait la marquise, mais quand même cet argent serait perdu pour tout le monde, comptez-vous donc pour rien les conseils, les consolations et les bonnes paroles que je porte aux malheureux par-dessus le marché? Je sais que mes aumônes ne feront jamais un seul riche, mais les regretterez-vous si elles me servent à faire un seul chrétien? »

Le marquis sourit finement :

« Je sais, dit-il, je sais que messieurs vos mendiants ne se font pas prier pour aller à la messe. Ils n'hésitent jamais entre l'église et l'atelier. Vous ressemblez, dans votre innocence, à un bon laboureur qui sèmerait du blé, récolterait de l'ivraie, et remercierait Dieu de la moisson.

— C'est-à-dire que nous semons la foi et que nous récoltons l'hypocrisie?

— Justement.

— Et que direz-vous si je vous amène un homme, un mécréant, un impie endurci, connu pour tel depuis bien des années, et converti par moi, mais si bien converti que, non-seulement le doute soit impossible, mais que ce changement miraculeux vous édifie vous-même? »

M. de Lanrose ouvrit le tiroir où il serrait ses titres de rente et ses actions du Nord :

« Puisez, dit-il en riant; tout ce que nous possédons ne suffit pas à payer le prix d'une âme. »

Éliane referma le trésor et dit avec un noble orgueil qui la transfigura pendant une minute :

« Gardez vos biens, monsieur mon cher mari : l'âme dont il s'agit ne m'a coûté qu'un peu d'éloquence. C'est... Non! Je ne veux pas me glorifier à la veille d'une victoire. Un jour, bientôt, vous serez convié à la chapelle des Bons-Pères, et je vous promets un spectacle qui vous arrachera des larmes. »

Elle croyait toucher au but. Gontran s'était laissé conduire à petits pas jusque sur la lisière qui sépare les mécréants des fidèles. Il ne discutait plus que sur des questions de détail, accordant tous les principes, acceptant tous les dogmes, rebelle seulement à la pratique que la marquise voulait lui faire inaugurer avec un éclat solennel dans la chapelle de Saint-Joseph.

Un dimanche, le second de cette étrange initiation, Éliane vint à la grand'messe des Pères, chercha des yeux M. de Mably, et ne le vit pas comme d'habitude à son pilier. Saisie d'un triste pressentiment, elle ouvrit son prie-Dieu et aperçut une lettre cachetée. Elle la saisit publiquement, tant elle était émue, et la serra dans son livre. L'office lui parut long; le père Ange prêcha trois quarts d'heure; il n'avait jamais été si bien inspiré. La marquise attendit à peine que le service divin fût achevé : elle fendit la foule, renvoya son cocher, dit qu'elle rentrerait à pied, et s'en alla à l'aventure, cherchant un lieu désert où elle pût ouvrir cette lettre qui la brûlait. Elle arriva machinalement à cette impasse qui séparait l'Ave-Maria du jardin de Mably, déchira l'enveloppe et lut :

« Ne venez pas demain, je vous en prie, ou pour mieux dire ne revenez jamais. Je renonce à mon salut dans le ciel et à mon bonheur sur la terre. Mes instincts, mon éducation, mes vices sont plus forts que votre foi et votre vertu. Adieu, merci, soyez aussi heureuse que vous méritez de l'être et laissez-moi me perdre seul. C'est le destin. Je vous aime avec le plus profond respect qui ait jamais rempli le cœur d'un désespéré.

« GONTRAN. »

Cette lecture la rendit folle. Elle n'hésita point à courir à la porte du jardin que le comte avait eu soin de laisser ouverte. Elle chercha jusque dans la maison son malheureux ami. Il la supplia de partir, il refusa de l'écouter, il la scandalisa par mille blasphèmes ; il lui dit qu'il ne croyait à rien, ni à elle, ni à l'Église, ni aux vérités révélées; que Dieu n'était pas bon, qu'elle n'avait pas de cœur, que la mort était mille fois préférable à la vie pour l'homme qui n'est pas aimé.

« Malheureux ! lui dit-elle, je ne t'aime donc pas ! »

Le scélérat la prit au mot, et quand elle s'aperçut qu'elle avait été folle, il était trop tard pour rappeler la raison, la vertu et l'ange gardien envolé.

Son ivresse fut courte et le réveil terrible. Elle bondit à la voix de Gontran qui débitait une formule de remerciment banal accompagnée d'un sourire épicurien. Elle s'éloigna de lui avec épouvante en répétant plus de dix fois sur les tons les plus divers une phrase unique : Ô mon Dieu !

Pour Gontran, qui avait retrouvé ou plutôt conservé son sang-froid, cette simple exclamation disait bien des choses. C'était tout un poëme en trois mots. « Pourquoi m'avez-vous abandonnée, vous qui pouvez mettre le juste à l'abri des tentations? Vous lisez pourtant dans les cœurs; vous savez qu'en accourant ici je n'avais d'autre idée que de sauver un homme. Je ne l'ai pas sauvé et je me suis perdue. Me pardonnerez-vous? Me rendrez-vous la paix intérieure? Me protégerez-vous contre les châtiments que je mérite en ce monde? Me ferez-vous grâce dans l'autre? Permettrez-vous au moins que j'achève, au péril de mon âme, cette conversion si ardemment poursuivie? Damnez-moi s'il le faut, mais pitié pour lui ! Que mon âme soit immolée à la sienne ! Mon salut en échange du sien ! Il est si beau, si fier et si charmant ! Oui, tu m'es plus cher que moi-même et tu peux payer en un instant l'éternité que tu me coûtes, ô Gontran ! ô mon Dieu ! »

Discours étrange, riche en contradictions, et d'autant plus féminin ! Comme l'échelle de Jacob, il reliait le ciel à la terre. Cela commençait par un blasphème, continuait par une prière et finissait par un baiser.

Gontran partagea le baiser et savoura l'amertume des larmes. Ce raffiné dégustait l'amour âpre d'une femme éplorée, comme un gourmet tâte un échantillon de chambertin. Il jouissait de sa victoire et machinalement, par la grande habitude, il philosophait là-dessus. Son esprit curieux cherchait à discerner le vrai du faux dans cette tempête d'amour et de douleur où tout était sincère. A ses yeux Éliane avait un avantage marqué sur les autres maîtresses qu'il avait essayées dans le monde. Presque toutes les femmes se ressemblent à partir d'un certain moment. L'honneur périt de cent façons ; il tombe aussi diversement que les soldats blessés sur le champ de bataille, mais tout se mêle et se confond au bout de quelques jours dans l'horrible uniformité de la corruption. Les séducteurs, s'ils entendaient un peu leurs intérêts, retarderaient la chute de leurs victimes au lieu de la précipiter. La femme la plus nouvelle et la plus originale dans la défense devient en un instant semblable à toutes celles que vous avez fait tomber : ce n'est qu'un corps de plus sur le champ de bataille.

Rien n'est plus triste au fond que la communauté d'un plaisir spécial entre deux individus séparés pour tout le reste et qui n'ont pas le droit de partager autre chose. Pour les êtres qui sont honnêtement unis, l'amour proprement dit n'est que le signe matériel d'une solidarité qui commence. Chaque instant de la vie les attache l'un à l'autre par un lien nouveau : les intérêts, les idées, les affections, les plaisirs et les peines, les craintes et les espérances, tout est commun entre eux ; le malheur même resserre leur intimité, car il ne peut tomber sur l'un sans rebondir immédiatement sur l'autre.

Ce qui fait la misère des liaisons illégitimes, ce n'est pas le danger, car on le brave, ni le remords, car on l'étouffe ; ni la honte, car on la boit. C'est la nécessité de tout mettre au présent, la défense absolue de rêver quelque chose ensemble au delà du plaisir immédiat. Deux personnes de sexe différent qui ont dérobé quelques heures pour les mettre en commun n'ont rien à espérer de meilleur ou de plus beau que ces pauvres heures volées. Ni la durée de leurs sentiments, ni la complicité des circonstances les plus favorables ne pourront multiplier entre elles les points de contact. L'adultère est un pont jeté sur un abîme : on y passe, on n'y bâtit pas.

Gontran savait sur le bout du doigt cette « histoire toujours vieille et toujours nouvelle. » Il avait fait nombre de promenades dans l'horizon étroit où le premier rendez-vous s'embellit comme il peut par l'espoir du centième, et le centième se poétise à sa façon par les souvenirs du premier. Ses études comprenaient toutes les variétés de femmes déchues, depuis la maîtresse amusante qui se dépreve pour changer, jusqu'à l'inconsolable qui arrive au même but pour s'étourdir. Ce qui l'intéressait à sa nouvelle conquête, c'était un élément nouveau et inconnu. Contre l'ordre établi, il l'avait possédée avant de la comprendre, et il se demandait encore à quelle femme il avait affaire. Était-ce une rouée de la haute hypocrisie, ou une martyre de quelque sentiment vrai ? L'avait-il séduite, ou s'était-il laissé séduire ? La question était là ; le charme aussi. La marquise, quoique jeune et solidement belle, était moins désirable que Valentine de Mably. Mais le comte avait toujours eu plus de curiosité dans l'esprit que de passion dans toute sa personne. Cet élève de Byron et de Musset, les agités du siècle, cet homme qui lisait tout un roman entre deux rangées de cils noirs, était plus avide de connaître que d'aimer et d'être aimé. Dès qu'il eut pris possession d'Éliane, son premier mouvement fut de la feuilleter comme un livre inédit, un manuscrit précieux et unique, tout prêt d'ailleurs à la jeter au coin de la première querelle, s'il n'y trouvait rien de ce qu'il avait rêvé.

Les deux premières paroles qu'elle lui dit dans le désordre de son âme lui donnèrent terriblement à penser. Les voici, telles quelles :

« Maintenant vous aurez la foi ? Où fuirons-nous ? »

Il eût peut-être répondu légèrement à la première. Qui sait s'il n'aurait pas plaisanté sur les croyances qui n'engagent à rien, et déclaré qu'il voulait à son tour convertir sa maîtresse au scepticisme ? Ceux qui connaissent l'homme comprendront qu'il ait eu un moment cette impertinente velléité. Mais l'autre question, par son étrangeté, paralysa la moquerie : il fut forcé de prendre Éliane au sérieux.

Les progrès de la civilisation moderne ne se renferment pas, quoi qu'on dise, dans les limites du monde matériel. La conscience humaine s'est perfectionnée au moins autant que la machine à vapeur, la race chevaline et le télégraphe électrique. Un homme de plaisir, si sceptique qu'il soit, a des scrupules de délicatesse. Il ne s'éjouit pas, comme un roué de la régence, à l'idée de séduire une fille de bien : il craindrait d'encourir la responsabilité de toutes les sottises qu'elle fera par la suite. Son caprice n'assiége jamais que des places déjà prises; il s'aventure dans les chemins de traverse, lorsqu'il est à peu près sûr que d'autres y ont passé avant lui. Si par mégarde il encourt le reproche d'avoir mis une innocente à mal, c'est que l'on s'est joué de sa bonne foi et qu'on lui a donné du neuf pour du vieux, comme dans ces magasins où l'on débite de faux antiques.

On ne redoute guère moins de pousser la femme d'autrui à sa première chute, quoiqu'un sot préjugé, dans ces occasions, concentre toute la responsabilité sur la tête du mari. Un galant homme de notre temps ne croit pas faire une plaisanterie sans conséquence en dérobant à une femme de bien la virginité de l'honneur. Par malheur, il y a des problèmes qu'on ne peut guère résoudre à l'avance. Toutes les fois que le comte de Mably s'était lancé à la poursuite d'une femme du monde, il avait couru en aveugle : une corneille qui abat des noix ne leur demande pas si elles sont vertes ou mûres; elle le sait après les avoir ramassées. C'est l'histoire des hommes à bonnes fortunes. Gontran, dans sa jeunesse, avait sollicité et reçu bien des visites, à l'insu des pauvres maris. Mais il avait toujours vu ses visiteuses consulter la pendule en lissant leurs cheveux, et retourner bravement chez elles. Quelques-unes arrivaient dans ces toilettes complaisantes qui semblent tout prévoir, tout réparer d'avance et épargner les minutes du rendez-vous. Celles-là donnaient au jeune homme un plaisir sans embarras et sans remords; il ne se croyait pas responsable de leur perte. Les comédiennes de salon qui, après avoir protesté de leur candeur et pleuré sur leur faute, baignaient leurs yeux dans l'eau fraîche et s'en allaient dîner avec leur mari, laissaient sa conscience également tranquille. Il ne s'accusait point d'avoir défait une famille, et pensait, non sans vraisemblance, que la famille était moralement défaite depuis un certain temps.

La douleur vraie d'Éliane et surtout sa résolution de fuir au bout du monde prouvèrent à Gontran qu'elle avait le cœur assez neuf. Il eut beaucoup de peine à la réconcilier avec sa conscience et à la pousser dans l'ornière où tant d'autres malheureuses cheminent paisiblement. Force lui fut de recourir à des arguments tout autres et de prêcher un système de réhabilitation immédiate peu conforme aux habitudes et aux idées d'un païen comme lui. La marquise ne voulait à aucun prix rentrer coupable chez elle et présenter à son mari un front déshonoré. Gontran qui la trouvait agréable, intéressante, mais qui se souciait peu de l'avoir éternellement sur les bras, se mit en quatre pour lui prouver qu'elle était la plus innocente des femmes. Mais elle crut aussi peu à ses paroles qu'à ses démonstrations. On se connaît en innocence, après trente-six ans d'une vie irréprochable. Alors le mécréant emprunta les armes de la foi, fit entendre avec beaucoup d'esprit que Dieu pouvait en un rien de temps purifier toutes les souillures, et qu'on ne devait rien aux hommes dès qu'on avait fait sa paix avec le ciel.

Une femme nourrie des principes de l'honneur moderne n'aurait pas donné dans ce piége. Mais la marquise de Lanrose n'était pas tout à fait de son temps. Elle n'était pas même de son pays; son âme avait été pétrie au mysticisme de la princesse; elle avait vu pendant plusieurs années les passions les plus contradictoires régner de compagnie et faire bon ménage dans le cœur de Mme San Lugar. Elle saisit avidement l'occasion de remonter au niveau des anges, sauf à retomber le lendemain. Son seul scrupule, ou pour mieux dire sa crainte, fut de déchoir dans l'estime du père Ange, qui était à la fois un directeur et un ami. Jamais elle ne pourrait prendre sur elle de se montrer coupable aux yeux d'un homme qui la citait en exemple à tout Paris. Gontran fit voir alors combien il était homme de ressources. Il lui conseilla un biais qui mettait la conscience en règle sans ruiner le crédit de la pénitente dans l'estime du directeur officiel.

Éliane se souvint que Mme San Lugar, au temps de son bonheur, avait deux confesseurs en titre, l'un pour les choses vénielles de la vie, l'autre pour les manquements sérieux.

Dans quel coin du faubourg, dans quel couvent discret la marquise alla-t-elle chercher la paix de l'âme? Je ne sais; il y avait alors en Europe un ordre très-puissant qui avait érigé la tolérance en système, et qui devait à la facilité de ses principes la meilleure partie de sa force. Ces grands spécialistes excellaient à protéger les âmes contre le désespoir qui suit les fautes. Au lieu d'exagérer la gravité du mal commis, ils tenaient que nos crimes et nos peccadilles sont des misères également microscopiques dès qu'on les met en parallèle avec l'immense bonté de Dieu. Selon eux, toutes les iniquités du genre humain réunies font une poussière qui n'arrive pas à l'orteil de l'Être infini. Cette casuistique a des côtés grandioses ; elle est supérieure à celle qui voit Dieu insulté, désolé, meurtri par le moindre mouvement des pygmées en redingote et en crinoline : mais il serait fâcheux pour la société humaine qu'une morale si coulante prévalût.

Éliane, en sortant de l'hôtel de Mably, trouva le pardon de sa faute. La province a raison de dire que Paris est une ville de ressources où l'on trouve tout ce qu'on veut. Un homme instruit, sagace et très-bien élevé blanchit d'un tour de main cette pauvre brebis tachée. On la réconcilia prestement avec elle-même, le mal fut effacé presque aussi vite que commis. Ce mode de réparation est empreint d'une sublimité qu'on ne pourrait nier sans blasphème : son seul défaut, à mon avis, est de sacrifier un peu les intérêts des tiers. Il y avait un tiers horriblement lésé, le marquis de Lanrose. Tout tribunal profane l'eût fait intervenir dans l'action, et sans réparer un préjudice qui par malheur est irréparable, le juge lui eût donné une satisfaction telle quelle. Ici, rien de pareil. L'offensé n'était plus un homme, mais Dieu lui-même, et il pardonnait. Éliane s'entendit absoudre et se persuada, comme Mme San Lugar, qu'elle avait recouvré l'innocence. L'innocence, soit ; mais l'honneur ?

On l'exhorta sans aucun doute à éviter les rechutes. Elle promit de se mettre en garde contre celui qu'elle aimait et contre sa propre faiblesse, mais on rendit justice à ses bonnes intentions qui avaient si mal abouti. Son zèle et son prosélytisme furent mis dans un plateau de la balance, et dès lors la faute parut infiniment plus légère. On ne lui défendit pas de poursuivre la conversion qu'elle avait entreprise, on lui recommanda seulement de se conduire désormais avec plus de prudence. Mais la facilité d'une telle expiation n'était-elle pas un encouragement au mal? On s'expose à la légère aux accidents qu'on sait si réparables. Le touriste de Fontainebleau qui a dans sa poche un flacon d'ammoniaque ne fuit plus les vipères; il les cherche plutôt.

La marquise n'hésita point à rentrer chez elle. Toutefois, ce lui fut un certain soulagement d'apprendre que son mari dînait au club.

Les femmes de notre temps, lorsqu'elles ont été élevées comme Éliane, ont l'esprit fait de deux éléments bien distincts. Les idées de justice, de loyauté, de bon sens qui circulent dans l'air se juxtaposent dans leur cerveau à la métaphysique enseignée et apprise; elles ne s'y mêlent point, car le passé et le présent sont inconciliables, mais elles se fixent à côté, dans toutes les cases que la tradition a laissées vides. De là cette multitude de contradictions qui fourmillent dans la pensée, les discours et la conduite de ces dames.

Celle-ci venait de se dire, en passant devant la caserne du quai d'Orsay : « Dieu soit loué! mon cœur est purifié de toutes ses souillures. » En traversant le vestibule de son hôtel, elle leva les yeux sur l'écusson des Lanrose, aperçut les hermines de Bretagne et se troubla. Elle rentrait ainsi de plain-pied dans les idées de l'honneur moderne.

L'escalier délivré de ses tapis, étalait une splendeur plus précieuse et plus rare. Il était fait d'un marbre blanc veiné de filets roses. La carrière des Pyrénées qui fournissait jadis ces matériaux admirables a été épuisée sous Louis XV. Éliane se rappela le petit perron de pierres disjointes qui s'arrondissait devant la maison de son père, à Pillesac. Elle songea qu'elle était une parvenue et par conséquent une ingrate.

La vue de son appartement la retourna dans un autre sens. Elle avait un petit boudoir, réservé aux visites intimes et tout capitonné du haut en bas : un vrai nid de satin bouton d'or. Elle se demanda depuis combien de temps le marquis n'était venu s'y asseoir : il y avait au moins six mois! « Après tout, se dit-elle, je ne lui ai pas fait grand tort. J'ai disposé d'un bien dont il usa si peu » Voilà ce qu'elle pensait en ouvrant la porte de sa chambre. Mais là, elle se rencontra face à face avec d'autres souvenirs. La chambre était restée la même qu'aux heureux jours du mariage. Une imagination un peu vive devait la voir encore éclairée par les derniers rayons de la lune de miel. Éliane se sentit émue : elle repassa en une seconde tout le bien qu'on pouvait dire de son mari.

La femme de chambre arriva juste à temps pour arrêter deux larmes. Peut-être même aperçut-elle l'éclat inusité qui trahit les yeux humides. Éliane vit poindre un atome de curiosité sur le visage de cette fille. « Aurais-je donc changé? » se dit-elle. Aussitôt elle s'approcha d'une grande psyché où elle se voyait tout entière dans les toilettes de bal. « Si la honte se lisait sur mon front, je me tuerais. » Singulier sentiment chez une femme qui venait d'avouer sa honte et même de l'effacer, à ce qu'elle croyait! Elle se regarda d'abord avec inquiétude, puis avec une sorte d'orgueil. « Rien ne paraît. Je suis encore moi. Il n'y a pas au monde une femme plus belle. On doit m'aimer. Il m'aime. Avec quel feu il me l'a dit ce matin! »

Elle se fit déshabiller à demi, et tout à coup, sans raison apparente, elle renvoya la camériste.

« Je me déferai toute seule; laissez-moi, je sonnerai. »

Elle se jeta dans un fauteuil et pensa à ses sœurs qu'elle n'avait jamais revues, mais que M. de Lanrose aidait à vivre, en leurs besoins. Toutes femmes de bien et mères de famille! « Et je suis sûre qu'elles envient mon bonheur! Que suis-je? une comédienne admise dans le monde. Est-ce qu'on ne me comparait pas à Rachel autrefois? Mon visage est un masque; il faudra que j'habitue les larmes à couler dessous sans qu'on les voie. »

Tout en pleurant, elle se rappela qu'elle avait déjà pleuré le matin; elle revit la fine moustache et les belles lèvres de Gontran qui avaient bu ses larmes à la source. Son cœur battit avec délices. Mais une réflexion aiguë comme un poignard lui traversa le cœur. « Pourquoi donc a-t-il refusé de quitter Paris avec moi? Est-ce qu'il ne m'aimerait pas autant que je l'aime? Si je le savais!... Eh! malheureuse! souviens-toi que tout à l'heure tu as promis de ne plus l'aimer! »

Elle pria un bon quart d'heure, suppliant Dieu, la Vierge et saint Joseph de lui envoyer des forces.

Par une étrange contradiction, ou plutôt par une ironie de la nature qui réclame ses droits quand il lui plaît, elle sentit son corps défaillir. Il était quatre heures du soir, et elle n'avait rien pris de la journée. Elle sonna :

« Dites qu'on attelle le landau et qu'on me serve n'importe quoi dans la salle à manger. Habillez-moi d'abord. »

Elle se fit très-belle, assurée que Gontran irait au bois de Boulogne pour la revoir. Tout son grand appétit tomba dès qu'elle se mit à table. L'estomac se serrait avec douleur; elle déjeuna de fruit et d'eau glacée.

Le bois de Boulogne était ce qu'il est le dimanche dans les grandes chaleurs de l'été, un rendez-vous de fiacres. Les cavaliers qui trottaient sur les contre-allées appartenaient presque tous au monde du commerce. Elle chercha M. de Mably autant qu'une femme peut chercher en voiture sans éveiller l'attention de son cocher. Elle courut deçà, delà, autour du lac, vers la mare d'Auteuil et jusqu'aux environs de la cascade. Point de Gontran. Vers six heures, elle redescendit les Champs-Élysées et l'aperçut, le cigare à la main, dans un fauteuil, au milieu d'une douzaine d'amis. Il causait avec une telle vivacité, qu'il ne vit ni la femme ni la voiture. Éliane passa trois fois devant lui sans succès. A la première, elle éprouva un sentiment nouveau pour elle; elle fut jalouse des amis de son amant. A la deuxième, elle pensa que peut-être elle n'était plus aimée, que Gontran ne voulait pas la voir; qu'il la méprisait sans doute.

Question triste et poignante que toute femme se fait nécessairement à la suite d'un premier rendez-vous : Que pense-t-il de moi ? M'aime-t-il plus qu'hier, ou moins, ou plus du tout ? Si ses baisers et ses protestations n'avaient été que les politesses d'un homme bien élevé ! On en cite plus d'un qui a joué son rôle avec grâce, quoiqu'il ne trouvât point la femme qu'il avait rêvée, sauf à la saluer de loin par la suite.

Au troisième tour de promenade, comme Gontran s'obstinait à ne pas même la saluer de loin, elle prit la résolution de retourner chez lui le lendemain à deux heures. Non qu'elle fût décidée à lui sauter au cou : elle se promettait même par moments de l'étonner par une froideur héroïque. Mais elle voulait le mettre en demeure de s'expliquer, et savoir une bonne fois s'il était réconciliable avec l'Église.

Ce projet fut formé, défait, repris, quitté plus de dix fois dans la soirée. La marquise sentait plusieurs femmes s'agiter en elle : une sainte, une grande dame, une paysanne, une comédienne, et même par moments quelque chose de pis. Tantôt elle dressait mentalement l'état des femmes de son monde qui s'étaient laissées choir comme elle, et il lui semblait que sa conduite ne pouvait scandaliser personne ; tantôt elle repassait dans sa mémoire les grands exemples de pénitence qu'elle avait lus au couvent du *Sangro*. L'atrocité ingénieuse des supplices inventés par la dévotion espagnole lui donnait un vertige horrible et pourtant voluptueux ; elle se voyait agenouillée au pied d'un autel de Séville, arrachant son cœur à deux mains et l'offrant tout ensanglanté au Dieu sévère. Mais dans le même instant son être anéanti se réveillait plus vivace et plus amoureux sous un baiser chimérique ; le ciel s'ouvrait pour elle ; elle s'envolait, bercée dans les bras de Gontran, et Mme San Lugar, appuyée sur le bras de Paulin Viguier, lui faisait signe d'aller plus vite.

Parfois, elle avait peur de tout : de son mari, du monde, de ses gens, des domestiques qui pouvaient l'avoir vue entrer seule à l'hôtel de Mably ; des passants qui l'avaient coudoyée dans la rue ou dans l'impasse ; de la femme aux yeux brillants ; que sais-je encore ? Mais cette âme virile ne subissait jamais longtemps la domination de la peur. Elle se révoltait, elle luttait, elle réfutait les accusations, elle se jouait avec orgueil à travers tous les pièges d'un interrogatoire, et elle sortait toujours victorieuse du combat. Dans ces moments, elle se sentait assez reine pour écraser tout un peuple de son dédain. Chose incroyable à dire et pourtant vraie, elle jetait alors un regard méprisant sur son mari lui-même, ce gentilhomme entre les gentilshommes, environné du respect et de l'admiration de tout Paris ! Elle-même l'avait placé très-haut jusqu'au jour de sa faute ; depuis qu'elle était tombée, elle se croyait supérieure à lui. « J'ai pu l'offenser ce matin, et il ne m'a pas punie ; j'ai un secret à moi, qu'il ne sait pas ; il aurait beau me mettre à la torture, jamais il ne m'arrachera un aveu ! »

Elle voulut éprouver son orgueil et son courage ; elle souhaita que M. de Lanrose revînt bientôt à la maison pour voir quelle attitude elle saurait garder devant lui. Rien n'était plus facile que d'ajourner au lendemain la première rencontre : il suffisait d'éteindre les lumières et de se mettre au lit. Le marquis ne pouvait s'étonner que sa femme fût couchée à une heure après minuit. Elle aima mieux l'attendre de pied ferme, tout habillée, sous le harnais. Mais elle en fut pour ses préparatifs de guerre. Le marquis s'était engagé dans une grosse partie : il ne rentra qu'à six heures du matin et gagna directement sa chambre. Éliane s'était endormie de guerre lasse.

Au réveil, à huit heures, elle pensa d'abord à sa terrible aventure. « Je ne suis plus l'honnête femme que j'étais hier en me levant! Est-ce bien vrai? N'ai-je pas rêvé? » Ses idées s'éclaircirent bientôt ; elle se repentit durant quelques minutes, puis elle se réjouit à l'espoir de passer quelques heures en compagnie de Gontran. Elle se dit ensuite qu'avant d'aller le voir il faudrait déjeuner en tête-à-tête avec son mari. Elle prit un miroir à main qui se trouvait entre sa bougie et l'*Introduction à la vie dévote* ; elle se vit plus pâle que la veille, et se sentit moins vaillante. On lui dit à quelle heure monsieur était rentré ; elle espéra qu'elle ne le verrait pas à table.

Il descendit pourtant vers l'heure accoutumée : le marquis dormait peu. La veille ne semblait pas l'avoir mis sur les dents ; il paraissait encore plus jeune et plus frais qu'à l'ordinaire. Du reste, aussi aimable, aussi empressé, aussi tendre que jamais. Il baisa sa femme au front, lui fit un compliment et lui conta, de bonne amitié, ce qu'il avait vu aux courses et le jeu qu'il avait joué toute la nuit. De questions pas une ; aucun symptôme de soupçon, pas même de curiosité ! Éliane qui s'était armée pour la défense, s'impatienta de voir qu'elle n'était pas même attaquée. Elle courut d'elle-même au-devant du danger et provoqua l'interrogatoire que personne ne songeait à lui faire.

« Vous ne me demandez pas à quoi j'ai passé tout mon temps ?

— Pardon ! je suis un égoïste. Vous ne vous êtes pas ennuyée ?

— Au contraire.

— Tant mieux !

— C'est selon. Qu'ai-je fait ?

— Rien que de beau et de bon, je le jure.

— Merci. Mais savez-vous que les femmes, à Paris, jouissent d'une liberté terrible ? Que de folies on pourrait faire entre le matin et le soir !

— Aussi en fait-on passablement, chère amie. Les saintes comme vous, qui dépensent tout leur temps à de bonnes actions, ne sont pas en majorité dans la ville. Je parie que chaque jour, de deux à six, il se commet trois mille crimes.

— Et sur ce nombre, combien d'impunis ?

— Presque tous, chère enfant, si vous parlez du poignard, des pistolets, du commissaire de police et des autres châtiments vulgaires. Pas un, si vous songez qu'une femme coupable est tôt ou tard punie par son amant.

— Les maris le disent : est-ce vrai ? Vous, par exemple, avez-vous fait le malheur de toutes celles qui vous ont aimé ?

— Foi d'honnête homme, oui. J'entends, de toutes celles qui m'ont aimé sérieusement.

— Et pourquoi ? Vous êtes si bon !

— Parce que l'homme en général aime avant d'être aimé ; et comme l'amour n'a qu'un temps à vivre, nous nous lassons plus tôt que nos maîtresses. C'est une question d'histoire naturelle. Voyez-vous ces lilas qui ont eu des feuilles avant les autres arbres du jardin ? Ils sont aux trois quarts dépouillés quand les autres restent verts.

— J'entends.

— Notez aussi qu'une femme abandonnée souffre mille fois plus de notre trahison qu'elle n'a joui de nos tendresses.

— Mais celle qui rencontre un homme exceptionnel ?

— Le merle blanc de la fidélité, par exemple ? Oui. Pourquoi pas un sur mille, ou plutôt sur cent mille ? Dans ce cas, mon cher cœur, l'heureuse mortelle en question n'est punie que par elle-même.

— Les remords, n'est-ce pas ?

— Autre chose : la dégradation, sentie ou non sentie, peu importe. On était un être pur, on devient un être sale. Un rossignol qui se change en crapaud. Il ne sait pas toujours à quel degré de l'échelle il est tombé, mais qu'importe ? Il a perdu ses ailes et sa voix ; qu'il en ait conscience ou non, ce n'est plus qu'un animal inférieur. »

Éliane se mit à rire insolemment :

« Savez-vous l'idée qui me vient ? dit-elle. Vous refaites en style moderne le vieux sermon d'Arnolphe. Est-ce sur ce ton-là que vous parlez au club, entre vous, des femmes qui vous ont cédé ?

— Nous n'en parlons jamais, ma chère amie. Quant à refaire pour votre instruction les versets rimés du pauvre Arnolphe, je suis trop sûr de vos principes, et j'ai trop d'estime pour votre esprit. Reprendrez-vous du melon ? Il est délicieux ce matin. Comment se portent messieurs vos pauvres ? »

Éliane, la sage Éliane déraisonna tant qu'elle put jusqu'à la fin du déjeuner. Un homme un peu plus averti que le marquis de Lanrose aurait vu qu'elle n'était pas de sang-froid ; l'ivresse de l'amour coupable avait bouleversé une tête si saine. Elle commit imprudence sur imprudence, reparla avec affectation des âmes qu'elle prétendait amener dans la voie du salut. Elle gagea avec elle-même qu'elle forcerait le marquis à prononcer le nom de Gontran, et elle n'en eut pas le démenti. A propos du comte Adhémar et d'une panique qui s'était répandue parmi les actionnaires du Humbé, le marquis déplora le danger qui planait sur quelques fortunes du faubourg, et en particulier sur la maison de Mably. Il fit un grand éloge de Gontran et exprima les sentiments les plus affectueux pour Valentine. Ces noms placés dans la bouche de M. de Lanrose sonnaient étrangement aux oreilles d'Éliane ; elle les écoutait avec un plaisir mêlé d'angoisse ; une sensation inconnue caressait la racine de ses cheveux ; son front pur s'éclairait de petits sourires diaboliques.

Le cœur féminin est un nid de contradictions. Cette femme qui caressait depuis la veille un violent désir de revoir Gontran, dépensa une demi-heure de son esprit et de son temps à rendre l'entrevue impossible. Elle exprima la fantaisie d'emmener son mari chez les pauvres et de le garder jusqu'au soir. Le marquis avait fait deux ou trois fois cette partie de plaisir dans les premiers temps du mariage, à l'époque où l'on ne refuse rien à la femme adorée. Au souvenir des étages qu'il avait montés en ce temps-là, il sentait ses jambes rentrer en elles-mêmes comme des tubes de lorgnette. Il refusa donc fermement de réitérer l'ascension des mansardes : le thermomètre, à l'ombre, marquait trente degrés. Éliane insista sans savoir ce qu'elle voulait : craignait-elle au dernier moment de rentrer chez M. de Mably ? Espérait-elle rejeter en partie sur son mari la responsabilité de sa faute ? Voulait-elle tout simplement mettre le marché à la main de la Providence et jouer à pile ou face le peu d'honneur qui lui restait ?

Lorsque M. de Lanrose eut dit non et qu'elle se trouva seule, à pied, sur le trottoir ombragé du quai d'Orsay, son courage d'emprunt s'affaissa brusquement ; elle redevint une femme hésitante, bourrelée de remords, abandonnée de Dieu ; elle ne sut pendant une heure si elle allait faire l'aumône à ses pauvres, ou s'agenouiller dans une église, ou dénouer les brides de son chapeau dans la chambre de Gontran.

La pire inspiration l'emporta, comme on pouvait le prédire. La première chute entraîne les autres.

La porte du jardin était ouverte et Gontran attendait sur un banc, dans le plus aimable négligé. Il poussa les verrous en hâte et entraîna la marquise jusque chez lui. Tous les gens de l'hôtel étaient sortis ou cachés ; l'installation de ce crime agréable ne laissait plus rien à désirer ni à craindre. Je suppose pourtant que les domestique furent bientôt dans le secret, s'ils ne l'avaient pas deviné d'avance. Il est presque impossible que ces visites mystérieuses échappent trois fois de suite à nos espions intimes. Plus on s'applique à leur fermer les yeux, plus leur curiosité s'aiguise. Une femme du monde qui se rend chez son amant doit se dire au départ qu'elle a des confidents en livrée.

Gontran avait mis à profit les vingt-quatre heures écoulées pour méditer sur son aventure et, tout délibéré, il était plus amoureux que la veille. Ce n'était pas assurément qu'il eût senti renaître sa jeunesse et sa naïveté au contact de Mme de Lanrose ; mais l'amour-propre était flatté, et la curiosité allait croissant. L'entretien ne commença par aucune des explications qu'Éliane s'était promises : il ne fut parlé ni des bons Pères, ni de la conversion de Gontran, ni des remords de la marquise, ni du petit déboire qu'elle avait eu aux Champs-Élysées. Le comte dérouta tous les plans de sa maîtresse par cette vivacité, cet entraînement, cette fougue démonstrative qui n'a pas souvent sa source dans le cœur, mais que les femme une fois tombées acceptent comme la plus sincère expression de l'amour.

Le second rendez-vous se prolongea une heure de plus que le premier, et la marquise n'eut pas le temps de l'expier par la même méthode, si tant est qu'elle en ait eu la pensée. A partir de ce jour, elle s'abandonna tout entière sur la pente du mal, sauf à réagir par accès contre la rapidité de la chute.

Quelquefois elle s'arrachait des bras de Gontran

par un effort héroïque. Elle se maudissait elle-même, elle se reprochait tout haut l'indigne lâcheté de son cœur. Elle essayait, mais sans autorité, de reprendre son premier thème et de prêcher la foi à celui qui lui avait fait oublier la morale. Le comte de Mably tantôt la laissait dire, tantôt lui répondait par des plaisanteries, tantôt s'attendrissait à la vue de ses larmes, et généralement lui fermait la bouche par un baiser.

Il s'amusait parfois à la scandaliser, si bien qu'au bout d'un certain temps elle écouta sans pâlir les paradoxes les plus étranges. Il ne désespéra point de l'amener bientôt à parler comme lui; il trouvait un plaisir vicieux à démolir un édifice de croyances que l'éducation et la pratique semblaient avoir bâti sur le roc. Mais les ruines se relevaient souvent du jour au lendemain; la foi éteinte se rallumait par une sorte de miracle; les rôles étaient intervertis; Éliane reprenait l'offensive : elle crut deux ou trois fois toucher au but sublime qu'elle avait si maladroitement manqué du premier coup. Ce sceptique endurci en vint à se demander si le surnaturel n'avait pas une vertu bien vivace pour survivre dans un cœur à la mort de tous les principes, à la chute de la morale profane, au discrédit des lois humaines. Après s'être dit et redit que l'inanité des religions était bien démontrée par le péché de cette dévote, il s'étonna de voir quelque chose de divin persévérer en elle, et la chrétienne rester chrétienne lorsqu'elle n'était plus même une femme de bien. Lorsque cette idée se dressait devant lui, il se sentait comme intimidé : son orgueil mollissait; il s'accusait de manquer de tolérance en froissant les préjugés d'un cœur qui se donnait à lui sans réserve. Alors son impiété changeait de note; il faisait des concessions; il admettait que la marquise prît soin du salut éternel dans les intervalles de l'amour; il se défendait moins fièrement contre le rêve d'un mariage spirituel au delà du tombeau.

A travers ce va et vient d'impressions contradictoires, il sentait grandir l'intérêt de son petit roman. Éliane l'attachait d'autant plus sûrement qu'il trouvait deux femmes en elle. Ce don Juan de 1858 recommençait avec un plaisir dépravé la jolie scène du don Juan de Molière entre ses deux maîtresses. Il voyait dans Éliane une pauvre fille horriblement faible et abandonnée : « Je t'aime ! » lui disait-il en lui serrant la tête entre ses bras. Au même instant, il découvrait en elle une grande dame très-fière, un peu hautaine, admirablement élevée, supérieurement instruite, confite en dévotion, faite pour commander le respect et pour inspirer des sentiments sublimes : il tombait à ses genoux dans l'attitude respectueuse d'un paladin, et lui disait : « C'est vous, vous seule que j'adore ! Je suis épris de votre noble intelligence et de votre âme pure. Laissez-moi seulement soupirer à vos pieds ! » Pour un curieux, un subtil, un raffiné comme lui, ce dédoublement de la femme avait un charme tout particulier : il s'observait, tout en se livrant, et il prenait plaisir à se dédoubler aussi lui-même.

Une attraction réciproque et croissante habitua la marquise et Gontran à ne plus vivre l'un sans l'autre. En général, dans ces sortes d'affaires, c'est la femme qui a besoin de voir son amant à toute heure, ne fût-ce que pour s'étourdir sur le sacrifice qu'elle a fait. Elle s'ingénie à créer des occasions, elle indique les maisons où elle passera ses soirées, et veut que l'on s'y fasse présenter à tout prix ; on en voit quelques-unes pousser cette exigence aveugle jusqu'à forcer l'amant à s'introduire chez elles et à serrer la main du mari. Gontran n'était pas homme à se laisser mener si loin ; il n'abusa pas des entrées qu'il avait de longue date à l'hôtel du quai d'Orsay. Mais il fut assidu à la chapelle des bons Pères, exact aux promenades du bois de Boulogne où le marquis ne se montrait plus. Il dîna une fois par semaine chez la bonne Mme Galeazzi, qui était une amie d'Éliane, et qui n'avait des yeux que pour voir le bien. A force de combinaisons, les deux amants parvinrent à se voir six heures par jour en moyenne, tant de près que de loin. Éliane pensait que c'était peu. Gontran (c'est une justice assez belle à lui rendre) ne jugeait point que ce fût trop.

Lorsqu'ils étaient forcés de s'occuper l'un sans l'autre, la marquise expiait son bonheur par tous les procédés connus. Elle priait, elle pleurait, elle retournait à ce fameux tribunal d'indulgence où sa première faute avait trouvé un facile pardon. Elle s'exténuait à monter chez ses pauvres, car la charité n'était pas chez elle un besoin moins impérieux que l'amour. La pauvre femme croyait réparer quelque chose en semant des pièces de monnaie dans les mansardes; elle doublait, triplait, sans raison apparente, le chiffre de ses aumônes, et tout à coup elle serrait les cordons de la bourse. Le bon sens lui disait qu'il n'était pas honnête de racheter son crime avec l'argent du marquis. Mais bientôt l'habitude reprenait le dessus, elle recommençait énergiquement ses charités et ses fatigues ; le petit carnet émaillé rentrait en branle. Elle ne le quittait point, et Gontran l'avait senti plus d'une fois sous la main lorsqu'il s'agenouillait devant elle pour la serrer entre ses bras.

Les distractions de Gontran étaient d'un ordre moins ascétique. On sait que de nos jours un homme à bonnes fortunes ne sent pas le besoin de s'étourdir : c'est signe de débilité féminine. Le comte vivait en paix et en joie, heureux chez lui, dans son jardin, cloîtré pour ainsi dire dans le repos, la bonne chère et la lecture. Pas un nuage à l'horizon, sauf la fumée de ses cigares. Les visites le laissaient bien tranquille, car ses amis ne le voyant pas au club ne le savaient pas à Paris. Il ne se promenait que dans les allées solitaires du bois de Boulogne ; il ne rencontrait Éliane que dans des maisons quasi-monastiques, comme l'hôtel Galeazzi. Cependant, un certain jour que la soirée lui semblait longue, il s'aventura dans un petit théâtre du boulevard. Là, blotti dans le fond d'une avant-scène du rez-de-chaussée, le dos tourné aux spectateurs, il passa une bonne heure à lorgner je ne sais quelle actrice de dernier ordre, jeune et gentille au demeurant. Les œillades répondirent au jeu de sa lorgnette, le jeu lui plut ; il trouva neuf et singulier d'occuper l'imagination d'une petite créature qui lui était parfaitement indifférente, et il revint tous les soirs. Pour excuser à ses propres yeux cette fantaisie au moins inutile, il se dit que l'amant d'une femme du monde agissait prudemment en affichant une maîtresse sans conséquence. La jeune première du petit théâtre devint à son usage une sorte d'alibi. Ce théâtre, d'ailleurs, était peu fréquenté par les jeunes gens du vrai monde. Une seule fois en quinze jours Gontran y fut deviné plutôt que reconnu par une connaissance du club. On raconta, le soir, devant quinze personnes, que Mably n'était pas perdu; qu'il passait ses soirées dans une avant-scène et qu'il accaparait l'attention de Mlle Paquita, au détriment d'un nombreux public. Mais la plupart des auditeurs assurèrent qu'on s'était trompé, qu'on avait mal vu, que Gontran ne pouvait être à Paris, puisque depuis un mois ses amis n'avaient pas eu de ses nouvelles. Le marquis de Lanrose ajouta que si la chose était vraie on ferait mieux de le taire : « Gontran fait ce qu'il veut; l'important, c'est que rien n'arrive aux oreilles de sa femme. Il ne faudrait qu'un mauvais cancan de coulisses pour tuer cette charmante petite Mme de Mably. »

III

LE MARI

Le marquis de Lanrose avait été trahi par sa première femme, mais il n'avait jamais joué le rôle d'un jaloux. Il découvrit par accident, sans le chercher, le secret de son déshonneur, tua sur le terrain un amant de sa femme, et apprit quelques jours après qu'il avait frappé dans une foule. Après avoir congédié son infidèle sans autre forme de procès, il prit un plaisir amer à ouvrir une sorte d'enquête sur la perfidie dont il avait été victime. Il se prouva que les premières légèretés dataient de loin; qu'elles précédaient d'un an ou deux la naissance de son fils et qu'Adhémar avait peut-être des raisons capitales pour lui ressembler si peu. Le doute qui s'éveilla dans son âme et qui faillit le rendre fou, était d'autant plus déchirant qu'il avait adoré l'ingrate et qu'Adhémar pouvait être de lui. Il descendit à des prières pour obtenir que Mme de Laurose confessât la vérité, mais elle s'enferma dans un système de dénégations dont elle ne sortit pas même à l'article de la confession et de la mort. Le mystère de cette naissance fut enseveli avec elle, et le meilleur gentilhomme du faubourg demeura réduit au calcul des probabilités pour savoir si l'héritier de son nom et de ses biens n'était pas fils d'un intendant appelé Cadet. Ce Cadet, ancien clerc de notaire, joli garçon, point sot, et fripon au delà du possible, avait joui trois ans des bonnes grâces de madame; il se faisait chasser par monsieur à la suite des malversations trop évidentes, prenait le chemin de New-York avec un joli commencement de fortune et se laissait tuer dans une querelle de jeu sans léguer à personne un secret que M. de Laurose eût payé cher.

Ces souvenirs dataient de bien longtemps, et le marquis n'y repensait plus guère. Après s'être passionné pour et contre son fils, avec l'intermittence que vous savez, il avait reposé sa tête sur cet oreiller du doute que Montaigne recommande aux sages, et il vivait sinon parfaitement heureux, du moins tranquille. Son fils ne lui inspirait plus qu'une indifférence bienveillante; sa deuxième femme tenait bien la maison et lui faisait honneur dans le monde. Elle ne pensait peut-être pas comme lui sur tous les points, mais elle ne l'avait jamais heurté de front. La paix régnait dans le ménage; on s'estimait l'un l'autre, et l'on jouissait pleinement de l'estime publique. Si les deux époux étaient attirés par leurs goûts dans des directions un peu différentes, la cordialité de leurs rapports n'en était pas visiblement atteinte. Bref, M. de Lanrose, à la fin d'une vie active, agitée et quelque peu tourmentée, croyait toucher au port. Rassuré sur l'avenir de son bonheur domestique par la vertu et par l'âge d'Éliane, guéri de toute ambition, oublié des partis, assez riche et assez modeste pour que nulle révolution ne pût le priver du nécessaire, il croyait prendre ses habitudes définitives et régler le plan de sa vie jour par jour jusqu'au dernier.

Un matin, comme il allait monter à cheval pour la promenade, on lui remit une lettre de fort bonne apparence : vous savez que les lettres ont leur physionomie comme les gens. Celle-ci pouvait hardiment se présenter partout sans inspirer la méfiance à personne. Le papier de l'enveloppe était blanc, vergé, d'un tissu ferme ; point de cachet, mais une jarretière élégamment estampée à l'endroit où la gomme réunit les quatre coins. L'adresse, écrite à l'anglaise, sans faute d'orthographe, accusait la main d'une femme. Le marquis ouvrit sans défiance, et lut :

« Une personne charitable, qui s'intéresse à votre honneur, a le chagrin de vous révéler la chose la plus triste. Les sixième et neuvième commandements ont été violés plusieurs fois depuis huit jours par celle qui vous touche de plus près. Si vous voulez des preuves, suivez madame la première fois qu'elle se fera conduire à l'*Ave-Maria*, entrez-y discrètement après elle, et faites-vous indiquer la sortie du potager. Traversez l'impasse en droite ligne, poussez la grande porte que vous verrez devant vous, ou, si elle est fermée, faites-la enfoncer par le commissaire de police. Celui qui vous donne cet avis ne demande aucune récompense ; il aura la satisfaction d'avoir servi un orateur de la bonne cause et un représentant de l'idée religieuse et monarchique. Cette gloire, jointe au témoignage de sa conscience, lui suffit. A. M. D. G. »

Ce n'était pas la première fois ni la centième que le marquis recevait une lettre anonyme. Il en avait été comblé, tant dans la vie privée que dans la vie publique, et il avait pour ce genre de littérature le même mépris que vous et moi. Mais comme vous et moi, comme tous ceux qui devraient être blasés sur ces petites infamies, il en était toujours légèrement troublé, quoi qu'il fît. On a beau se promettre en principe qu'on ne lira jamais un écrit s'il n'est signé : il faudrait un effort supérieur à l'énergie humaine pour déchirer ces malpropretés sans les lire. Dès que l'enveloppe est rompue et le papier déployé, le premier mot qu'on lit vous oblige pour ainsi dire à voir le second et tous les autres.

Le marquis froissa le papier, le mit en boule et fut sur le point de le lancer dans la cour ; mais il réfléchit que ses gens le ramasseraient au plus vite, et craignit de donner cette pâture immonde aux conversations de l'office. Il mit donc le chiffon dans sa poche, pour le brûler au retour. Il haussa les épaules, se mit en selle et partit.

Chemin faisant, quoiqu'il trouvât indigne de méditer même un instant sur un accident si malpropre, il y pensa. Il se demanda s'il avait des ennemis et ne s'en trouva pas un seul. Sa femme assurément n'en avait pas plus que lui. A moins qu'un mendiant évincé, un mauvais pauvre effacé de la liste !... Le marquis s'avisa, dans son bon sens, que le jeu de la charité, comme on le pratique au faubourg, n'est pas sans quelque danger. La clientèle de saint Joseph, de saint Christophe et de tous les saints qui distribuent des bouillons et des cotrets se compose-t-elle exclusivement des plus belles âmes de Paris? Non certes. Or il est impossible de satisfaire tous ces gens-là ; il faut choisir entre eux, admettre l'un, repousser l'autre, et faire des mécontents. Et c'est presque toujours une femme du monde, un être singulièrement fragile qui se charge des éliminations. Et ces nobles imprudentes, sans souci des rancunes qu'elles ont éveillées, continuent à s'aventurer toutes seules dans l'escalier des mansardes ! Elles s'exposent par leur bonté aux vengeances qu'elles ont provoquées par leur justice. Car enfin, le misérable qui a écrit cette lettre anonyme et attaqué la marquise dans son honneur pouvait tout aussi bien choisir d'autres armes et l'attaquer dans sa personne. La marquise a bien tort de jouer ce jeu-là !

Mais M. de Lanrose, après cinq minutes de réflexion, se rappela qu'il avait lu des lettres de mendiants sur le bureau de sa femme : elles n'étaient pas de ce style, ni de cette écriture, ni sur un papier si élégant. Ces pétitions écrites par les mendiants eux-mêmes ou rédigées par l'écrivain public, sont pour ainsi dire uniformes ; on les reconnaît non-seulement à la grossièreté du papier et au cachet de mie de pain, mais surtout à la rédaction et à la main. L'auteur de la lettre anonyme était certainement une femme, et une femme élevée dans un bon pensionnat : l'écriture anglaise, déliée et couchée ne s'enseigne pas à l'école des sœurs.

Du reste, ce papier n'était pas de celui qu'on achète au détail par cahiers de six feuilles; il sortait d'une bonne fabrique; il devait se vendre par ramettes dans quelque beau magasin de la rue de la Paix. Le marquis en vint malgré lui à chercher si Éliane n'avait pas éveillé quelque jalousie chez une femme du monde. Mais le monde était absent de Paris; il vivait depuis trois mois à la campagne, dans les châteaux, aux bains de mer. D'ailleurs ce style dévot, l'indication des commandements, la formule A. M. D. G. placée à la fin de la lettre en guise de signature indiquaient une origine spéciale et nullement mondaine.

Pour la deuxième fois, le marquis haussa les épaules et se promit d'oublier l'incident. Mais son esprit était lancé sur une autre pente où l'on ne s'arrête pas comme on veut. Il n'en vint pas d'emblée à supposer que l'anonyme eût dit vrai. Il était si sûr de sa femme! Mais, par une curiosité purement géographique, il se demanda où était l'*Ave-Maria*. Y avait-il d'abord un couvent de ce nom? M. de Lanrose n'avait connu qu'une caserne. Elle était au Marais, dans un quartier perdu; il se souvenait d'y avoir pénétré une fois, en 1818, pour demander l'adresse d'un officier de ses amis. Cependant la désignation peu militaire de la caserne indiquait sans nul doute un couvent sécularisé. Il se pouvait fort bien que le titre vacant eût été repris dans la suite par une maison religieuse.

« Dans tous les cas, pensa le marquis, je ne veux

pas savoir ou pose cet *Ave-Maria*. Un Lanrose ne se fait pas l'espion de sa femme. Fi donc! »

Par une association d'idées qui se fit toute seule dans son esprit, il repensa au temps de la première marquise de Lanrose. Il ne l'avait jamais épiée, et il s'en était cruellement repenti dans la suite. Mais comment aurait-il pu soupçonner une femme qui semblait l'adorer, qui, jusqu'au jour où elle fut prise en faute, avait mené de front son mari et ses amants! Une créature qui semblait ivre de lui, et qui se laissait presque tomber à la renverse lorsqu'il lui donnait deux baisers sur les yeux!

Il se dit, à cette occasion, qu'il avait peut-être négligé sa nouvelle femme. Les premiers jours du mariage lui revinrent à la mémoire; il revit des scènes charmantes, où Éliane semblait, elle aussi, prendre à cœur les moindres enfantillages de l'amour. « Nous avons bien changé l'un et l'autre. Est-ce ma faute ou la sienne? Eh! qu'importe? Coupable ou non, c'est toujours l'homme qui paye dans les ménages refroidis. »

Cette réflexion lui donna sur les nerfs. Or il était à cheval, et quand le cavalier a les nerfs agacés, il se venge toujours un peu sur sa monture. Le marquis tenait sous sa cravache un magnifique cheval anglais, né chez lui et célèbre dans les steeplechases : *Antonio*, par *Prince* et *Essler*. Il le lança à fond de train vers le bois de Boulogne, par le Cours-la-Reine et les hauteurs de Passy. Les jeunes gens qui le virent passer et qui le reconnurent au vol se dirent probablement avec une admiration mêlée d'envie : « Voilà un homme heureux; il a tout, naissance, fortune, esprit, célébrité, vigueur infatigable et jeunesse éternelle… sans compter que sa femme est une des plus belles de Paris !… »

Quant à lui, sa colère sourde et l'ivresse du mouvement l'avaient rajeuni de quarante-cinq ans tout juste : il revenait sans transition à la bataille de Leipsick. Le grand seigneur, le diplomate, le courtisan, l'orateur, l'artiste s'étaient effacés pour laisser reparaître un instant le chef d'escadron Lanrose. Il se revit à la tête de deux cents cavaliers, enfonçant avec l'énergie du désespoir une division prussienne. La bataille était déjà perdue; ces deux cents hommes étaient le reste d'un régiment taillé en pièces; la charge du commandant Lanrose, qui coûta cher aux alliés, fut un trait d'héroïsme inutile. Cependant, l'Empereur félicita le jeune homme qui avait donné l'exemple d'un si beau désespoir. Ce souvenir se réveilla avec une incroyable actualité dans l'âme du septuagénaire : il se sentit emporté en avant, la main haute, le bras tendu, le sabre dans la position de prime, piquant droit devant lui, et chargeant une armée…. quelle armée? Il n'en savait rien lui-même, et il était furieux sans pouvoir dire contre qui. Peut-être contre les misérables qui calomniaient lâchement sa femme; peut-être contre d'autres ennemis de son honneur.

Un quart d'heure écoulé, ce grand feu s'éteignit. Le marquis, un peu haletant, avait rejoint la foule des promeneurs. On le saluait de tous côtés, les jolies femmes lui souriaient; quelques jeunes gens de son club lui rendaient leur devoir en passant, avec une amitié toute respectueuse. Il avait beau sonder tous les regards ; il ne sentit dans aucun cette pointe d'ironie où les maris trompés s'accrochent dix fois par jour. La fin de cette promenade fut comme un bain d'estime et de considération qui le rafraîchit et le calma. Il redescendit vers Paris au petit pas, le front serein, l'œil souriant, repassant en esprit toutes les raisons qu'il avait de croire à la vertu de sa femme : l'éducation du couvent, les idées qu'elle professait, la droiture de son caractère, la reconnaissance qu'elle ne pouvait manquer d'avoir pour lui. Il se représentait cette belle tête un peu hautaine et ces yeux aussi limpides que profonds.

Il aurait fallu, pour bien faire, que le marquis rencontrât Éliane en rentrant à l'hôtel. Mais elle était chez les pauvres, suivant son habitude. Ce léger contre-temps n'altéra ni la confiance ni la bonne humeur que M. de Lanrose rapportait au logis. Il brûla l'odieux billet sans le relire et fit même un effort pour l'effacer de sa mémoire.

Éliane rentra vers cinq heures et parut enchantée de trouver le marquis au salon. Elle lui tendit le front par un mouvement tout spontané, elle l'entretint de mille sujets avec calme, avec ordre, sans montrer cet empressement ou plutôt cette trépidation qui trahit les femmes coupables. Elle ne dit pas un mot de ce qu'elle avait fait dans la journée : symptôme rassurant entre tous, car la femme qui veut cacher quelque chose a soin de raconter heure par heure ses actions, sauf une. Elle prépare, avant d'ouvrir la porte, un plaidoyer complet en faveur de son innocence, et elle se défend par mesure de précaution, sans que personne l'ait accusée. La noble sécurité d'Éliane et le peu d'efforts qu'elle tenta pour justifier l'emploi de son temps achevèrent de rassurer le marquis.

Pendant deux jours il connut un bonheur nouveau pour lui; il savoura la quiétude. Jusqu'à la lettre anonyme, il avait eu si pleine confiance dans la vertu de sa femme qu'il n'avait pas joui de son repos : on n'apprécie un bien que du jour où l'on a cru le perdre. La santé, si bonne en elle-même, ne fait aucun plaisir à l'homme qui s'est toujours bien porté. Le travailleur à qui l'on mesure le sommeil entre deux pénibles journées, jette sa tête sur l'oreiller ou sur la paille et s'endort avidement sans goûter la douceur du repos. Mais qu'il s'éveille par accident au milieu de la nuit : il croit d'abord que l'heure du travail a sonné, puis il reconnaît son erreur et se recouche avec délices. C'est ainsi que le marquis de Lanrose se recoucha sur les deux oreilles, mais il ne jouit pas longtemps d'un repos si précieux.

Une seconde lettre arriva, suivie d'une troisième, et l'anonyme se mit sur le pied d'écrire tous les jours. Le marquis déchira la seconde lettre sans la lire; il avait reconnu l'écriture. Il ouvrit l'autre par surprise en dépouillant son courrier du matin : le papier, l'enveloppe, l'écriture même était changée. Son premier mouvement fut de se mettre en fureur contre l'impudent coquin qui l'avait dupé, puis il se gourmanda lui-même, puis il jeta les yeux sur ce maudit papier et le lut malgré lui jusqu'au bout. C'était le journal détaillé de toutes les actions d'Éliane, depuis sa sortie de l'hôtel jusqu'à l'heure où elle était rentrée pour dîner. On l'avait suivie montre en main et sans la perdre de vue un seul instant, quoiqu'elle eût fait une partie de ses courses en voiture. Ce document commençait par la description exacte et détaillée de la toilette qu'elle portait. Le marquis ne put s'empêcher de reconnaître la toilette, car il l'avait vue. Il eut beau se crier à lui-même que la fidélité de cette description ne prouvait rien, que le dernier des passants pouvait noter dans ses moindres détails la toilette d'une femme qui sort à pied : sa confiance fut entamée.

On connaît le procédé de la littérature fantastique, depuis Hoffmann jusqu'à Erckmann. L'auteur commence par nous introduire à sa suite dans un milieu réel; il étale à nos yeux des objets vraisemblables jusqu'à l'évidence, il nous présente un certain nombre d'individus que nous croyons toucher, tant ils sont vrais. Mais bientôt, quand le guide ingénieux s'aperçoit qu'il a désarmé notre défiance et que nous le suivons les yeux fermés, il ouvre une porte dérobée et nous fait franchir à notre insu le seuil qui sépare le vrai du faux, le possible de l'impossible. Nous ouvrons les yeux au milieu d'un monde qui n'est plus le nôtre, et nous nous demandons par quel tour de magie on nous a transportés là. Tout l'art consiste à obtenir notre assentiment dès le début, par une suite de propositions évidentes.

Le marquis brûla ce journal anonyme comme il avait brûlé les deux premières dénonciations, mais il s'en souvint jusqu'au soir, et quand sa femme reparut devant lui, les phrases réduites en cendres et les chiffres anéantis dansaient effrontément dans sa mémoire. Il s'en voulut un peu, et se reprocha une sorte de complicité morale avec les calomniateurs d'Éliane; cependant, malgré lui, il examinait sa toilette en pensant qu'il en lirait la description demain matin.

Éliane se méprit sur l'intention de ce regard; il lui sembla que M. de Lanrose cherchait à épeler un secret dans sa physionomie. Aussitôt elle se mit à parler par contenance, et elle raconta l'histoire de sa journée qu'on ne lui demandait point. Pour un rien, son mari lui eût fermé la bouche : il est pénible de voir un être que nous aimons se livrer lui-même. Ajoutez que l'homme le plus brave n'affronte pas sans peur un secret qui peut bouleverser sa vie. Il se remit un peu en écoutant le récit d'Éliane : elle avait fait tant de chemin, vu tant de monde, achevé tant d'affaires que les heures semblaient pleines jusqu'aux bords. Dans cette multitude d'occupations diverses, il n'y avait point de place pour le mal. D'ailleurs la voix de la marquise était bien assurée, elle portait le front haut; ses yeux ne se baissaient aucunement sous le regard paternel du mari.

Cependant elle leva la séance avec un peu trop de hâte. Le marquis paraissait d'humeur à causer longtemps avec elle et à prolonger la conférence intime jusqu'à l'heure du dîner. Ce fut elle qui parla d'aller faire une autre toilette et qui offrit à son mari de le jeter au club en passant. M. de Lanrose remarqua malgré lui que madame avait pris un goût passionné pour la promenade.

« Vous allez donc sortir encore? lui dit-il.

— Mais, sans doute ; comme tous les jours. C'est ma récréation : ne l'ai-je pas bien gagnée ?

— Certes. Ce qui m'étonne, c'est qu'on ne meure pas à la peine quand on se repose en courant.

— C'est votre attelage rouan qui va courir, tandis que je prendrai ma provision de grand air. Ne faut-il pas promener un peu ces pauvres bêtes?

— Si vous les consultiez, je crois qu'elles demanderaient à se promener plus matin.

— Pourquoi ne me dites-vous pas tout simplement de rester? Je garderai la maison, mon cher seigneur, et je filerai de la laine.

— Non, chère amie, allez respirer l'air des bois. Je ne vous demande pas de filer comme Lucrèce ; il me suffit que vous l'imitiez dans tout le reste. A sept heures, mon amour. Nous dînerons ensemble. »

Il la baisa au front, et demeura passablement troublé. Il lui sembla que la marquise avait piétiné d'impatience et que cette promenade lui tenait fort au cœur. Pour détourner le cours de ses idées, il poussa jusqu'au club, mais son doute l'y suivit. Les salons étaient déserts ; trois ou quatre jeunes gens groupés sur le balcon formaient toute la population de cette solitude. On lui serra la main, on lui offrit la meilleure place ; on s'informa s'il ne savait rien de nouveau. Cette simple question lui rappela que peut-être avant huit jours son déshonneur serait la nouvelle de Paris.

Il se demanda à ce propos si véritablement un mari était déshonoré par l'inconduite de sa femme.

Tous les raisonnements justes, sensés, éloquents même qu'il avait lus ou entendus contre ce vieux préjugé lui revinrent en esprit. « Eh ! jour de Dieu ! la honte est pour celui qui vole le bien d'autrui ; les volés ne méritent que la sympathie et l'estime. Depuis quarante ans et plus que cette idée circule dans les journaux et dans les livres, il serait trop curieux qu'elle ne se fût pas infiltrée dans les esprits. Elle doit avoir fait son chemin, et la preuve c'est qu'on ne me montre pas au doigt, moi qui ai été trompé dans mon temps plus effrontément que personne. Oui, mais j'ai fait un exemple et mis les rieurs de mon côté.

« D'ailleurs, l'histoire est vieille, et le scandale s'évente à la longue. Et puis, ma femme est morte ; elle a enterré ses torts et mon ridicule avec elle. Il est certain qu'un mari échappe à cette absurde responsabilité dès qu'il est veuf ou simplement séparé : on ne s'acharne qu'après les dupes en activité de service. Le monde est sot ; quand donc apprendra-t-il un peu de logique ? Il pleurniche sur les malheurs domestiques de Molière, et il rit à gorge déployée outes les fois que Molière met en scène un autre Dandin comme lui. La distinction du bien et du mal est encore livrée au caprice : on estime et l'on méprise les gens au hasard, sans savoir pourquoi. Un fils de bonne maison soufflette l'insolent qui conteste la vertu de sa mère ; il laisse entendre lui-même que sa grand'mère a eu des caprices : quant à sa trisaïeule, si elle a obtenu les faveurs du roi Louis XV, il s'en vante ; il l'écrira dans ses mémoires ! Ainsi la honte des nôtres se tourne en gloire à mesure qu'elle s'éloigne de nous ! Oui, mais par une autre absurdité, nous tirons plus d'honneur du mérite de nos pères à mesure qu'il s'efface dans la nuit des temps. Le descendant d'un écuyer d'Henri III est meilleur gentilhomme, à son compte, que le fils d'un héros de Wagram. Débrouillez-vous dans ce tissu d'injustices et de sottises qui est le code de l'honneur moderne ! Le monde me sait plus de gré de ma naissance que de mes mérites et de mes services personnels ; j'ai pourtant fait plus de besogne à moi seul que tous mes ancêtres réunis. N'importe ! Je suis pourvu d'une somme d'honneur qui me classe au premier rang ; il semble en équité que rien ne puisse me faire déchoir, sauf une action criminelle ou basse. Point : ma femme me trompe et je tombe de tout mon haut. Il est pourtant assez certain que je n'étais pas son complice ! Elle meurt, je me relève, et je reprends ma position dans l'estime publique. Mais je fais la sottise d'en épouser une autre, et me voici exposé de nouveau à toute la malveillance du monde si un être léger, faible, ingrat, oublie pendant dix minutes les bontés dont je l'ai comblé. Diable soit de l'honneur, idée nouvelle, importation barbare, que nous avons intronisée à la place de la vertu ! Les Grecs et les Romains avaient plus de bon sens : l'homme de bien, chez eux, n'avait pas d'autre affaire que de rester homme de bien. On lui savait peu de gré des hauts faits de son grand-père, mais on ne le mettait pas au pilori pour les sottises de sa femme ! »

Le marquis lança son cigare sur le bitume du boulevard et se rapprocha du petit groupe qu'il avait déserté pour réfléchir à l'aise. Il tomba dans une conversation qui roulait sur les femmes. Toutes les fois que quatre Parisiens se trouvent réunis dans un club, vous pouvez parier à coup sûr que les femmes sont sur le tapis. Et, quand les femmes sont en jeu, les maris courent grand risque d'attraper une éclaboussure. On racontait de bonnes histoires, c'est-à-dire des exemples mémorables de la rouerie des femmes et de l'imbécillité des hommes. Le ton du narrateur et la gaieté de l'auditoire prouvaient que la jeunesse française est encore à convertir et que la réaction entreprise en faveur des maris par les poëtes du bon sens n'a touché que les cœurs de maris.

Cette vérité mélancolique apparut clairement à M. de Lanrose, mais il lui vint au même moment une réflexion consolante. Il fallait que la marquise fût encore irréprochable aux yeux du monde, pour qu'on fît de telles plaisanteries devant lui. Il se souvint d'un temps où ce genre de conversation s'arrêtait court à son approche. « On ose encore parler de corde en ma présence, donc le monde ne me tient pas pour pendu. »

Cependant l'hilarité de ses jeunes amis augmenta bientôt son malaise. Il revit en mémoire cette inscription funèbre dont les Romains tapissent l'extérieur de leurs églises : « *Hodiè mihi, cras tibi* : Aujourd'hui c'est mon tour, et demain viendra le vôtre. » Il rentra dans le salon de lecture et se mit à feuilleter les journaux. Avez-vous remarqué comme on lit mal quand on a l'esprit agité d'espoir ou de crainte? Il semble que les yeux ne communiquant avec le cerveau que par un fil mince et fragile qu'il faut renouer à chaque instant. La moindre phrase du livre ou du journal ouvre à l'esprit des avenues sans fin où il se précipite pour rejoindre son idée dominante. Une heure s'est écoulée, vingt pages ont glissé sous vos doigts, miroité sous vos yeux, et vous vous éveillez sans avoir rien lu qu'en votre âme. Il faut des textes bien étonnants, des nouvelles terriblement saisissantes pour nous arracher à nous-mêmes et remplacer notre préoccupation par une autre.

Ce phénomène se produisit pendant quelques minutes au profit de M. de Lanrose. Il découvrit au bas d'un grand journal une causerie datée de Carville et signée Alfred Saint-Chamas. Le chroniqueur n'avait nommé personne, il ne risquait pas même une seule initiale; les personnages de son imbroglio étaient tous désignés par des signes algébriques. C'était M. de X et M. de Z, jeunes, brillants et braves, qui s'étaient battus à l'épée pour la jolie Mme de Y, tandis que M. de Y, tranquillement assis au fond de son hôtel, encaissait des millions de provenance lointaine. On indiquait à mots couverts une rivalité tapageuse entre Mme de Y et Mme de ***, femme du célèbre financier M. de *** et nièce de la toujours sémillante Mme de... Les évènements eux-mêmes avaient été embrouillés à dessein et compliqués de mille extravagances imaginaires. On voyait pourtant ressortir un certain fond de vérité ; les personnages s'accusaient par quelque trait saillant reconnaissable aux yeux des initiés, des amis ou des ennemis. Odoacre et Lambert, Yolande et Valentine étaient dépeints s'ils n'étaient pas nommés ; on comprenait fort bien que le blessé, ce beau jeune homme célèbre par vingt duels malheureux ne pouvait être que M. de Bourgalys.

Le marquis mit des noms sous tous les masques excepté un, M. Fafiaux, qu'il avait oublié depuis longtemps. Et le déplaisir qu'il éprouva de cette lecture fit diversion pour un quart d'heure à ses soucis personnels. Mais il ne tarda guère à retomber dans sa rêverie. Un petit scandale sans noms, parfaitement inintelligible à quatre-vingt-dix-neuf lecteurs sur cent, ne le touchait pas d'aussi près que son honneur et son repos menacé. Ce qui lui resta dans l'esprit à la suite de cette lecture, c'est que Gontran avait bien tort de s'endormir à Paris quand Valentine courait des dangers à Carville. Il se promit de semondre son jeune ami à la première occasion, et constata que lui-même n'avait jamais commis une telle imprudence.

Quand le moment fut venu de retourner à l'hôtel, il ne se souvint plus que d'une chose, c'est qu'il allait dîner en tête-à-tête avec sa femme. Son cœur battit avec force, au point qu'il dut se demander s'il était encore amoureux d'Éliane. Il frémit. C'est qu'en pareil cas l'amour aggrave terriblement le supplice. Il le savait par expérience, lui qui avait adoré sa première femme alors même qu'il la méprisait et la chassait loin de lui. La séparation qu'il s'était imposée par respect pour lui-même avait été un déchirement affreux. Il comparait cette sensation à celle du chasseur mordu par une vipère lorsqu'il arrache le serpent et la plaie avec lui. La douleur fut si violente qu'il ne se sentait plus capable de la supporter une seconde fois sans mourir.

Grâce à Dieu, il s'assura qu'il ne courait plus un tel risque. Il eut beau évoquer les meilleurs souvenirs de sa lune de miel, raviver les tableaux les plus séduisants, les émotions de l'amour heureux ne se réveillèrent pas en lui. Soit que l'âge eût éteint le feu de ses passions, soit qu'Éliane ne fût pas faite pour inspirer un attachement durable, il demeura persuadé que le cœur était hors de cause. Les distractions qu'il avait cherchées et trouvées hors du logis, ne lui laissaient rien à regretter de tout son bonheur légitime.

Toutefois, comme un tacticien qui fait servir ses erreurs mêmes au succès de la campagne, il résolut de mettre à profit la peur qu'il avait éprouvée. « Éliane, se dit-il, est une nature droite et fière, incapable des bassesses qui accompagnent si souvent l'infidélité des femmes. Elle a pu me trahir par amour pour un autre ; elle ne trahirait pas l'autre par un calcul de politique honteuse. L'infaillible moyen de savoir si elle est coupable est de jouer la passion auprès d'elle. »

Il hâta son retour, fit un bout de toilette, s'arma d'un front serein et attendit l'ennemi de pied ferme. Éliane, qui avait revu Gontran vers le cèdre du bois de Boulogne, rapportait au logis un cœur bondé de joie et d'espérance. Elle comptait que le marquis aurait été retenu par ses amis et qu'il dînait au club ou ailleurs en compagnie : cinq fois sur dix, lorsqu'il sortait ainsi vers cinq heures, il écrivait du club pour s'excuser. La pauvre femme se rembrunit à la vue d'une belle tête souriante qui l'attendait à une fenêtre du salon. Le nuage qu'elle laissa paraître était dissipé lorsqu'elle descendit de voiture, mais M. de Lanrose en avait pris note. Il s'empressa au-devant d'elle et dit en la baisant au front :

« Mon cher amour, je ne me pardonnerais pas de vous avoir retenu à la maison : cette promenade a fait un miracle qui semblait impossible. »

Elle rougit :

« A la vérité ! dit-elle. Et quel miracle, s'il vous plaît ?

— C'est que vous êtes encore plus belle qu'au départ.

— Je reconnais bien là votre indulgence accoutumée.

— Ce n'est pas moi qui suis galant, c'est vous qui êtes adorable.

— Vous trouvez ? répondit-elle avec une pointe d'ironie.

— Je trouve et je prouve. »

Il étendit les bras vers elle avec beaucoup de grâce et remarqua distinctement qu'on avait peur de son baiser.

« Soyez sage ! dit-elle en s'efforçant de sourire. On va nous annoncer que nous sommes servis. » Son mouvement l'avait rapprochée d'une porte. Elle brusqua une révérence et s'enfuit jusque chez elle, sous prétexte d'ôter son chapeau. La femme de chambre voulait la défaire des pieds à la tête et lui passer une robe décolletée. Ce n'est pas pour le vain plaisir de copier l'Angleterre que les Françaises d'un certain monde dînent toujours *in a low dress* : cette mode se défend par l'hygiène autant que par le style et l'esprit décoratif. En montrant leurs épaules autour de la table, non-seulement les femmes embellissent le repas, éveillent les plus délicats appétits et imposent la cravate blanche à leurs voisins par une sorte d'attraction harmonique, mais elles se protégent elles-mêmes contre la congestion des repas trop longs et des salles trop chauffées. Le corsage décolleté est d'obligation logique en hiver, à plus forte raison en été.

Toutefois, Éliane redescendit comme elle était montée, en toilette de ville, dans une robe de taffetas mauve qui la protégeait jusqu'au menton. La tendresse de son mari avait jeté l'alarme dans son âme. Elle était à cent lieues de se croire soupçonnée, mais elle craignait un danger tout aussi redoutable, au moins pour une femme de cœur. On n'arrive pas à l'âge de trente-six ans sans connaître l'éternelle histoire des ménages refroidis. On sait que l'indifférence, aussi bien que la passion, est sujette à s'oublier parfois, que le dédain lui-même a ses jours d'inconstance et que le plus grand désert conjugal est semé de quelques oasis. Éliane avait recueilli des observations, peut-être aussi des souvenirs, sur cette question délicate. Elle avait tout oublié le jour où une inspiration fatale la conduisit à l'hôtel de Mably : est-ce qu'on irait jamais chez un amant, si l'on se souvenait de quelque chose? Maintenant tout lui revenait en mémoire, les devoirs de son état, les réveils de l'amour, et le train des choses humaines. Elle frissonna dans tout son corps et envia le bonheur de ces héroïnes du Tasse et d'Arioste qui pouvaient porter la cuirasse.

Cependant, le mari, plongé dans un fauteuil du salon, suivait mentalement les combats intérieurs de sa femme. Il avait mesuré l'effet de ses paroles, enregistré le trouble assez visible qui s'en était suivi. Il prévoyait qu'Éliane allait redescendre en habit de ville ; il préparait une réflexion sur cette toilette indue, et devinait la réponse qu'on ne manquerait pas de lui faire. Cet homme, supérieur en tout, mais aux prises avec un esprit qui n'avait rien de médiocre, pouvait combiner sa partie à coup sûr. Il tablait sur les réponses les plus adroites et la défense la plus savante : un bon joueur d'échecs ne compte pas sur les distractions de l'adversaire lorsqu'il le sait de force ; un beau tireur de salle, en présence d'un homme qui le vaut, s'attend aux meilleures parades et aux ripostes les plus directes. Passez-moi ces comparaisons qui semblent entachées d'une certaine irrévérence et qui surtout n'ont rien de très-sentimental. C'est que le sentiment n'est pas en jeu dans cette affaire : je vous ai dit que M. de Lanrose n'était plus amoureux de sa femme. Entre Othello et lui la différence est aussi radicale qu'entre l'Etna, par exemple, et le mont Blanc. Les deux sommets sont hauts, fiers et majestueux, mais l'un jette du feu, l'autre ne peut lancer que des avalanches de neige. Si le marquis se passionnait pour quelque chose, c'était pour l'honneur de son nom, la gloire de sa maison, la noble sérénité d'une vieillesse calme.

Exempt d'ailleurs de tous ces préjugés qui centuplent le mal aux yeux d'un homme vulgaire, trop sage pour s'exagérer la portée d'un accident qu'il mesurait à l'avance, il ressemblait au propriétaire d'un édifice qui menace ruine, au commandant d'un navire qui a touché sur un banc de roches, au malade qui a craché le sang dans la matinée et qui attend la visite du médecin. Dans ces trois situations, un homme vraiment fort ne doit pas perdre la tête, mais on lui accorde le droit d'être bien ennuyé. Le marquis n'était que cela. Il s'apprêtait avec mélancolie à ausculter la vertu de sa femme; il se mettait en devoir de sonder les fondements de son illustre maison; il attendait le moment de descendre à fond de cale pour voir si l'honneur des Lanrose n'avait pas éprouvé quelque irréparable avarie. Au demeurant, nul parti pris, aucun plan de conduite : il était ellement préoccupé du mal qu'il ne songeait pas même au remède.

Madame entra dans le salon par une porte tandis que le maître d'hôtel en ouvrait une autre à deux battants pour annoncer le dîner. D'un seul coup d'œil, le marquis embrassa la toilette de sa femme et la préoccupation qu'Éliane pensait cacher. Il réprima un sourire amer et dit avec bonhomie :

« Votre robe est charmante, mais vous aurez bien chaud.

— J'ai craint de retarder le potage.

— Cher amour, les maris sont créés pour attendre. »

Ces propos ne ressemblent pas mal aux premiers pions que l'on pousse sur l'échiquier. Chacun commence à jouer son jeu avec circonspection, mais sans vif intérêt ; on n'en est pas aux coups de partie.

Le marquis offrit la main à sa femme, et non le bras. Il avait conservé quelques-uns de ces aimables usages auxquels les Français de notre temps ont renoncé. C'est que pour offrir la main à une jolie main de femme, il faut avoir la grâce innée ou acquise. Il faut aussi posséder ces mains blanches, fines et délicates qui sont des instruments de plaisir et non des outils de labeur. Le sens du tact se perd dans les sociétés modernes, à mesure que la loi du travail étend son empire sur les hommes. Notre peau s'épaissit, se colore et se crevasse ; il faut la cacher à tout prix : de là les gants, qui appliquent un cuir sur un autre et émoussent nos sensations.

Le marquis avait vu le temps où les gants ne servaient pas à cacher la main, mais à la protéger ; où la cour se dégantait par un mouvement unanime à l'arrivée du roi. Il conservait dans la vieillesse cette sensibilité intelligente qui est pour ainsi dire la clairvoyance du toucher. S'il ne savait pas lire à la mode des aveugles en promenant le bout des doigts sur une page en relief, il lisait joliment à travers la peau d'une femme et déchiffrait sans épeler ces télégrammes rapides et furtifs que le cœur expédie jusqu'aux vaisseaux capillaires. Rien qu'à toucher la main d'Éliane, il palpa directement la froideur, la résistance et quelque chose encore, la peur.

La table était réduite à sa plus simple expression ; mais, les rallonges ôtées, c'était encore une table de dix personnes. Les deux époux, assis face à face, étaient séparés non-seulement par la distance, mais par le service à la russe, la corbeille de fleurs et les montagnes de fruits. Le maître d'hôtel en habit noir, et deux valets en livrée, renforçaient d'une barrière morale tous les obstacles matériels. Éliane se sentit comme fortifiée lorsqu'elle fut à sa place. On dîna lestement, suivant l'usage des maisons où l'on ne vit pas pour manger ; le repas était ce qu'il doit être chez un vrai gentilhomme, riche de père en fils, et qui laisse aux parvenus le faste et la bombance : un potage, un poisson, une entrée, un rôti et deux plats de légumes, un entremets sucré et du fruit. Un seul vin, mais de bonne race, ni trop fort ni trop léger, ni trop vert ni trop fait, mûr à point. Du reste, le marquis était de cette école qui dîne par acquit de conscience, en parlant d'autre chose, et, pour ainsi dire, les yeux fermés.

Il commença par amuser le tapis en se faisant raconter la promenade de la marquise, et les visages qu'elle avait rencontrés sur sa route, et les rares cavaliers qui l'avaient saluée au passage : tous ceux qu'elle nomma furent mis hors de cause, acquittés sans débats ; il était évident qu'elle en oubliait un et que celui-là seul était à craindre. Mais qui ? M. de Lanrose reconnut tous les jeunes gens qu'il savait à Paris et qu'il rencontrait soit au club, soit à la promenade. Éliane aimait-elle hors du monde ? Assurément non. Passe pour la première marquise de Lanrose ! Celle-ci était femme à forfaire, mais non à déroger.

Elle acheva son récit et son dénombrement avec une volubilité qui n'était pas de l'aisance, et s'empressa de passer parole à son mari pour changer la conversation. « Donc, pensa le marquis, mon interrogatoire la gêne : donc elle a vu quelqu'un qu'elle ne m'a pas nommé. Celui qu'elle a rencontré sur son chemin et qu'elle était si pressée de rejoindre, est le même à qui elle a consacré deux heures de sa journée. C'est un homme qui n'a rien à faire ; un homme que la marquise peut saluer à la promenade sans se compromettre aux yeux du monde et sans se livrer à ses gens. Un étranger, peut-être ? Un amour ébauché avant le mariage, en Espagne ou ailleurs ?... Eh ! que m'importe le personnage ? Il s'agit de savoir si ma femme est encore à moi. Prise par un Espagnol, ou par un Russe, ou par un Français de Paris, c'est tout un : mon sort est le même. Suis-je ou ne suis-je pas trompé ? La question se résout par oui ou non ; le reste pur accessoire ! »

« Et vous, monsieur, dit Éliane, qui crut rompre adroitement les chiens, qu'avez-vous fait ? Qu'avez-vous vu ? Le club ? Toujours le club ? L'éternelle conversation qui recommence tous les jours dans cette éternelle compagnie, avec accompagnement du cigare éternel ?

— Hélas ! vous l'avez dit. Mais éternel n'est pas le mot propre. Au contraire. Dites plutôt que le club est mortel. Je ne connais qu'un lieu plus ennuyeux au monde : l'Opéra.

— Bon ! Dites-moi donc alors, messieurs les hommes, pourquoi le club et l'Opéra vous attirent si fort ?

— Que sais-je ? L'habitude probablement.

— Soyez franc : l'habitude vous en paraît assez douce.

— Odieuse, sur l'honneur.

— On dit cela devant les dames, parce qu'on est Français et chevalier. Mais vous êtes bien heureux que personne ne s'avise de vous prendre au mot.

— Essayez!

— La femme est trop sage pour tenter l'impossible.

— Je ne m'adresse pas à votre sexe en général, mais à vous, chère amie, et je vous dis, parlant à votre adorable personne : Essayez de m'interdire le club et l'Opéra, et foi de Lanrose, je souscris

— Que le ciel me préserve! vous seriez trop malheureux.

— Au contraire.

— Eh, grand Dieu! que feriez-vous de votre temps?

— Je resterais chez nous.

— Toujours?

— Vingt-quatre heures sont tôt passées en belle et chère compagnie.

— Mais je sors, moi; vous le savez, j'ai mon club et mon opéra, qui, grâce au ciel, ne ressemblent guère aux vôtres.

— Je veux bien changer de plaisirs.

— Pourquoi vous moquez-vous?

— Qui vous le donne à croire?

— Il n'y a pas huit jours que je vous suppliais de courir les bonnes œuvres avec moi. Vous avez refusé tout net. Comment pourrais-je croire à un changement si brusque?

— J'ai réfléchi. Le bon grain a germé.

— Je vous attends à l'œuvre.

— Vous m'y verrez bientôt.
— Dès demain?
— Ce soir même. Je m'incruste à la maison, et si vous daignez m'y tenir compagnie, je me prépare à vous étonner. »

Elle pâlit visiblement à l'idée de passer tout un soir en tête-à-tête avec son mari, mais elle n'eut pas l'esprit assez présent pour imaginer une défaite. En toute autre occasion, elle eût prétexté quelque devoir ou quelque affaire, mais elle était fascinée par l'autorité amicale et la fermeté douce de son mari. Les simples mots qu'elle venait d'entendre pesaient sur elle comme un fardeau; elle en était vaguement hébétée, et ce fut M. de Lanrose qui leva la séance, dix minutes après que les deux convives avaient fini de dîner.

Le café était servi sur l'admirable terrasse qui dominait le quai. Éliane se tint longtemps immobile et les yeux fixes dans un fauteuil américain, cherchant à déchiffrer la physionomie impénétrable du mari, qui vidait lentement sa tasse. Dans son trouble, ou plutôt dans ce violent désir de plaire qui est pour ainsi dire l'envers de la peur, elle oublia sa fierté ordinaire et présenta au marquis la boîte de cigares!

Le cigare qu'elle avait longtemps traité en ennemi lui apparaissait ce jour-là comme un allié précieux. Il sépare, dit-on, les maris de leurs femmes. Éliane faisait profession de le mépriser à l'ordinaire; et pourtant il est avéré que le père Batéjins avait enfumé vaillamment le berceau de ses filles.

M. de Lanrose sourit, branla la tête, et remercia.

« Non, dit-il, j'aime mieux causer avec vous.

— Vous pourriez causer en fumant. Nous sommes au grand air.

— Votre indulgence me confond, chère Éliane. Mais les choses que j'ai à vous dire sont trop directes et trop personnelles pour souffrir même un atome de fumée entre nous. »

Elle réprima un mouvement d'effroi qui fut noté comme les autres. Rien n'échappait au regard du marquis.

« Asseyons-nous, dit-il, en faisant une place sur le banc qu'il occupait. » Le siége était étroit, et la toilette des femmes en 1858 prenait déjà de belles circonférences. Éliane s'approcha, mesura d'un coup d'œil la place qui lui était offerte, et se retourna timidement vers le fauteuil à bascule qu'elle avait quitté par imprudence.

M. de Lanrose la saisit par la main et l'attira vers lui, tandis qu'il se reculait lui-même aux dernières limites : « Voyez, dit-il, l'espace abonde. On dirait, Dieu me pardonne, que vous avez peur de moi

— Quelle idée ! »

Elle s'assit en détournant les yeux vers l'arc de l'Étoile où les dernières lueurs du jour s'effaçaient comme à la hâte sur quelques petits nuages clairsemés. « Au moins, pensa-t-elle, il ne me verra pas rougir. » Comme elle se rassurait par cette réflexion, un domestique parut avec deux lampes. Le marquis désigna un petit guéridon de pierre, planté dans un massif à dix pas de lui et d'elle. Ce beau joueur se privait d'une ressource chère aux juges d'instruction : la lumière. Il rendait un pion à l'adversaire, parce qu'il se sentait assez fort pour gagner la partie.

Les deux époux demeurèrent enfouis dans cette solitude profonde, absolue, mathématique que les millionnaires seuls peuvent se procurer au milieu de Paris. Aucun voisin sous leurs pieds ni sur leurs têtes, aucun témoin dans les hôtels de droite et de gauche que de grands murs tapissés de lierre isolaient parfaitement. Le bruit sourd des voitures roulant sur le quai étouffait toutes leurs paroles; les deux lampes ne servaient qu'à faire valoir l'obscurité toujours plus épaisse dans laquelle ils étaient plongés.

Le marquis s'empara d'une main de sa femme et reconnut qu'elle tremblait.

« Chère amie, lui dit-il à demi-voix, est-ce que cette nuit ne vous en rappelle pas une autre?

— Mais... beaucoup d'autres, monsieur. Toutes les nuits se ressemblent un peu, j'imagine.

— Non. Les étoiles sont toujours les mêmes dans le ciel, mais l'amour ne brille pas toujours également dans les cœurs.

— Est-ce un reproche que vous m'adressez, ou un aveu que vous me faites?

— Ni l'un ni l'autre. C'est un regret que j'exprime, et bien sincèrement, croyez-le.

— Qu'avez-vous donc à regretter? Ne suis-je pas toujours la même?

— Oui, par la grâce et la beauté.

— Mais?... car il y a un mais, je suppose.

— Non. Je serais injuste si je disais que vous avez changé pour moi.

— Tout est donc pour le mieux. Car moi je vous

trouve toujours le même, c'est-à-dire le premier et le plus parfait gentilhomme de la terre. Ni votre esprit, ni votre personne, ni vos façons d'agir ne me laissent rien à désirer. Je n'ai qu'à remercier Dieu, qui me donne par vous le bonheur qui convient à une femme de mon âge.

— Une femme de votre âge mériterait un bonheur plus jeune et plus vif.

— Nullement; je suis vieille, au moins par la raison et l'expérience, et je ne rêve rien au delà de ce que j'ai.

— Allons ! soit. Mais comment se fait-il que je sois toujours moi, que vous soyez toujours vous, et qu'à nous deux, chère enfant, nous ne soyons plus nous?

— Il ne me semble pas que notre intimité soit détruite à tel point qu'on en doive prendre le deuil.

— Cependant avouez que nous ne formons pas un couple comparable à celui qui passait de si bonnes soirées, à cette même place, il y a....

— Huit ans?

— Vous l'avouez ! mais ce n'est pas répondre.

— Ma réponse dit tout ; elle contient aussi l'explication de ce mystère. Approfondissez ces deux mots, vous qui avez tant d'esprit : huit ans !

— Oui. J'ai vieilli ; voilà ce que vous voulez dire.

— Non ; c'est moi qui....

— Je proteste à mon tour. Vous êtes jeune, Éliane, et vous le serez longtemps encore, grâce au ciel. Votre beauté est de celles qui défient l'effort du temps, car elle réside dans la pureté des lignes, dans la noblesse du type, dans ce rayonnement qu'une ame admirable projette à travers un corps parfait. Vous n'avez jamais eu, pour moi du moins, cet éclat superficiel qu'on nomme la beauté du diable ; vous ne perdrez jamais cette splendeur du bien que j'appelle la beauté de Dieu. »

Tout en débitant ce pathos, le marquis tâtait délicatement le pouls de sa malade. Il surveillait aussi les grands yeux d'Éliane qui s'écarquillaient outre mesure et disaient assez clairement. : « Si cet homme n'avait pas bu de l'eau rougie à son dîner, on pourrait croire qu'il est ivre. »

Il se fit un silence de quelques minutes, un silence plus éloquent, à coup sûr, que tout ce qui avait été dit. Rien n'est charmant comme ces petites lacunes dans la conversation des amoureux ; chacun les remplit à sa guise, et il se fait une incroyable accumulation de pensées riantes et douces sur un point imperceptible de la durée. Mais les silences d'un interrogatoire sont bourrés de menaces, de terreurs et d'angoisses. Ils ressemblent beaucoup à ce quart de seconde qui sépare, dans un duel, le signal des témoins et le premier coup de pistolet.

Éliane cherchait encore une réponse honnête aux propos trop aimables de son mari ; elle se demandait si vraiment le marquis était redevenu amoureux, si le bonheur coupable dont elle jouissait l'avait embellie par malheur aux yeux de tous les hommes. Elle pensait à ces insectes des pays chauds qu'une flamme visible trahit aussitôt qu'ils aiment, et désigne aux poursuites de tout un peuple également enflammé. M. de Lanrose profita du trouble où il la voyait pour se pencher vers elle et lui donner un baiser. Elle bondit sous cette caresse comme un homme sous un soufflet.

« Diavolo ! pensa le marquis, la vertu de ma femme est devenue bien susceptible ; donc elle est bien malade.

— Je ne vous ai pas blessée ? lui dit-il.

— Oh non ! monsieur, mais vous m'avez saisie. »

Elle était debout ; il la prit par les deux mains et l'attira à lui avec une douce violence. Elle se déroba à demi et reprit sur le banc la place qu'elle avait quittée. Le marquis se tourna tout entier vers elle et lui dit avec un regard qui perçait l'épaisseur de la nuit :

« Éliane, chère Éliane ! Je voudrais vous ressaisir tout entière, retrouver en vous celle qui m'a rendu si heureux et si jeune autrefois. Lorsque je vous disais, ce soir, que le club, l'Opéra et tout le train de Paris me fatigue, je parlais sous la dictée de mon cœur. On est fou de chercher les distractions dans le monde et de laisser le bonheur à la maison. Ces riens tumultueux qui étourdissent mon désœuvrement sans remplir mon âme, je les hais. Je regrette les beaux jours que vous m'avez donnés, et je suis encore assez jeune, Dieu merci, pour espérer qu'ils vont renaître. Vivons ensemble, l'un pour l'autre, l'un à l'autre, chez nous, et soyons encore nous ! Vous ne répondez pas ?

— Hélas ! Que puis-je vous répondre ? Ce n'est pas moi, c'est vous qui avez organisé notre vie ; vous avez paru la trouver agréable jusqu'aujourd'hui. Quant à moi, je ne regrettais rien, je ne désirais rien ; il me semblait que mon sort était le plus enviable du monde. Je me suis accoutumée à ne rien souhaiter que la paix, la considération et une bonne amitié conjugale. Et voilà que de but en blanc vous voulez que je rompe avec des habitudes de sept ans! La jeunesse était morte en moi, nous l'avions enterrée ensemble; vous revenez à brûle-pourpoint frapper à la porte d'un tombeau, comme dans une maison habitée, et vous vous étonnez qu'on tarde à vous répondre: entrez! Il est bien désastreux pour moi, pour vous aussi, que nous ayons vécu si longtemps loin l'un de l'autre. Vous vous êtes créé des plaisirs hors du logis; j'ai dû, de mon côté, chercher des occupations. Elles me tiennent un peu; je ne dis pas pourtant qu'on ne puisse s'en détacher, mais cela demanderait plus d'une minute. Permettez-moi de me remettre à loisir d'une alerte si chaude. Ajournons à demain la suite d'un entretien qui me bouleverse et où vous-même vous paraissez fort ému. »

Le marquis était trop bien élevé pour répondre ce qu'il pensait. S'il avait joué cartes sur table, il aurait dit à madame:

« Que j'accorde un délai, et demain vous vous faites enlever, pour peu que votre amant soit jeune, et qu'il y ait encore une chaise de poste à Paris; le dénoûment de la comédie est inévitable. » Au lieu de ce discours brutal, il lança une nouvelle déclaration, plus tendre et plus pressante que la première. Il se rapprocha de sa femme en se penchant si bas que son genou droit effleurait le sable de la terrasse, et, presque agenouillé, dans une attitude gênante mais non dangereuse (car il n'avait pas la goutte), il joignit les mains, prit sa voix la plus caressante et dit :

« Grande enfant! Tu sais que la vie est courte, et tu parles d'attendre! Pourquoi remettre au lendemain le bonheur qui nous convie aujourd'hui? Rappelle-toi les beaux jours que nous avons passés ensemble lorsque nous nous tenions lieu de tout, et que le monde, jaloux mais respectueux d'une félicité si pleine, avait peur de troubler notre tête-à-tête éternel! Ne me dis pas que tu as oublié ces temps-là, qu'il faut y repenser et en reprendre insensiblement l'habitude! Je te confondrais par tes propres paroles et je te prouverais que l'amour est resté jeune et le désir vivace dans un repli secret de ton cœur! »

Elle fit un geste d'étonnement qu'il arrêta en prenant deux mains froides et en les couvrant de baisers.

« Rappelle-toi! dit-il. C'était hier.... non; il y a huit jours, ou un mois, je ne sais, ma tête est un peu perdue. Je rentrais dans notre chère maison, dans ce nid où nous avons été si heureux, où nous le serons mille fois davantage. Tu étais seule au salon, tu m'attendais en rêvant à moi. Lorsque j'ouvris la porte, tu courus te jeter dans mes bras : tu me parlas du passé, de l'avenir, du ciel; que sais-je encore? Je t'adore! disais-tu. J'ai répondu je ne sais quoi.... Je t'ai paru froid peut-être. L'homme n'est pas toujours à la température de vos sentiments, ô belles exaltées que vous êtes! Mais tu m'aimais alors, donc tu m'aimes encore aujourd'hui; chère Éliane, réponds!

— Je me rappelle, en effet, que souvent, bien souvent j'ai couru à votre rencontre avec l'empressement d'une amitié dévouée. Mon exaltation, comme vous dites, ne semblait pas vous ennuyer, car vous êtes poli; mais elle vous étonnait visiblement un peu.

— Eh! sans doute! je l'avoue. Au sortir d'un monde égoïste, froid, sceptique, railleur, on a les fibres du cœur serrées, pour ainsi dire, et la suavité des sentiments exquis nous étonne avant de nous charmer, lorsque nous revenons tout enfumés de ce maudit club. Mais je renonce et pour toujours à ces distractions oisives qui endurcissent l'homme et le ferment au bonheur. J'abjure entre tes mains toutes les habitudes qui m'éloignaient de toi, et je me livre tout entier pour la vie. Veux-tu me recevoir à merci ? Seras-tu plus impitoyable à mes peccadilles que Dieu ne l'est au crime lui-même ? Parle, j'attends ma sentence ; si tu es encore Éliane, tu me la donneras dans un baiser ! »

Le marquis était content de sa péroraison, et il ajoutait en lui-même : « Tire-toi de là si tu peux ! » Il appuya la dernière tirade d'un geste franc, décidé, énergique. Ses deux mains s'allongèrent pour saisir Éliane par le cou.

Au même instant, une grêle de coups de pieds lui prouva que sa femme avait pris un parti extrême : on lui donnait le spectacle d'une magnifique attaque de nerfs. C'est ainsi qu'une actrice se jette dans le drame, lorsqu'elle n'obtient pas dans la comédie tout le succès qu'elle a rêvé.

Certes, M. de Lanrose n'était pas du bois dont on

fait les dupes. En cette occasion particulièrement, il conservait tout le calme de sa raison ; la lutte qu'il soutenait depuis une grande heure avait plutôt aiguisé que fatigué son esprit. Et pourtant il demeura dans le doute ; il n'aurait pas su dire si la crise était jouée ou sincère, causée par son discours ou dirigée contre lui, à seule fin de le réduire au silence. Éliane elle-même n'en savait rien, je crois. Le vrai et le faux se mélangent si intimement dans l'esprit des femmes coupables, qu'elles en viennent à douter si elles mentent, et dans quelle mesure. La marquise n'était pas de sang-froid, j'en réponds. Ce n'est pas de propos délibéré qu'une personne de cet âge et de ce monde s'amuse à trépigner contre son bienfaiteur et son maître. Ajoutez que les soixante-dix ans du mari auraient donné à cette pantalonnade un caractère odieux.

Donc, Éliane était sincère en quelque chose ; le médecin qu'on fit chercher constata sans nulle complaisance qu'elle avait le système nerveux surexcité au dernier point. Mais comment expliquer qu'une femme incapable de maîtriser le mouvement de ses muscles, demeure en même temps maîtresse de ses paroles ? Elle parla beaucoup dans ses convulsions ; elle ne se borna point aux cris inarticulés qui ne compromettent personne ; elle plaça bon nombre de paroles qui ont un sens précis dans le dictionnaire. Celles-ci, par exemple : « Ah ! c'est trop ! le bonheur ! Armand, cher Armand, je vous retrouve ! Vous m'aimiez, et moi donc ! Recommencer la vie ! Dieu soit béni ! De belles années, non ! Je n'espérais plus ! C'est un rêve ! La joie m'étouffe ! » Et une demi-douzaine de coups de pieds brochant sur le tout.

M. de Lanrose, en prodiguant les soins à cette malade, vraie ou fausse, s'escrimait à concilier les procédés divers dont il était l'objet. Quoiqu'il jugeât sévèrement sa femme, il répugnait à croire qu'elle le crossait comme un Géronte par simple divertissement. Mais, d'un autre côté, il avait beau s'armer de bon vouloir et d'indulgence, il n'arrivait pas à comprendre qu'Éliane fût étouffée par la joie comme elle le disait. Elle le saisit un moment par la tête et l'embrassa deux ou trois fois. O logique ! elle avait pris cette attaque de nerfs pour éviter d'être embrassée ! La conclusion du gentilhomme fut que l'amour ancien et l'amour nouveau, la sincérité et la rouerie, les bons instincts et les mauvais, la peur, le remords et tous les sentiments les plus contradictoires font un singulier carnaval dans la tête d'une jolie femme, lorsqu'ils s'y donnent rendez-vous.

Cela dit, il soigna la marquise jusqu'à trois heures du matin, en compagnie du docteur et de la caméristes ; il ne la quitta point qu'il ne la vît endormie, et il se retira dans son appartement, où il ne dormit point de la nuit. Un instinct plus infaillible que les raisonnements les plus serrés lui faisait pressentir une solution prochaine. Il n'avait pris encore aucun parti, arrêté aucun plan, et pourtant il s'attendait à quelque chose de grave et il ne pensait pas que son incertitude dût se prolonger vingt-quatre heures.

La scène de la terrasse ne lui laissait aucun doute sur le point de fait : « Éliane est coupable ; donc, je n'ai plus de femme ; me voilà veuf pour la seconde fois; il va falloir organiser ma vie en conséquence. La perspective n'est pas gaie; car enfin, j'étais assez heureux et entouré d'une affection agréable, sinon sincère. Je reste seul : ma famille n'a pas de grandes consolations à m'offrir. J'ai une sœur à moitié folle, qui me rira au nez sous prétexte de me distraire; un fils.... est-il mon fils? Une bru... Mlle Gilot! Deux petits-fils, dont l'authenticité est subordonnée à celle de leur père; et puis rien! Des parents éloignés, comme Lambert de Saint-Génin, des amis comme Billefoix, Bourgalys, Mably. Tiens! Mably. Il faudra que je le découvre. D'après ce que j'ai lu hier, il a peut-être besoin de moi. Et qui encore? Peu de monde. Je n'ai pas même d'ennemis dont la haine me réchauffe en hiver.

« Il va falloir vivre en égoïste : c'est piteux. Je m'y ferai peut-être. Mais je n'en suis pas encore là; il y a une crise à traverser, un mauvais pas à franchir. On s'accoutume à tout, au bout d'un certain temps. Je ne suis pas inquiet de mon avenir; il est assez borné, grâce à Dieu. Mais je frissonne à l'idée de ce drame stupide qui va peut-être se jouer demain. Du scandale, des cris, des reproches, des excuses, des batailles, des procès, des larmes, des pâmoisons, des articles du journal, des condoléances, un voyage forcé.... Dire que je vais peut-être recommencer le tour du monde, parce que Mlle de Batéjins a trouvé un monsieur plus joli que moi!

« Le stupide quart d'heure à passer! Je ne crains que cela : la transition. Être mort, c'est charmant; le passage seul est désagréable. Être veuf! ô la bonne aubaine, si l'on pouvait en venir là sans assister à l'agonie d'un être aimé! Être un mari séparé de sa femme, le veuf d'une vivante! c'est encore un destin supportable. Mais la transition! Tout est là. Si ma femme pouvait disparaître sans bruit, dans une trappe, me lancerais-je à sa poursuite? Hier j'aurais dit oui, et j'aurais dit une sottise. A quoi bon rattraper ce qu'on ne peut reprendre? Quant à lui, par exemple...., ah! monsieur! Vous aurez affaire à moi! Ma femme, c'est mon bien; qui me vole, m'outrage. Il n'y a pas au monde un affront plus sanglant, et, jour de Dieu!... Oui, mais suis-je bien sûr qu'elle ait été séduite? Je me rappelle dix aventures de ma jeunesse où ces nigauds de maris me reprochaient d'avoir pris leurs femmes... C'était bel et bien moi qui avais été pris, souvent même volé! »

Il faut, bon gré mal gré, que je commente cette dernière réflexion du marquis : elle paraîtrait fausse sur le théâtre et serait probablement sifflée. C'est que le théâtre est un lieu où la vérité de convention obtient plus de crédit que la vérité vraie. Le spectateur assis dans un fauteuil d'orchestre exige que les maris trompés manifestent un courroux uniforme : il a son type de jalousie incrusté dans un coin du cerveau, entre la rapière du scapin et le tablier de la soubrette. Un mari qui raisonne et discute le tort qu'on lui a fait, au lieu d'entrer en ébullition et de *voir rouge*, est un personnage aussi invraisemblable qu'une coquette pleine de cœur ou un colonel avaricieux. Combien de temps a-t-il fallu pour nous faire accepter un officier de marine qui parle sans jurer par sabords et caronades? Un quart de siècle au moins. C'est tout au plus si dans cent ans le public routinier tolérera le jaloux équitable, raisonnable et imperturbable. Il existe pourtant : on le rencontre à chaque pas dans la vie ; il a sa place marquée dans ce récit familier des choses actuelles qui se nomme le roman.

Le sang-froid et la modération du marquis, dans un danger qui autorise le trouble et la violence, s'expliquent par bien des raisons. Son sang était rassis par l'âge, et d'un autre côté sa constitution restait assez énergique pour le mettre à l'abri des fureurs impuissantes, expansions fougueuses de la débilité exaspérée, que l'on constate chez les enfants malingres, les femmes et les vieillards. Il était encore assez fort pour se donner le luxe d'un beau calme.

Il avait eu d'ailleurs une jeunesse orageuse et compté ses succès par centaines. Or un homme à bonnes fortunes, lorsqu'il est doublé d'un homme d'esprit, ne s'ébat point à travers les occasions du monde sans philosopher quelque peu. La doublure se livre à quelques réflexions, tandis que l'étoffe se laisse choyer par les femmes. Elle redit de temps à autre la familière et profonde sentence de maître François Rabelais : « Autant nous en pend à l'œil. » Le don Juan marié qui s'indigne et fait rage le jour où on lui rend ce qu'il a donné aux autres est un sot et un ignorant, parce qu'il oublie la peine du talion, telle qu'elle est formulée dans le *Deutéronome*, chapitre XIX, verset 21.

Considérez aussi que le marquis de Lanrose appartenait à sa caste, comme le mont Ventoux appartient au département du Vaucluse : il le domine, mais il en est. Or, cette caste, on peut le déclarer sans injure, a longtemps relégué la jalousie au rang des préjugés bourgeois. La noblesse de France, durant un siècle et demi, a beaucoup reçu de la monarchie : elle lui a beaucoup rendu en divers temps, et particulièrement sous Louis XV le trop aimé. Grâce aux mœurs de la cour, l'élite de la France en est venue alors à blâmer les fureurs jalouses; on a proscrit longtemps l'égoïsme conjugal comme un manque de savoir-vivre et un signe de mauvais goût. Les bons exemples de Louis XVI n'ont rendu qu'en partie à la morale du mariage l'autorité qu'elle avait perdue sous l'autre règne. Il est vrai que notre noblesse s'est retrempée ensuite dans un bain qui a raffermi ses vertus, mais on retrouverait encore çà et là, en cherchant bien, l'esprit de tolérance ou de superbe indifférence qui relâchait les liens de la famille en l'an de grâce 1750. Seulement, il y avait jadis sur cent maris trompés un homme qui prenait la chose à cœur et faisait esclandre; aujourd'hui la proportion est renversée : on en compte un sur cent qui se résigne et rit de sa mésaventure, à la mode du bon vieux temps. Le marquis n'était pas homme à rire de son honneur offensé; non, certes; mais sa colère n'avait pas ce je ne sais quoi d'ingénu et de farouche qu'un notaire, un commerçant ou un industriel met encore dans ces deux mots : ma femme!

Et pourtant, par un autre côté, il se rattachait franchement à notre époque : les idées de justice et de civilisation moderne régnaient dans cet honnête et bienveillant esprit. Ses passions se subordonnaient d'elles-mêmes au raisonnement : c'est par là que le dix-neuvième siècle se distingue surtout du seizième. L'instinct de la vengeance, qui était tout l'homme il y a trois cents ans, manquait chez lui. Il ne comprenait pas ce prétendu plaisir des dieux qui consiste à entasser un mal sur un autre, sans rien réparer ni guérir.

Il avait été plus jeune que la plupart de ses concitoyens, quoiqu'il vous semble à première vue que la jeunesse luit également pour tout le monde. Il avait eu la main vive et même malheureuse. Sous l'Empire, à vingt ans, il estimait que la vie d'un homme ne vaut pas un fétu, et il étendait cette théorie jusqu'à lui-même. Ses idées sur ce point, comme sur beaucoup d'autres, s'étaient modifiées avec le temps. Il faisait toujours bon marché de sa personne dans les occasions où la vie n'était qu'un enjeu mis en présence de quelque bien supérieur; mais son cœur se soulevait à l'idée de faire couler le sang d'autrui. Singulière répugnance chez un homme qui avait enjambé six mille cadavres à la Moskowa, pour retrouver un camarade!

Mais son dernier souvenir de sang l'avait laissé sous une impression profonde. C'était rue Saint-Antoine, au mois de juin 1848. Le marquis était sorti de son hôtel avec un fusil à deux coups et cinquante cartouches à balle, sans uniforme; car depuis sa dernière députation, il s'était affranchi de la garde nationale. La compagnie qu'il vint renforcer avec dix autres volontaires, fut littéralement foudroyée

11

à la hauteur de l'église Saint-Paul. Les fenêtres tiraient sur la rue; de la rue on tirait sur les fenêtres. M. de Lanrose aperçut un de ces malheureux égarés qui se penchait pour mieux viser, à la lucarne d'un cinquième étage. Il l'ajusta de bas en haut, en ligne perpendiculaire, le coup du roi! comme disent les chasseurs, et lui mit une balle dans la tête. L'homme tomba dans la rue, s'écrasa sur le pavé, et rejaillit de tout son sang et de toute sa cervelle sur ceux qu'il voulait assassiner. Le marquis poursuivit son chemin sans réflexion; il n'avait aucun scrupule sur la légitimité de son coup de fusil et l'évidence de son bon droit. Mais le soir, après l'action, dans son hôtel, lorsqu'un peu rassuré et passablement refroidi il se livra aux mains de son valet de chambre, il fut saisi d'horreur. Ce sang et ces débris informes faisaient un contraste odieux avec le drap fin de sa redingote, la toile de ses manchettes, le coutil anglais de son pantalon blanc. Le luxe qui l'entourait chez lui, la tenture du cabinet de toilette, les miroirs biseautés dans leur cadre à mille facettes, le petit lustre de Venise, la natte chinoise qui servait de tapis, les serviettes de Hollande et la vaisselle de vieux Saxe, tout semblait comme épouvanté de ce restant de carnage. La mort n'est jamais déplacée sur un champ de bataille; elle ne contraste avec rien. Les splendeurs mêmes du paysage et les plus aimables sourires du printemps s'accommodent bien vite à la situation et font un décor à souhait pour le drame. Quelques coups de canon et deux charges de cavalerie conforment les vergers, les moissons et toute la nature à la nécessité du moment. L'homme est armé, vêtu, équipé pour donner ou recevoir la mort; tout ce qui peut lui arriver, heur ou malheur, est dans l'ordre. Mais à Paris, dans un hôtel confortable et magnifique, où tout est disposé pour la commodité de la vie et la satisfaction des yeux, au milieu des produits les plus raffinés de la civilisation et des merveilles les plus exquises de l'art, l'idée de la violence, des coups, du sang versé, des peaux trouées, des crânes aplatis détonne étrangement. « Ainsi donc, pensait le marquis en savonnant ses mains blanches, je viens de me comporter comme un Goth, un Franck ou un Osage, en plein milieu du dix-neuvième siècle, dans cette fleur de civilisation dont nous sommes si fiers. J'ai combattu pour mon droit qui était incontestable, j'ai fait mon devoir en défendant la société menacée par des fous. Mais n'est-il pas singulier qu'en 1848 un homme intelligent s'éclabousse de cervelle humaine pour réfuter un paradoxe inepte qui ne soutiendrait pas dix minutes de discussion? Fi du sang! Si l'on me reprend à en faire couler une goutte, c'est que j'aurai été contraint et forcé. Et pourtant si mon honneur était en jeu!.... Je retomberais dans la barbarie tout comme un autre, sauf à laver mes mains comme aujourd'hui. Ah! le monde n'est pas encore ce qu'il devrait être, et je mourrai, c'est trop probable, sans avoir vu la civilisation mûre à point. »

Cette impression s'incrusta profondément dans l'esprit du gentilhomme; elle s'identifia pour ainsi dire avec lui et répandit une couleur pacifique sur toutes ses idées. En plus d'une occasion, soit dans ses propres affaires, soit dans les querelles de ses amis, il fit preuve d'une sagesse et d'une douceur remarquables. Sans rien abandonner du bon droit, sans chômer au devoir, sans reculer devant le danger, il fit profession de tout concilier, et sa réputation de galant homme se rehaussa de franche et noble bonhomie.

Mais un mari, fût-il le plus irréprochable et le plus doux des hommes, n'est jamais sûr en se mettant au lit qu'il ne s'éveillera pas l'épée à la main.

IV

L'ÉCLAT

Le marquis se leva à neuf heures, en se demandant pourquoi faire il s'était couché. Non-seulement la nuit ne l'avait pas reposé, mais elle ne l'avait pas conseillé, quoi qu'on dise, et il se retrouvait irrésolu comme la veille. Il fit prendre des nouvelles de sa femme, simple devoir de courtoisie qui n'engageait point l'avenir. On lui répondit que madame avait encore beaucoup souffert, mais qu'elle se sentait un peu mieux. Un tel renseignement n'était pas fait pour le mettre à son aise. Il avait songé vaguement à trancher la question par une démarche loyale : entrer chez Éliane, lui déclarer en quatre mots les raisons qu'il avait de la croire coupable, et écouter sa justification. C'était peut-être la voie à suivre pour un homme qui voulait sortir de doute à tout prix. La vérité n'est pas une abstraction pure, un être de raison. C'est une force active et souvent foudroyante, qui déroute les combinaisons de la ruse et de l'hypocrisie, et va quelquefois arracher un aveu au fond du cœur le mieux fermé. Il semble à bien des gens que deux affirmations contradictoires puissent lutter à armes égales et que la bonne cause l'emporte sur la mauvaise ou la mauvaise sur la bonne, selon que l'une ou l'autre a pris le meilleur avocat. Rien n'est plus faux : presque toujours il suffit d'un exposé naïf pour assurer le triomphe de la vérité, parce qu'elle brille de sa propre lumière ; mille quintaux de poudre aux yeux sont impuissants, dans la plupart des cas, à aveugler le juge le moins subtil. Le vrai, quand il n'est pas évident, est pour le moins vraisemblable. Pour renverser une objection, il faut les bras d'Hercule, si elle est juste ; le souffle d'un enfant, si elle est mensongère. « Et comptez-vous pour rien Dieu qui combat pour nous ? » Dieu, c'est la vérité qui se défend elle-même.

Il y avait gros à parier qu'Éliane soutiendrait mal le simple énoncé de sa faute. Elle se troublerait, elle avouerait peut-être, et courrait au-devant d'une solution amiable en abdiquant ses droits sur le nom et la personne du marquis. Mais M. de Laurose ne pensait pas que la fin la plus désirable justifiât les moyens indélicats ou violents. Le simple énoncé d'un soupçon, fût-il juste et fondé, est une offense ; et le marquis se flattait de mourir sans avoir offensé une femme. L'état de la marquise centuplait l'odieux du procédé : aux yeux d'un galant homme, l'être faible devient plus inviolable et plus sacré à mesure qu'il croit en faiblesse.

Au milieu de ces réflexions tomba la lettre anonyme, ce pavé quotidien. Le marquis reconnut l'enveloppe entre toutes, quoiqu'on eût changé l'écriture et le format, et la couleur du papier. Il fit sauter le cachet sans hésitation et presque sans dégoût, tant il était avide de savoir.

La mystérieuse correspondante avait trahi son sexe par deux participes au féminin. Comme la veille, elle décrivait exactement la toilette d'Éliane ; elle suivait la marquise pas à pas, montre en main, et prouvait que sur vingt visites de tout genre il n'est pas difficile d'économiser deux heures. Les visites avouables étaient bien celles qu'Éliane avait avouées à son mari.

L'anonyme ajoutait un portrait du jeune homme, que M. de Lanrose ne reconnut point : il est si malaisé de peindre un homme en quelques traits de plume ! Dix peintres mis en face du portrait le plus minutieux de Balzac, peindraient dix hommes différents. « Je ne sais pas son nom, disait la correspondante, car il n'est pas connu dans les lieux respectables où je l'ai rencontré, mais je suis sur la trace. On prend des informations dans le quartier, et l'on vous dira demain à quel hôtel correspond la porte secrète. Mais si vous êtes désireux de vous éclaircir dès aujourd'hui, arrivez avant deux heures au numéro 207 de la rue de Grenelle. Devant le portail du couvent, il y a une sorte de restaurant ou de cabaret hanté par les cochers et les domestiques du voisinage. Entrez là, vous verrez sans être vu, et vous n'aurez qu'à suivre madame. »

Ce dernier renseignement souleva le cœur du

marquis. Il rougit à l'idée de se glisser dans un cabaret borgne avec la valetaille du quartier, et se dit qu'un gentilhomme assez bas pour descendre à cette tactique ne serait pas déplacé dans la compagnie des laquais.

Et pourtant il voulait savoir, et au plus vite. « Les misérables qui m'écrivent connaîtront demain, c'est-à-dire aujourd'hui, le nom de ce jeune homme. S'ils le savent, ils le diront, et rien ne prouve qu'ils le diront à moi seul, car cet espionnage obstiné, cette délation suivie est l'œuvre d'une haine qui ne doit pas se contenter de peu. Tout Paris peut savoir ce secret dans vingt-quatre heures. Il faut donc que demain j'aie fait justice de deux personnes. Par quel moyen ? Dieu seul le sait ; il m'inspirera peut-être au bon moment. Mais je ne veux pas que le public soit mis dans le secret avant moi. Le marquis de Lanrose ne sera pas montré au doigt comme une dupe. »

En relisant la lettre, il s'avisa d'une idée. Entrer chez Éliane, s'informer tendrement de sa santé, l'entretenir de choses indifférentes, et tout à coup, sans préliminaires, lui jeter cet écrit comme un échantillon curieux de bassesse et de calomnie : ce n'était pas offenser la marquise, mais plutôt lui donner une preuve de confiance et d'estime. Or ce chemin menait au but aussi directement qu'un autre. Éliane se troublerait sans doute, et supposé qu'elle eût la force de se taire, son visage ne manquerait pas de l'accuser ou de l'absoudre.

Le marquis replia la lettre, la mit en poche, et descendit.

Mais sur le seuil de l'appartement de madame, il trouva la camériste debout, l'index appuyé sur la bouche, comme une statue du Silence.

« Monsieur, dit-elle à voix basse, madame vient enfin de s'endormir. Ce n'est pas sans peine, ô mon Dieu ! Il a fallu deux potions calmantes.

— Bien ! répondit-il, veillez sur son repos. Je reviendrai. »

En descendant, il donna des ordres à sa maison pour qu'on étouffât tous les bruits. Mais il ne sut que faire de sa personne ; il sortit à l'aventure, sans savoir où ses pieds le portaient. Ses pieds suivirent naturellement l'impulsion de la pensée ; il fut presque étonné de se voir rue de Grenelle, entre le cabaret des cochers et des domestiques et la grande porte de l'*Ave-Maria*. — « Non, jamais, pensa-t-il, en prenant la fuite, je ne pourrai me faire l'espion de mon honneur ! »

Il revint à l'hôtel ; madame dormait encore, mais le déjeuner de monsieur était servi. Il se mit à table pour tuer le temps, mais il fut incapable d'avaler une bouchée : le doute lui serrait la gorge. Il se leva, prit son chapeau et sortit. En traversant la cour, une sorte de pressentiment lui fit tourner la tête. Il crut voir un rideau s'agiter dans la chambre de la marquise ; il remonta : ses genoux ployaient ; on eût dit qu'il avait les jarrets coupés. La femme de chambre était toujours à son poste et madame n'avait sonné personne. Il entra cependant et s'avança sans bruit jusqu'au lit de sa femme. Éliane ne s'éveilla point ; elle était étendue sur le dos ; son visage découvert et éclairé par un demi-jour assez franc, n'exprimait pas autre chose qu'un accablement mortel. « Allons, dit le marquis, j'aurai mal vu. » Il s'éloigna de nouveau et se promena dans la maison, dans le jardin, sur la terrasse, sur le quai, rentrant, sortant, questionnant, guettant le réveil d'Éliane pour la prendre au dépourvu, dans cette indécision crépusculaire qui paralyse l'esprit le plus alerte et le désarme. Il venait d'inventorier machinalement l'étalage d'un bouquiniste voisin, et il retournait aux nouvelles pour la dixième fois, lorsqu'il trouva toutes les portes ouvertes et la camériste occupée à ranger dans la chambre de la marquise.

« Et madame ? s'écria-t-il.

— Madame ? Est-ce que monsieur ne l'a pas rencontrée ?

— Rencontrée où ?

— Mais dans l'escalier, monsieur, ou dans la cour. Madame vient de descendre, il n'y a pas cinq minutes. »

Il bondit jusqu'au rez-de-chaussée et rencontra son valet de chambre, un vieux serviteur et un homme sûr :

« Pierre ! as-tu vu madame ?

— Oui, monsieur, comme elle sortait.

— Elle n'est pas sortie ! c'est impossible !

— Pardon, monsieur. Madame a fait chercher M. le marquis, et ne l'ayant pas trouvé dans l'hôtel...

— Elle est à pied ?

— Oui, monsieur le marquis, et madame ne doit pas être loin.

— A pied ! dans son état ! c'est de la dernière imprudence. Va me chercher Louise, et vivement. »

La femme de chambre accourut : « En vérité, lui dit le marquis, je ne comprends pas que vous ayez laissé sortir votre maîtresse, malade et brisée comme elle l'était.

— Monsieur, j'ai supplié madame, mais il n'était pas en mon pouvoir de la contraindre. Mme la marquise a parlé de ses pauvres, d'une bonne œuvre très-pressée, de.... Au reste, madame allait beaucoup mieux, car elle s'est habillée sans moi. »

Le marquis tira sa montre : il était deux heures moins un quart. « En effet, dit-il froidement, je me rappelle que madame avait une réunion de charité pour deux heures. » Il s'éloigna sans hâte, descendit l'escalier et traversa la cour à pas lents ; mais aussitôt que la porte de l'hôtel se fut refermée derrière lui, il courut comme un fou dans la direction de la rue de Grenelle.

Éliane avait devancé l'heure du rendez-vous quotidien. Sans chercher un alibi dans cinq ou six mansardes, comme elle faisait à l'ordinaire, elle se jeta dans une voiture de place, aperçut en passant le marquis de Lanrose qui piétinait sur le quai, et se fit conduire en droiture à l'impasse. Elle poussa la porte du jardin, tira le verrou et s'élança vers M. de Mably qui se promenait philosophiquement sous les arbres.

« Tout est perdu! » s'écria-t-elle en se précipitant dans ses bras. Et les larmes de couler, et les nerfs d'entrer en jeu comme la veille.

Gontran ne s'attendait pas à voir si tôt le revers de la médaille ; mais il ne manquait ni d'aplomb ni de courage, et il sentit le besoin de rester calme pour deux. « Voyons, dit-il en asseyant la belle éplorée, on s'alarme souvent sans raison. Notre secret ne peut pas avoir été vendu; nous n'avons pas de confidents; nous n'avons pas été surpris; nous n'écrivons pas.... vous n'avez rien avoué, cher ange?

— Plutôt mourir.

— Bon, tout est sauf.

— Oh! vous ne savez pas!

— Naturellement, mais je devine. Il a des soupçons, pas vrai?

— Lui? Aucun. Il est mille fois trop loyal pour supposer la trahison de ceux qu'il aime.

— Mais alors, mon amour adoré, je ne vois pas ce que vous pouvez craindre.

— Le danger le plus terrible aux yeux d'une femme de cœur. Il s'est repris d'amour pour moi!

— C'est qu'il est homme de goût et je me mets parfaitement à sa place. Que dis-je? J'y suis, à sa place.

— Vous plaisantez, malheureux! Vous ne comprenez donc pas? Il faut donc tout vous dire? Il faut vous le montrer comme il était hier, à genoux devant moi, suppliant, implorant, exigeant, rappelant les premiers et les plus doux souvenirs de notre mariage? J'ai pensé mourir d'épouvante, et j'ai écarté le danger pour un jour en excitant sa pitié.... Mais maintenant, que faire?

— Continuer, parbleu!

— S'il s'obstine?

— Obstinez-vous aussi.

— Vous ne le connaissez pas. C'est une volonté de fer et je ne suis pas la plus forte.

— Ah bah! Nous verrons bien.

— Voilà tous les conseils que vous avez à me donner?

— Et que diable voulez-vous que je vous conseille? C'est une question de ménage, cela; et, soit dit entre nous, vous auriez agi plus sagement en ne me la donnant pas à résoudre. Sur cent femmes dans votre position, il y en a quatre-vingt-dix qui courent le même danger que vous et qui s'en tirent, bien ou mal, sans le conter à personne. Un amant qui sait vivre admet aveuglément la fidélité de sa maîtresse, quelle que soit d'ailleurs l'invraisemblance de la chose dans certaines situations. C'est un acte de foi, absurde en plus d'un cas, mais assurément respectable. De quel droit venez-vous troubler ma conscience, jarnibleu? Laissons, laissons cela. Je vous aime, les yeux fermés; et vous?

— Moi, Gontran, j'ouvre enfin les yeux sur l'horreur du précipice où nous sommes tombés ensemble. Quand revient-elle?

— Je ne sais pas. Bientôt, probablement. Mais ne craignez rien; elle n'est pas femme à tomber ici comme une tuile. Il faudrait de bien gros événements pour qu'elle arrivât à Paris sans m'écrire au moins vingt-quatre heures d'avance.

— Votre femme va revenir! Elle reprendra sa place dans cette maison! Et qui m'assure qu'elle ne rentrera pas aussi dans votre cœur?

— Chère Éliane, c'est une chose impossible à prouver par raison démonstrative. Mais j'ai pris des mesures pour que nous puissions nous voir tous les jours en sécurité; je vous promets que vous me trouverez toujours semblable à moi-même; je suis prêt, d'abondant, à vous jurer fidélité. Ayez en moi la confiance que j'ai en vous, faites l'acte de foi dont je vous ai fourni le modèle, et comptez que je n'aurai garde de troubler le repos de votre âme en vous soumettant les questions de haute politique qui pourront s'agiter dans mon intérieur.

— Hé bien non! cent fois non! Ce ne serait pas vivre.

— C'est cependant la vie de tous les couples irréguliers.

— Dites alors que l'amour n'est qu'un infâme libertinage!

— L'amour indépendant n'a jamais été mis au rang des œuvres pies. C'est une distraction qui a des agréments, puisqu'on la recherche, mais qui présente, si j'ose le dire, quelques côtés défectueux.

— Oh! vous me punissez cruellement de ma faute.

— J'en serais désolé, car en vérité je vous aime et je suis très-reconnaissant du bonheur que vous me donnez. La contrariété qui vous agite aujourd'hui ne vient pas de moi, mais de vous-même. Vous vous êtes méprise en croyant qu'une liaison purement sympathique abrogeait des engagements solennels. Elle les viole un peu, j'en conviens; mais elle ne les détruit pas. Donnez un coup de canif dans le contrat, donnez-en deux, donnez-en mille : le contrat ne s'en porte pas mieux, mais il subsiste. Votre erreur, chère Éliane, est de croire qu'un premier coup de canif soit un deuxième contrat.

— Tenez: L'esprit que vous faites est horrible.

— Ce n'est que du bon sens, hélas!

— Eh! bien, j'ai du bon sens, moi aussi, et une logique qui vaut peut-être la vôtre. Et voici les conclusions que ma raison me dicte, puisque vous trouvez agréable de faire une orgie de raisonnement aujourd'hui. J'ai commis un crime en vous aimant, mais je n'ai pas fait une bassesse. La bassesse serait de vous trahir avec celui que j'ai trahi pour vous et de vivre ballottée entre deux adultères. Vous-même, vous ne pouvez rester dans votre propre estime qu'en vous consacrant à moi sans réserve et sans partage. Le mari de deux femmes est aussi méprisable à mon sens que la femme de deux maris. Donc nous avons un parti à prendre, et sur l'heure, pour votre honneur et pour le mien.

— Mourir ensemble, hein?

— J'y ai pensé cette nuit; mais non, vous trouveriez peut-être que c'est payer trop cher quelques heures de *récréation*. Fuir ensemble et chercher loin du monde une retraite où nous soyons exclusivement l'un à l'autre; voilà la seule résolution digne de vous et de moi.

— Je n'ai jamais compris pourquoi la femme, être mondain par excellence, aspire obstinément à vivre loin du monde. Ce n'est pas à vous que j'en ai; Valentine est dans vos idées. Elle rêvait le mois dernier une solitude inaccessible; je lui ai laissé le choix, et elle a choisi Carville!

— Vous choisirez vous-même, mon ami.

— Je choisis, mon cher cœur, de rester où nous sommes, et dans l'état social où des contrats irrévocables nous ont mis. L'enlèvement que vous rêvez serait une mauvaise action en partie double. Il causerait le malheur et peut-être la mort de deux personnes auxquelles nous devons respectivement tous les égards.

— Vous auriez pu vous en souvenir plus tôt !

— Je ne l'ai jamais oublié, soyez-en sûre. Autre chose est d'emprunter discrètement à un homme quelque parcelle de son bonheur sans qu'il se sente moins riche ; autre chose, de le dépouiller de tout, à force armée, sur la place publique. Au reste, je ne sais pas pourquoi j'ergote en casuiste sur une hypothèse inadmissible. Un mot suffit : je suis pauvre et vous n'avez rien : si nous quittions, vous votre mari, moi ma femme, il faudrait commencer par les voler : qu'en pensez-vous ? »

Éliane n'eut pas le temps de réfuter cette raison, ce qui d'ailleurs n'eût pas été commode. Il se fit un grand bruit de cloches et de voix, les portes de l'hôtel s'ouvrirent avec fracas sur le jardin ; trois ou quatre valets accoururent en criant, et tandis que Gontran marchait sur eux dans un premier mouvement de colère, la marquise effarée ramassa son ombrelle, son éventail de poche, son mouchoir et toutes les petites épaves qu'elle trouva sous sa main, gagna les grands massifs du fond, retourna la tête en fuyant, étouffa un cri d'effroi, ouvrit la porte secrète et disparut.

M. de Lanrose était sorti de sa maison avec colère, bien décidé à courir rue de Grenelle, à suivre l'itinéraire anonyme, à surprendre Éliane et à la punir, elle et son complice, s'en remettant pour les

CAHIER (S) OU PAGE (S) INTERVERTI (S) A LA COUTURE
RETABLI (S) A LA PRISE DE VUE.

DE LA PAGE 177
A LA PAGE 208

détails à l'inspiration du moment. Il courut d'un pas agile et résolu jusqu'à la moitié du chemin, puis s'arrêta pour reprendre haleine, puis repartit d'un train plus raisonnable et d'un esprit un peu plus rassis. En essuyant la sueur qui ruisselait sur ses joues, il se demanda quelle figure il ferait aux yeux du monde, ou simplement à la rencontre d'un ami. Qui pourrait reconnaître dans ce vieillard haletant, courant, échauffé, furieux, lamentable et grotesque, le plus digne et le plus illustre représentant du passé? Il eut honte de sa fureur et se dit qu'un Lanrose essoufflé, coudoyant les passants sur les trottoirs du faubourg, n'était ni dans son rôle, ni à sa place.

Cette réflexion fut bientôt suivie d'une autre qui la complétait. Le monde admirerait-il la conduite d'un gentilhomme qui suit sa femme, l'épie et la surprend, grâce aux révélations d'une lettre anonyme? N'y avait-il pas cent façons plus galantes de trancher le nœud gordien? Il y en avait cent mille! Il suffisait de poser franchement la question, dès le retour de la marquise, pour obtenir une réponse, c'est-à-dire un aveu, qui terminerait tout. Voilà ce qu'il pensait, et pourtant il allait toujours, comme si une force supérieure à sa volonté l'eût entraîné rue de Grenelle.

En arrivant à la rue Saint-Dominique, il fit le geste d'un touriste emporté par une avalanche et qui rencontre un arbre à portée de sa main. L'hôtel de Mably était là, il pensa à s'y réfugier contre luimême. D'ailleurs, n'avait-il pas à causer de ce journal avec Gontran? « Je me cramponnerai à lui jus qu'au soir : tant pis s'il me trouve maussade! Un galant homme accepte ses amis comme ils sont. Mais s'il était sorti? Alors... Ah! dame, alors c'est que la Providence veut que je suive mon chemin jusqu'au bout! »

Il sonna; la porte ne s'ouvrit pas immédiatement, à la parisienne. Le concierge, s'il n'avait pas d'ordres, avait du zèle et du dévouement. Au lieu de tirer le cordon, il vint lui-même pousser le pêne et reconnaître le visiteur. Il le reconnut si bien qu'il fut saisi d'une panique, et sans répondre à la question du marquis, il laissa la porte entr'ouverte, courut au timbre de la cour, sonna dix ou douze coups à la volée, et non content d'avoir donné l'alarme, se rua dans la maison. M. de Lanrose l'y suivit tranquillement, sans chercher le sens de cette terreur forcenée. Il supposa que cet homme avait perdu la tête, mais que Gontran devait être au logis puisqu'on lui annonçait les visites, et plutôt dix fois qu'une.

Sous le vestibule, un grand laquais réveillé et peut-être averti par le concierge, se frottait encore les yeux quand le fantôme apparut. Il poussa un cri et se précipita dans l'antichambre, enfila les salons et tomba dans le jardin comme une bombe sans répondre à la question du marquis. M. de Lanrose suivit ce singulier introducteur, rencontra sur son chemin deux autres effarés qui s'enfuirent de même, et déboucha enfin sur un perron où il s'arrêta quelques secondes, en homme qui craint d'être indiscret.

Malgré sa discrétion, il vit d'un seul coup d'œil

qu'il avait troublé un rendez-vous, qu'une femme s'échappait par le fond du jardin, qu'elle avait la tournure d'Éliane, et que Gontran ressemblait à un homme foudroyé. Il s'expliqua la terreur de tous les pauvres diables qui l'avaient devancé pour avertir leur maître ; il se rappela que sa femme avait aimé M. de Mably, et que lui-même avait compté cette rechute au nombre des accidents probables. Il devina l'itinéraire adopté par sa femme et comprit que certaine porte de la rue de Grenelle communiquait secrètement avec la rue Saint-Dominique. Et ces traits de lumière arrivant pour ainsi dire l'un sur l'autre l'éblouirent au point que, s'il n'avait trouvé la rampe du perron, il fût allé au-devant de son ancien ami, la tête la première.

Mais il se remit promptement et descendit d'un pas résolu vers Mably qui se consultait encore. Gontran avait d'abord supposé que M. de Lanrose arrivait en ennemi, en homme qui sait tout. Il s'avisa ensuite que le marquis n'était entré chez lui que par hasard, et qu'il n'avait pu reconnaître Éliane. Selon le cas, il devait ou se croiser les bras et attendre de pied ferme, ou courir les bras ouverts au-devant d'un excellent ami. Dans le doute, il avait l'air d'un sot. C'est en ces occasions que le plaisir se paye, et quelquefois plus cher qu'il ne vaut. Ses yeux étaient invinciblement attirés par le marquis, et cependant son regard inquiet parcourait quelquefois à la dérobée le théâtre du rendez-vous. Il s'agissait de voir si la dame n'avait pas laissé de traces compromettantes. Justement le fameux carnet en émail de Limoges était encore au pied du banc. Le jeune homme le couvrit de sable, en affectant de regarder ailleurs.

Jusqu'aux premières paroles du marquis il fut réellement difficile de deviner ce qu'il savait et ce qu'il voulait. Son visage ne respirait pas la colère; on n'y lisait qu'une expression de tristesse, de bonté, de grandeur d'âme, et, le dirai-je? un embarras parfaitement visible.

Gontran balbutia le mot : Monsieur! mais d'un ton de voix si fade et si insignifiant que le marquis ne l'entendit pas ou n'y voulut pas voir le commencement d'une phrase. Il se croisa les bras et s'écria avec plus de tristesse et d'étonnement que de fureur : « Ainsi donc, c'était vous?

— Monsieur, reprit le comte d'un ton qui cachait mal son embarras, je ne sais... je ne m'explique pas...

— Vous comprenez fort bien et vous n'exigerez pas, je pense, que je vous dise le nom de celle qui sort d'ici. »

En même temps il écrasait d'un vigoureux coup de talon le pauvre émail enfoui sous le sable : « Ceci n'est rien, dit-il, je l'ai vue et elle m'a vu.

— Soit, monsieur; mais la distance est grande entre une démarche imprudente et... ce que vous semblez croire.

— Laissez donc! Est-ce que vous donneriez votre parole de gentilhomme qu'elle s'est rencontrée innocemment chez vous?

Gontran s'apprêtait à répondre et peut-être à jurer. C'est la seule occasion où le parjure soit permis.

« Non! s'écria M. de Lanrose. Ne me répondez pas. Je ne veux pas placer un Mably entre deux infamies.

— Les violences sont inutiles, monsieur. Pensez ce qu'il vous plaira. Je suis absolument à vos ordres.

— Eh! morbleu! je le sais bien. Mais que voulez-vous que je fasse de vous?

— Les lois de l'honneur sont connues.

— L'honneur n'a rien inventé qui répare le mal que vous m'avez fait. Un affront se venge.... à peu près. Est-ce qu'on raccommode un cœur brisé? Certes l'outrage est grand, mais le crime de lèse-affection passe tout. Je vous aimais, Gontran, je vous l'ai même prouvé. Ne vous excusez pas! Je sais qu'on oublie tout devant l'occasion d'une bonne fortune. Moi aussi, j'ai eu des maîtresses dans le monde, et plus que vous n'en aurez jamais, probablement. Quand je trouvais une femme à mon gré, je ne m'inquiétais pas du mari. Et pourtant jamais, non jamais, je n'ai sacrifié à mon plaisir une amitié comme la nôtre. Je me serais plutôt brûlé la cervelle. D'accord, nous n'étions pas intimes comme vous l'êtes avec Lambert ou Bourgalys, comme je le suis moi-même avec Laugrange ou Billefoix, mais je m'intéressais à vous comme à un fils, plus qu'à mon fils. Ah! tenez, je vous veux mal de mort. C'est moi que vous choisissez entre tant de maris!

— Vous vous trompez, monsieur, reprit Gontran d'une voix plus ferme. Ce n'est pas moi qui ai choisi! Mlle de Batéjins...

— Oui, c'est vrai. Vous l'aimiez avant moi. Je

l'ai prise sans m'enquérir de rien. On m'a dit que vous seriez désespéré, et j'ai passé outre. Admettons que vous avez pris votre revanche et que j'ai mérité ce malheur. Mais elle? que lui ai-je fait? L'ai-je épousée à son corps défendant? N'a-t-elle pas prêté librement, avec joie, ce serment qu'aujourd'hui...? Une femme que j'ai prise au plus bas de notre échelle pour l'élever au faîte! La fille d'un demi-manant de la Gascogne! Une malheureuse qui me doit tout, le nom, le rang, la fortune!... Hé bien non! Je n'ai pas le droit de la mépriser. Elle m'a rendu heureux tant que je l'ai rendue heureuse. Je la négligeais depuis longtemps. Elle est encore jeune et je vieillis. Elle vous aime enfin. Elle a fait en votre faveur ce que cent autres de notre monde ont fait pour moi dans ma jeunesse. Je ne les méprisais pas, celles-là ; j'admirais leur dévouement et leur sacrifice héroïque ! »

Le comte s'était un peu remis de son trouble tandis que M. de Lanrose arpentait le terrain, gesticulait et pensait tout haut. La dernière réflexion du malheureux marquis lui parut si étrangement philosophique qu'un sourire effleura ses lèvres. Le marquis saisit au vol ce jeu de physionomie et marcha sur le jeune homme, comme s'il avait voulu lui passer sur le corps :

« Oui, j'ai l'air d'un vieux fou, s'écria-t-il, parce que je mets un peu de raisonnement et de justice dans une affaire où le premier venu commencerait par tout casser ! On n'a jamais vu cela dans ce bas monde, un juge impartial dans sa propre cause! Voilà que j'innocente ou du moins que j'excuse tous ceux qui m'ont mortellement offensé, vous comme elle, elle comme vous! Eh bien non! Vous, monsieur, vous avez fait une chose vilaine! Vous êtes marié; vous avez épousé, grâce à nous, grâce à moi, une enfant digne de votre amour, de votre respect, et même, passez-moi le mot, de votre reconnaissance, et vous la trahissez pour une femme mûre qui, j'en jurerais Dieu, ne vaut pas le bout de son doigt. Vous la trompez ici, chez elle, sous un toit que vous aviez vendu aux usuriers et aux drôlesses, et qu'elle vous a racheté. Vous l'offensez non-seulement dans sa tendresse et dans son légitime orgueil, mais dans cette chose inviolable, qui s'appelle le foyer conjugal!

— Pardon, monsieur. Je vous reconnais le droit de juger comme il vous plaira ma conduite envers vous, et j'ai l'honneur de vous redire que je suis obstinément à vos ordres. Mais il n'appartient à personne, pas même à vous, d'intervenir entre M. et Mme de Mably. Nous avons autre chose à décider, ce me semble.

— C'est juste. J'oubliais presque que j'ai une satisfaction à tirer de vous. Satisfaction! le joli mot! Vous plaît-il de nous asseoir! Je ne suis plus un jeune homme, mon cher Gont..., monsieur de Mably, et je crains d'avoir encore vieilli dans cette matinée. Hé bien, que ferons-nous? que feriez-vous à ma place?

— Il ne m'appartient pas de vous donner un conseil. C'est à moi de vous suivre où bon vous semblera.

— Vous l'avez déjà dit. Avouez que le monde est

sottement organisé, et que ce fameux progrès, dont on nous parle tant, a encore du chemin à faire! J'avais le droit d'entrer ici avec un révolver et de vous tuer net, vous et Mme de Lanrose. Je le savais, j'ai fait des lois, je connais donc celles qui sont faites. Je le savais si bien qu'en sortant de chez moi pour surprendre ma femme, j'ai repoussé deux pistolets chargés qui me faisaient les yeux doux. Il n'y a jamais eu d'assassins, grâce à Dieu, dans la maison de mes pères. La loi m'offre un moyen plus décent de punir deux coupables. Je peux faire un procès, conter mes peines à un avoué, déposer mes malheurs dans le sein d'un avocat qui intéressera les juges à mon sort en présence d'un public nombreux et de vingt-cinq journalistes. Moyennant quoi si le juge est sévère, ma femme et mon ancien ami feront deux ans de prison et payeront quelques louis d'amende. Voilà ce qu'on appelle une satisfaction légale, en l'an de justice 1858! Il est vrai que j'obtiendrais séparation contre ma femme sauf à lui laisser la jouissance de mon nom, qu'elle ira promener Dieu sait où! Si du moins nous avions encore le divorce! Je m'en contenterais, foi d'honnête homme. Ma femme étant rayée de ma vie, la responsabilité de ses actions passées et futures ne pèserait plus sur moi. Vous n'avez pas lu, vous, le rapport du citoyen Treilhard sur cette loi morte, hélas! et bien morte? C'est un chef-d'œuvre de bon sens, de droiture et d'équité! N'en parlons plus.

Reste une dernière solution qui ne résoudra rien, mais qui est la seule admissible dans l'état actuel de nos mœurs. Un duel! Ah! la sotte et ridicule affaire! Cela ne prouve rien, car nous savons, vous, moi, nos amis, le monde entier, que tous les droits sont de mon côté et tous les torts du vôtre. Cela ne répare rien, car je reste outragé, malheureux et seul, quoi qu'il arrive. Cela ne punit rien, car nous portons sur le terrain des chances presque égales; c'est le hasard et non la justice qui fait jaillir votre sang ou le mien, et, cinq fois sur dix, l'innocent est frappé par le coupable. Cela sert uniquement à répandre dans le public les chagrins qu'un homme de cœur voudrait étouffer en lui-même. Voilà la seule ressource que nos mœurs et nos lois mettent à mon service; encore le duel est-il plutôt omis que toléré par les lois. Et pourtant nous sommes à peu près forcés de mettre l'épée à la main; nous ne pouvons pas rester au point où nous en sommes; il faut faire quelque chose. N'est-ce pas votre avis?

— Mon avis, monsieur, sera le vôtre.

— Enfin, connaissez-vous une autre solution?

— Non, monsieur.

— Mais elle est inepte, monsieur, cette solution; inepte en général, et surtout dans l'espèce. Souhaitez-vous ma mort? Non, ma foi! Si vous aviez le malheur de me tuer, c'est à peine si vous oseriez me survivre. Quant à moi, je serais désolé de tuer un gentilhomme de votre nom, de votre esprit et de votre figure. Vous êtes l'allié de mes meilleurs parents, l'ami de presque tous mes amis, le mari d'une enfant que j'aime de tout mon cœur, et que pour rien au monde je ne veux mettre en deuil....

— Monsieur, reprit le comte avec une impatience visible, j'ai déjà eu l'honneur de vous dire que

Mme de Mably était hors du débat. Il me semble que nous parlons beaucoup et que vous abusez du droit de me tenir en suspens. Tâchez donc, s'il vous plaît, de dire enfin ce que vous voulez de moi, si tant est que vous le sachiez vous-même !

— Ah ! c'est ainsi ? Eh bien, monsieur, je veux vous donner une de ces leçons qu'on médite sur un lit pendant deux ou trois mois. Et je crois opportun de vous l'administrer sur l'heure et sur place, afin que si ce soir on parle de Mme de Lanrose, on dise en même temps que je ne suis pas un mari complaisant.

— Soit. Un jardin n'est pas un terrain, mais qu'importe ? Nous en serons quittes pour adjoindre un juge du camp à nos quatre témoins. »

M. de Lanrose bondit sur son banc : « Cinq témoins ! C'est un grand luxe de surveillance, monsieur, pour deux hommes d'honneur. Cinq confidents d'un tel secret !

— Un seul, si vous voulez. J'ai rappelé la loi et l'usage, mais j'accepte à l'avance votre bon plaisir, quel qu'il soit. Choisissez un parent, un ami... Ah ! morbleu ! qu'est-ce encore ? »

Cette exclamation s'adressait au valet de chambre qui descendait timidement au jardin et semblait craindre d'aborder son maître. « Monsieur le comte, dit-il, c'est M. le baron de Saint-Génin. »

Gontran interrogea des yeux la figure du marquis.

« Pourquoi pas ? » répondit M. de Lanrose.

Deux minutes après, Lambert descendit d'un pas tranquille et presque hésitant les degrés du perron. Il semblait avoir laissé sa turbulence à Carville. Au lieu de se jeter dans les bras de Gontran, et d'écraser la main du cousin Lanrose, il conservait une raideur diplomatique, et semblait épeler quelque hiéroglyphe sur le visage de ses deux parents. Les premiers regards qu'il rencontra ne le rassurèrent ni peu ni prou. Jamais le digne garçon ne s'était vu si froidement accueilli dans une maison amie.

« Tu arrives bien, lui dit Gontran.

— C'en est fait, pensa-t-il ; voilà ce que je craignais : j'arrive mal.

— Tu vas me rendre le service de monter à mon cabinet et de prendre mes épées de combat!... Ah!... en passant, avertis mes gens que je n'y suis pour personne.

— Comment! tu veux ainsi de but en blanc...?

— Va donc, que diable! C'est un compte à régler qui n'admet point de retard.

— Il en sera ce que tu voudras, Gontran ; mais tu as tort.

— Je le sais bien que j'ai tort, mais on ne discute pas les choses inévitables.

— Inévitables, pourquoi ?

— Tu n'as que faire de le savoir. Es-tu mon parent, oui ou non ?

— C'est justement pour ça que...

— Ai-je un plus vieil ami que toi ?

— Non, mon cher, et je jure sur l'honneur que mon amitié ne s'est jamais démentie!

— Bien. Alors, va chercher les épées ; nous t'attendons.

— J'y vais, si tu y tiens, mais je persiste à te dire qu'il y a malentendu. »

Gontran se contenta de lever les épaules.

« Cousin ! reprit Lambert, qu'est-ce que ta femme t'a dit ?

— Veux-tu bien laisser ma femme tranquille !

— Oh ! quant à ça !... Réponds : qu'est-ce qu'elle t'a dit ?

— Elle ne m'a rien dit, puisque je ne l'ai pas vue ! Tu sais bien qu'elle est en Normandie... grâce à Dieu.

— Mais non ; elle est à Paris.

— Oui, là, elle est à Paris, si tu y tiens. Mais va donc chercher les épées, éternel revenant de Pontoise !

— Ah ! tu m'en diras tant ! Du moment où tu es si monté, je ne discute plus. Mais il faut des témoins, que diable !

— C'est assez d'un.

— Soit. »

Il haussa les épaules à son tour et s'achemina vers l'hôtel en roulant de gros yeux. Lorsqu'il revint avec les armes, le marquis et Gontran étaient assis face à face et l'attendaient en silence. « Voilà, dit-il, mais si je m'attendais à te trouver dans ces dispositions-là ! Enfin ! Dépêchons-nous, puisque tu dis que la chose est inévitable. » Il se mit en devoir d'ôter sa redingote. Le comte stupéfait l'arrêta du geste :

« Ah ça ! mais, que fais-tu ?

— Dame ! je mets habit bas, puisque tu veux absolument en découdre.

— Avec toi !

— Avec qui donc ?

— Et à quel propos, bon Dieu ! te chercherais-je querelle ?

— Je ne sais pas, moi. Est-ce qu'on peut savoir ? Est-ce qu'il y a encore des parents et des amis ? Celui qui m'aurait dit, il y a quelques jours : Tu vas fourrer quatre pouces de fer dans la hanche de Bourgalys ! »

A ce nom, le marquis de Lanrose devina le quiproquo. Il comprit que Lambert arrivait à Paris pour s'expliquer avec Gontran sur l'esclandre qu'il avait faite ; il supposa que Valentine était probablement en route, qu'une nouvelle série d'incidents allait compliquer les affaires, et qu'il lui importait d'autant plus de tirer aussitôt son épingle du jeu.

« Mon cousin, dit-il à Lambert, c'est nous qui vous prions de nous assister dans le règlement d'un compte pressé.

— Allons, bon ! vous et Gontran ! Gontran et vous ! mais, mon cousin, c'est impossible ! Vous, d'abord, vous êtes un homme qu'on n'attaque pas, une personne sacrée, un roi presque. Tu le sais bien, toi, là-bas : tu me l'as dit plus de dix fois. Qu'est-ce qui s'est passé ? Un mot dit pour un autre ? Une pique ? Une histoire de club ou de femme ? Je mettrais ma tête à couper qu'il n'y a pas de quoi fouetter un chat. Embrassez-vous, sapristi ! et que ça finisse. Si Gontran a eu des torts, il les reconnaîtra. S'il n'en a pas eu, il est assez gentil garçon pour les reconnaître tout de même. Eh, Gontran ! »

Tandis que le pauvre garçon se dépensait en éloquence familière, le marquis et Gontran se dépouillaient lestement et mettaient l'épée à la main. Lambert se jeta entre eux avec un désespoir à la fois touchant et comique. « Non, messieurs, criait-il, il ne sera pas dit qu'un cousin a servi à l'égorgement de deux autres. Je me moque d'un coup d'épée comme d'une pièce de six liards, quand c'est ma peau qui est en jeu. Mais vous! Mais toi! Jamais je ne pourrai permettre une chose pareille. J'aime mieux m'en aller. Mais ça serait pour moi la responsabilité la plus épouvantable! Seul témoin! Juge du camp, lorsque c'est un Lanrose qui se bat contre un Mably! Lardez-moi plutôt tous les deux; il n'y aura qu'un paysan de moins sur la terre, vertuchoux!

— Assez, mon bon ami! dit M. de Lanrose. C'est moi qui ai demandé raison à M. de Mably, et vous savez que je ne suis pas homme à chercher des querelles inutiles.

— Ah!... Mais encore faut-il que je sache à quel propos, pourquoi, comment?

— Tenez-vous beaucoup à savoir?

— Dame! oui.

— Assez pour nous refuser votre assistance et nous mettre dans l'obligation de chercher un autre témoin?

— Ça, non. S'il y a un secret, je le garderai mieux qu'un autre. D'autant plus que vous ne me le dites pas, et alors....

— Contentez-vous d'apprendre, mon cher cousin, qu'après une discussion très-vive qui avait duré plus d'une heure, je me suis senti tellement agacé contre mon adversaire que je lui ai proposé *la botte*, séance tenante, à la vieille mode française, ni plus ni moins qu'un garde du corps. Ce sont les mœurs d'un temps où l'on tirait l'épée pour un oui ou pour un non; aujourd'hui l'on fait son testament avant de recevoir ou de donner une égratignure. Vous nous rendez service en permettant que nous nous égratignions ici devant vous ; mettez le comble à votre obligeance en nous laissant ferrailler sans distraction jusqu'à ce que l'un de nous ait mesuré la terre. »

En achevant ces mots, le marquis se mit en garde et s'escrima le plus correctement du monde contre M. de Mably. Gontran était ce qu'on appelle en langage de salle un tireur difficile. Il chargeait avec fureur, rompait par bonds, sautait, rompait, se dérobait sur le côté, affrontait le corps à corps, attaquait par des coupés, se découvrait à chaque instant, mais recouvrait le fer avec une telle vitesse qu'il était presque impossible d'introduire un coup droit dans son jeu turbulent et serré. C'était l'escrime romantique enseignée par Lozès et exagérée pour ainsi dire par le tempérament de l'élève. Le marquis, pur classique, élève des vieux académiciens de l'épée et perfectionné, s'il est possible, à l'école de Pons, jouait son jeu avec une précision mathématique ; on aurait dit un sage opposant une raison inébranlable aux paradoxes d'un fou.

Son regard, par une étrange anomalie, était beaucoup moins ferme et moins résolu que son bras. En général, un homme offensé combat avec les yeux autant qu'avec l'épée : le ressentiment de son injure et la conscience de son droit lui font, pour ainsi dire, une avant-garde et précèdent ses coups en leur frayant le chemin. Cette escrime du regard est si victorieuse que souvent le coupable est frappé dans son courage avant de sentir le froid de la lame.

M. de Lanrose, par exception, n'avait pas l'air d'un chevalier qui venge l'honneur de son nom, mais plutôt d'un débiteur qui s'acquitte envers les préjugés du monde. Quelques efforts qu'il fît pour voir un ennemi dans son adversaire, il n'avait pas de haine au cœur contre M. de Mably.

Si la pensée de l'homme est rapide dans son vol comme la lumière et l'électricité, le cœur a des mouvements moins vifs. C'est en vain que l'impression immédiate le précipite en avant, si l'habitude le retient et le tire en arrière. Le jour où vous tendez la main à un ennemi de vingt ans, vous sentez, malgré vous, un dernier levain de rancune fermenter au fond de votre âme. Si c'est un vieil ami qui par cas fortuit devient en cinq minutes votre plus mortel ennemi, vous le haïssez mal, ou plutôt vous l'aimez encore.

Il faut comme un délai moral pour que le fait le plus décisif développe ses conséquences logiques. Une seconde suffit au mécanicien pour renverser sa vapeur; mais il continue à courir devant lui pendant un siècle de plusieurs minutes, en vertu de la vitesse acquise. Donc le marquis jouait admirablement de l'épée, mais il se battait mal. Lambert vit deux ou trois moments où il n'aurait eu qu'à étendre le bras pour enferrer Mably, et où ce beau jouteur oublia de le faire.

Le terrain était à souhait, parfaitement égal et ombragé par des massifs touffus. Gontran tournait le dos à sa maison; le marquis s'adossait au mur du fond; il distinguait vaguement le perron et les fenêtres de l'hôtel. La porte dérobée n'était pas à dix mètres des combattants; elle offrait au vainqueur une retraite assurée, en cas d'accident grave. Mais les seuls accidents, pendant les trois premières reprises, furent des égratignures légères dont Lambert se prévalut en vain pour arrêter le combat.

On se remit en garde une quatrième fois, et le marquis engagea le fer avec vivacité, comme un homme qui veut en finir au plus vite. Il chargea l'adversaire à son tour et le poussa vers un massif de grands rhododendrons, où la fantasia du jeune homme allait être fort empêtrée.

Mais, au moment de profiter d'un si bel avantage, le marquis eut une distraction, son épée s'écarta de la ligne; Gontran se fendit en arrière en allongeant le bras, et M. de Lanrose, abandonnant le fer, tomba lourdement sur le dos.

Aussitôt, Gontran et Lambert coururent à lui, mais il se releva par un effort énergique, fit signe à Saint-Génin de cacher les épées, et désigna du doigt le perron de l'hôtel où Valentine venait d'apparaître au bras de M. Faflaux.

On avait bien consigné toutes les visites, sans exception, mais il n'y a pas de consigne qui arrête une maîtresse de maison devant sa porte.

L'arrivée de la comtesse en un pareil moment compliquait terriblement les choses, mais le marquis seul en mesura toutes les conséquences. Mably et Saint-Génin n'étaient occupés que de lui.

« A vous, d'abord! à vous, monsieur! disait le comte. Je tremble que vous soyez sérieusement blessé!

— Jour de Dieu! disait Lambert en ramassant une

épée sanglante. Mais vous en avez six pouces dans le corps !

— Ce n'est rien, répondit-il en s'efforçant de sourire. Je vous jure que le coup a glissé sur les côtes et que le corps n'est qu'effleuré. »

Il appuya la main sur la poche droite de son gilet, où le sang dessinait une tache un peu plus large qu'une pièce de cent sous. « Bon ! dit-il, je sais ce que c'est. J'en ai vu bien d'autres. Saint-Génin, passez-moi donc ma redingote, s'il vous plaît. Mais vous, monsieur ! qu'attendez-vous pour vous rajuster au plus vite ? Ne voyez-vous pas qu'on vient ? Cette pauvre enfant serait plus facile à tuer que moi : ménageons-la, je vous prie. »

Valentine et M. Faflaux approchaient : les jardins de la rue Saint-Dominique n'ont pas un kilomètre de long. Les épées disparurent dans un fourré : les combattants réparèrent tant bien que mal le désordre de leur toilette. Ils étaient un peu haletants, un peu rouges et fort émus, lorsqu'ils se décidèrent à paraître ; mais Valentine n'avait pas l'esprit assez libre pour s'apercevoir de leur trouble.

Elle s'était enfuie de Carville après la malheureuse affaire de Bourgalys avec Saint-Génin, laissant derrière elle un tel scandale qu'elle n'eût pas osé reparaître toute seule devant son juge et son mari. L'oncle Faflaux était pour elle un tampon destiné à amortir le premier choc. Ignorant les distractions absorbantes que Gontran s'était données et la quasi-solitude où il avait vécu, elle ne pouvait guère supposer qu'il fût demeuré sourd au grand tapage de Carville. La présence de Lambert à l'hôtel de

Mably présageait, à ses yeux, des explications redoutables. M. de Lanrose lui-même semblait être un arbitre appelé pour trancher les difficultés de la cause, à moins qu'il intervînt comme avocat, au nom de son fils et de sa bru. Il fallait donc au moins la présence et l'autorité vénérable de M. Faflaux pour rassurer tant bien que mal la pauvre petite échappée.

Mais si elle tremblait un peu à l'abord de Mably, Mably tremblait beaucoup plus fort à son approche. Secoué de la tête aux pieds par les événements de la journée, il rapportait ce retour imprévu à son idée dominante. Pour que sa femme eût déserté Carville en si grande hâte, il fallait qu'elle fût plus ou moins informée de la conduite qu'il menait à Paris. Elle n'avait pas annoncé son retour, donc elle se flattait de surprendre un coupable. Et dans quel but s'était-elle flanquée de M. Faflaux? Évidemment pour avoir un témoin de ses griefs, un écho de ses doléances, un allié en cas de guerre.

Les deux époux allaient donc l'un vers l'autre avec cette sage lenteur qui est le fruit de la prudence. Chacun d'eux eût volontiers ouvert ses bras tout grands, s'il avait été sûr de la réciproque.

Or, le joyeux baron de Saint-Génin semblait, si j'ose le dire, plus penaud à lui seul que son cousin et sa cousine mis ensemble. Sa conscience, si légère à l'ordinaire de la vie, était pour le moment surchargée d'iniquités sans nombre. Esclandre nocturne, bris de balcon, scandale arrosé de rhum, coup d'épée compromettant, il avait toute une collection de méfaits à son actif; et surtout cette maudite déclaration qui lui était échappée, bien malgré lui, dans le salon de la duchesse ! Valentine le haïssait mortellement depuis trois jours, et il voyait l'amitié de Gontran suspendue à un fil.

S'il avait trouvé Mably seul, il eût pris les devants, confessé toutes ses sottises et peut-être arrangé les choses pour le mieux. C'est bien dans cet espoir qu'il était accouru, laissant M. Faflaux et la comtesse aux prises avec les employés de l'octroi, dans la gare. Maintenant, il n'attendait plus rien que de la générosité de sa cousine. Et comme le regard de Valentine ne lui présageait rien de bon, il se mettait moralement en garde et ne disait rien pour être prêt à tout.

Le marquis ne souffrait pas encore beaucoup de sa blessure ; mais il pensait à toutes les conséquences qu'elle pouvait avoir pour autrui. Il tremblait que cette malheureuse tache de sang ne s'étendît au point de devenir visible. Le gilet était à l'abri de tout regard indiscret sous la redingote boutonnée, mais un fil a bientôt fait d'en mouiller un autre, en vertu d'une loi physique qui se nomme capillarité, et le marquis portait un pantalon blanc. D'ailleurs, il se sentait peu solide sur ses jambes, et tout en demandant un appui au bras robuste de Lambert, il regrettait de n'avoir pas pris la porte dérobée, au risque de tomber sur le pavé de l'impasse. Cette gêne physique et morale, qui s'exprimait par un vif désir de s'en aller ou de s'asseoir, était compliquée par la mélancolie de ses chagrins personnels. « Où ma femme s'est-elle enfuie ? Que fait-elle ? Que deviendra-t-elle ? Osera-t-elle reparaître devant moi ?

Si le malheur voulait qu'elle fît un coup de désespoir ? »

Il y avait donc en ce jardin quatre personnes sur cinq qui auraient mieux aimé n'y pas être, et sur cinq interlocuteurs on pouvait en compter quatre qui ne parlaient pas ni n'en avaient envie.

Seul entre tous, M. Faflaux conservait l'aplomb que la médiocrité donne à ses élus. Il y joignait cette douce sérénité qui est pour ainsi dire le rayonnement des consciences pures. Il avait enfin le courage imperturbable d'un homme qui se sent appuyé par cent mille hommes et deux cents millions.

« Eh bien, monsieur le comte et très-affectionné neveu ! c'est ainsi que vous accueillez votre digne petite femme ? Ouvrez-lui donc vos bras ! Ces messieurs ont l'esprit trop juste et le cœur trop sensible pour se scandaliser des témoignages d'un amour permis. »

Gontran fit les deux pas qui le séparaient encore de Valentine, et voyant qu'elle n'était pas irritée, mais simplement hésitante, il l'embrassa. Les deux jeunes époux respirèrent plus à l'aise après cette glace rompue. Le marquis prit ensuite la main de la comtesse et la baisa. Lambert la salua tendrement, mais Mably ne put remarquer ni la gêne de son cousin ni le regard hostile de sa femme : il était occupé, ce pauvre Gontran ; M. Faflaux le tenait par les deux épaules et lui frottait les joues, l'une après l'autre, contre son cuir ratatiné. Lorsque l'embrassade eut pris fin, tout le monde s'assit, au grand contentement de M. de Lanrose. Le comte retrouva un peu d'assurance et dit :

« Valentine, c'est bien aimable à vous de me sacrifier la fin de vos vacances. Vous me manquez beaucoup, chère amie, et je me morfondais dans cette solitude.

— J'ai eu pitié, répondit-elle. La montagne est venue à vous...

— La montagne aurait mis le comble à ses bontés en m'annonçant son arrivée. J'aurais couru la chercher rue d'Amsterdam, et je l'aurais embrassée une demi-heure plus tôt.

— Vous pouvez dire une heure, car nous avons terriblement attendu nos bagages. On revient beaucoup vers Paris ; le temps est tout gâté en Normandie, et les trains regorgent de monde.

— Comment ! Il y a une heure que vous êtes si près de moi et je ne le savais pas !

— Ce qui m'étonne, c'est que M. de Saint-Génin ne vous ait pas averti.

— Quel Saint-Génin ?

— Monsieur, répondit-elle, en désignant Lambert.

— Comment ! toi ! tu savais... ?

— Mais je te l'ai dit.... non ! j'ai voulu te le dire, mais la conversation.... l'événement.... cette histoire, je dis bien, cette histoire que contait mon cousin Lanrose.... Du reste j'arrive à peine, ma cousine, et avec la meilleure volonté du monde, je n'aurais jamais pu vous l'envoyer à temps. »

Gontran craignit que Saint-Génin ne lâchât une de ces lourdes imprudences dont il avait le monopole. Il l'interrompit donc en se tournant vers la comtesse : « Je vous ai, dit-il, c'est l'important. Les bains de mer paraissent vous avoir réussi : voilà de fraîches couleurs et un adorable petit visage. J'espère que vous revenez satisfaite de Carville et que tout s'est bien passé jusqu'au dernier jour ? »

Lambert pâlit. Valentine répondit sans se troubler :

« Je crois pourtant qu'il ne m'arrivera plus de vous quitter pour si longtemps. Les premiers jours m'ont paru longs et les derniers insipides. Avant-hier, par exemple, j'aurais donné je ne sais quoi pour vous tenir sous ma main. »

Le comte pâlit à son tour et repassa dans son esprit tout ce qu'il avait fait l'avant-veille.. « Eh ! reprit-il vivement, parlez-moi donc un peu de nos amis ! Mme de Haut-Mont ? Adhémar ? Yolande ? Bourgalys ? »

A chaque nom, Valentine recevait un coup dans la poitrine. « Mais, reprit-elle, vous les reverrez tous bientôt, et tels que vous les avez quittés. La duchesse est toujours bonne et charmante, sa nièce toujours florissante, et son neveu toujours occupé.

— Trop occupé ! murmura M. Fafiaux d'un ton doux. Il faut absolument que ce jeune homme se repose..... M. de Bourgalys est un peu souffrant.

— Vous voulez dire blessé, mon cher oncle ?

— Je dis qu'il souffre un peu depuis deux jours. Il y a des blessés qui souffrent beaucoup plus que les autres. M. le marquis a dû le remarquer sur les champs de bataille. »

Le marquis, pris à partie et même effleuré directement par le geste de M. Fafiaux, devint plus pâle que les Mably.

« Ah! dit Gontran, je me rappelle; c'est toi, Lambert, qui m'as donné des nouvelles de Bourgalys.

— Lui! cria Valentine.

— Non, madame, dit le marquis en pinçant le bras de Saint-Génin. C'est moi qui ai conté l'événement à votre cher mari, mais sans aucun détail, car j'ignorais les circonstances.

— Mais, répliqua Gontran, Lambert doit bien savoir.... puisque c'est lui....

— Bah! respectons les secrets de cette folle jeunesse! »

Sur ce mot, M. de Lanrose se préparait à lever la séance, heureux d'avoir sauvé une situation délicate et respecté les illusions de cette jolie petite Mme de Mably. Mais M. Faflaux le retint d'un air obséquieux et se mit à le retourner délicatement sur le gril. M. Faflaux savait de bonne source le malheur de M. de Lanrose et l'histoire des lettres anonymes. Il devait même avoir un entretien ce soir-là, à l'hôtel, avec la femme aux yeux brillants, et apprendre le nom de l'heureux scélérat qui l'avait si bien vengé. Le vieillard ne doutait pas que le marquis ne connût la perdition totale de sa femme, et, depuis un quart d'heure, il s'appliquait à chercher dans les yeux du fier Lanrose l'expression d'une bonne et profonde douleur. Or, l'âme du marquis n'étant pas assez transparente pour que le premier Faflaux venu pût lire ce qui s'y passait, le bonhomme résolut de la tâter un peu et même au besoin d'y enfoncer la sonde.

« J'espère, dit-il humblement, que monsieur le marquis me permettra de lui demander des nouvelles de sa précieuse santé.

— Merci, monsieur Faflaux, je vais bien, grâce à Dieu ; et vous aussi, je pense ?

— Tout à fait bien, dans mon humble sphère ; mais qu'est-ce que la vie d'un pauvre vieillard comme moi ? Il me semble en vérité que mon néant se rapetisse encore quand je lève les yeux vers les sommités sociales de notre temps. Et personne ne peut nier, monsieur le marquis, que la noble maison de Lanrose ne domine le siècle de toute sa hauteur. Les hommes ont la naissance, la fortune et le génie ; les *dames* de cette famille exceptionnelle unissent toutes les grâces à toutes les vertus.

— C'est bien ; c'est trop.

— Oh ! je sais que la modestie couronne, pour ainsi dire, les mérites innombrables de monsieur le marquis. C'était par modestie que l'homme supérieur refusait, il y a quatre ans, de se mettre à notre tête. Monsieur le marquis n'a peut-être pas oublié mes instances obstinées et ses refus formels ?

— Je vous ai répondu que j'avais assez bataillé et que j'aimais mieux rester tranquille.

— Le repos ! oui, le repos ! cette dernière ambition des vrais grands hommes. Charles-Quint l'a cherché vainement à Saint-Just ; monsieur le marquis de Lanrose a su le trouver en plein Paris. Je suis heureux de voir que le monde lui-même est impuissant à troubler la paix d'une si belle âme.

— Le monde a le bon goût de me laisser tranquille.

— *Amen, amen,* monsieur le marquis. Mais la tranquillité ne serait rien par elle-même. Vous avez mieux que cela, s'il m'est permis de le dire. Vous êtes légitimement et remarquablement heureux.

— Je le suis tout à fait, mon cher monsieur Faflaux, quand on ne s'en vient pas me complimenter en plein visage.

— Hé bien, s'il vous déplaît que je parle de vous, souffrez au moins que je célèbre, quoique indigne, les mérites éclatants de votre respectable épouse!

— Grand merci, monsieur Faflaux; une fois pour toutes, merci!

— Je vais vous étonner en parlant de Mme la marquise, car elle m'a étonné moi-même, et c'est depuis un laps relativement assez court que j'ai pu la connaître telle qu'elle est.

— Ah! vraiment?

— Mme la marquise, lorsque j'ai eu l'honneur de l'approcher au château de la Balme, m'a d'abord intimidé par sa froideur et son air de dédain. Mais j'ai eu de ses nouvelles depuis, car elle a fait parler d'elle, grâce à Dieu.

— Plaît-il?

— Oui, j'en sais long. Cette noble personne, si fière et si majestueuse, s'humanise avec certaines gens. Que dis-je? Elle se livre.

— A qui donc?

— Aux pauvres, monsieur le marquis. Aussi son nom, le vôtre, est-il béni, vénéré, adoré sous le toit des indigents, dans les mansardes où l'on souffre, dans les hôpitaux où l'on meurt! »

Cette platitude fut soulignée d'un sourire béat et stupide qui dérouta les soupçons naissants du marquis. « Je suis fou, pensa-t-il. A quel propos cet homme serait-il mon ennemi? Je ne lui ai rien fait ni rien dit de désagréable. Il est vrai que je l'ai méprisé à première vue ; mais cela lui est si bien dû, et il doit y être tellement fait ! »

Valentine s'aperçut que l'oncle devenait importun, et elle vint au secours de M. de Lanrose : « Monsieur notre ami, lui dit-elle, quel jour de cette semaine viendrez-vous dîner avec nous ? Je suis bien, bien heureuse de vous avoir trouvé chez moi en arrivant ; aucune bienvenue ne pouvait m'être plus agréable, car je mets votre rencontre au nombre des meilleurs augures. »

Il répondit avec un sourire un peu forcé, mais plein de bonne grâce et d'amitié paternelle : « Vous avez mille fois raison, madame, si vous croyez que ce vieux cœur vous est sincèrement acquis. Votre bonheur m'est plus précieux que le mien, et j'aimerais mieux attirer cent orages sur ma tête que de voir un seul nuage sur votre front.

— Les nuages ? Absents, Dieu merci.

— Le pigeon de la Fontaine en rencontra un sur la route ; aussi jura-t-il bien de ne plus quitter son nid. Demeurez au logis, aimez, soyez aimée. J'ai presque des remords d'avoir gêné, par ma présence, les doux épanchements de votre retour. Allons, Lambert, allons ! »

Valentine lui tendit la main qu'il prit de la main gauche et qu'il baisa, sans quitter le bras de Lambert. Ces paroles, ces gestes perdent leur couleur dans un récit tout nu : je voudrais vous les montrer et vous les faire entendre. Le marquis avait une voix sympathique entre toutes, et qui, dans l'expression des sentiments affectueux, devenait singulièrement caressante. Cet homme qui avait beaucoup aimé refleurissait pour ainsi dire en présence d'une femme aimable; il abondait en gestes enveloppants et en intonations veloutées; c'était un charme de le voir et un délice de l'écouter. Ajoutez que ses grâces étaient si respectueuses, si pleines de tact, si évidemment épurées de tout appétit personnel, qu'elles pouvaient s'étaler sans scrupule sous les yeux d'un mari.

Les femmes ont un instinct secret et délicat qui s'émeut en présence d'un homme qui sait aimer. Elles respirent avec une sorte de friandise un encens raffiné qu'on leur offre à distance. Ces divinités bienveillantes récompensent sobrement, mais avec une joie intime, tout hommage circonspect. Elles se révoltent contre l'expression d'un sentiment trop vif, car elles y voient presque une menace, une sorte d'attentat à leur vertu ou du moins à leur liberté. Mais elles ont des sourires exquis, des grâces molles, des ronrons de chatte pour le causeur modeste et désintéressé qui caresse leur petit cœur sans arrière-pensée de l'envahir. La comtesse de Mably rendait donc au marquis la monnaie de ses sentiments, monnaie légère et impalpable comme ces piécettes turques qu'un souffle fait voltiger, mais qui sont pourtant de l'or pur.

Pour définir d'un mot le sentiment qui unissait le vieillard à la jeune femme, disons qu'ils avaient l'un pour l'autre une amitié irréprochable et pourtant un peu plus tendre que s'ils avaient appartenu tous deux au même sexe.

« Adieu, madame, dit le marquis en se dirigeant

vers l'hôtel ; nous vous laissons à M. de Mably. »

Elle se mit à rire et répéta avec emphase : « A M. de Mably ? Vous ne l'appelez donc plus Gontran ?

— Pardon ! avec Gontran, voulais-je dire. Adieu, Gontran. »

Le comte rougit un peu, mais il fut obligé de répondre : « Adieu, cher ami !

— Ah ! ça mais, dit Valentine en faisant face à son mari, vous êtes donc jaloux de M. de Lanrose ! Vous lui dites adieu sans lui serrer la main ? »

Gontran tendit sa main avec un embarras visible. Le marquis la prit en souriant et la serra. Il salua lestement M. Faflaux et dit à Saint-Génin en le poussant vers le perron : « Maintenant, marchons vite : cinq minutes de plus, je retombais sur le dos. »

Ses jambes pliaient un peu ; Lambert s'en aperçut. « Appuyez-vous sur moi, dit-il ; n'ayez pas peur ; la bête est dure. » Ils traversèrent l'hôtel, et le marquis aperçut vaguement sur sa route trois ou quatre figures de valets ahuris.

Lorsqu'ils furent enfin dans la rue : « Çà, mon cousin, dit Lambert, j'espère que vous allez m'expliquer....

— Plus tard, mon bon ami ; trouvez-moi d'abord une voiture, si vous ne voulez pas me rapporter sur vos épaules. »

Saint-Génin arrêta un coupé de louage qui regagnait sa remise ; il y installa le marquis et donna l'adresse au cocher. « Maintenant, nous voilà comme chez vous et vous pouvez me dire....

— Un instant ! Faites-moi l'amitié de déboutonner ma redingote et mon gilet.

— Tiens! s'écria Lambert, ça n'a presque plus saigné. Vous avez de la chance, vous. Six pouces!

— Je crains fort que le sang ait coulé en dedans, ce qui n'arrangerait pas les affaires. Descendez, s'il vous plaît, rue de Lille, et priez le docteur Chatreuil de me venir voir au plus vite.... Ah!... Dites au cocher de demander la porte en arrivant chez moi.

— Mais, mon cousin.... j'y pense!

— Quoi?

— Ma cousine!

— Quelle cousine?

— Ma cousine Lanrose, donc! Il faudrait la prévenir en douceur : elle va s'effrayer.

— Votre cousine est une âme forte.

— Je ne dis pas, mais elle vous aime tant!

— Allez au diable, Lambert, et faites ce qu'on vous dit! Vous voyez bien que je n'en peux plus, sacrebleu! »

Lambert prit ses jambes à son cou. « Ça va mal, pensait-il en courant. Pour que le cousin Lanrose, un homme si poli, se mette à parler gros, il faut qu'il soit bien malade! »

Cinq minutes après, le marquis entrait dans sa cour, et son fidèle valet de chambre accourait lui ouvrir la portière.

« Madame n'est pas rentrée, n'est-ce pas?

— Non, monsieur le marquis.

— Je le sais. Dis à Louise que madame est partie pour la campagne et qu'on n'a pas besoin de l'attendre aujourd'hui. Si pourtant elle rentrait à l'hôtel.... Mais non, c'est impossible. Paye le cocher.

Maintenant descends-moi avec précaution, je suis blessé.

— Blessé! cria le vieux domestique.

— Veux-tu te taire, animal? C'est un accident de salle d'armes; un fleuret qui s'est démoucheté.... rien de grave. Allons donc! Aide-moi, et sans pleurnicher, grand nigaud! »

Pierre le soutint jusqu'à sa chambre et le déshabilla en poussant des hélas! « Tu entends bien, dit le marquis; je suis allé à la salle d'armes....

— Chez M. Pons?

— Non, ailleurs; tu sais bien que je les fréquente un peu toutes, et il est inutile de compromettre un brave homme qui n'en peut mais.

— Oui, monsieur le marquis.

— J'ai fait assaut; mon adversaire ne s'est pas aperçu qu'il avait brisé le bout de son fleuret.... non! de son épée. Tu sais bien que nous tirons toujours avec des épées, n'est-ce pas?

— Oui, monsieur le marquis.

— Et dans le feu de l'action, il m'a touché sans voir que son coup de bouton était un coup de pointe, ou à peu près.

— Mais qui donc, ce maladroit-là?

— Peu t'importe! et il m'importe à moi que personne ne le sache. Le pauvre garçon est assez malheureux de l'accident. Ah! voici M. de Saint-Génin. Laisse-nous.

— Mon cousin, dit Lambert, le chirurgien m'emboîte le pas; il sera ici à la minute. Ça va-t-il un peu mieux?

— Un peu.

— Alors, pendant que nous sommes seuls, expliquez-moi donc en trois mots.... Ah! mon Dieu! au secours! il est mort! »

Le marquis de Lanrose avait laissé tomber sa tête sur l'oreiller.

V

OU CE BON M. FAVIAUX RÉCOLTE CE QU'IL A SEMÉ

Après le départ du marquis et du cousin Lambert, M. et Mme de Mably respirèrent. Gontran put espérer que Valentine ignorerait toujours sa trahison ; il admirait malgré lui la noble énergie de ce vieillard qui souffrait la mort dans l'âme, et peut être aussi dans le corps, plutôt que d'attrister une jeune femme heureuse. Les indiscrétions de Saint-Génin n'étaient pas à craindre, d'abord parce qu'il n'avait vu que le dernier acte du drame, et surtout parce qu'il était attaché à Mably comme la garde à l'épée.

Valentine était sûre que Lambert n'avait pas eu le temps de faire son *meâ culpâ*. « Il ne s'est accusé de rien, il n'a donc pas compromis la cause ou la complice innocente de ses folies. J'obtiendrai son silence ; il m'en coûtera un sourire et quelques bonnes paroles ; mon mari ne verra que moi, d'ici à quinze jours : je veux l'accaparer si bien qu'il n'ait des yeux et des oreilles que pour sa femme. Dans quinze jours, les petits événements de Carville seront oubliés. Et quand même on s'en souviendrait! Le monde tient les maris dans l'ignorance des choses les plus graves : irait-il donc enfreindre un silence si prudent à propos d'une bagatelle ? »

Ainsi rassurés, les deux époux s'abandonnèrent gaiement l'un à l'autre. Le plaisir de se revoir renouvelle les cœurs et fait succéder à l'absence une petite lune de miel. Ajoutez ce je ne sais quoi de palpitant et d'effaré qui survit aux dangers de l'honneur ou de la vie. La comtesse remonta dans son appartement pour changer de toilette ; Gontran l'y poursuivit comme un véritable écolier, riant, dérangeant, chiffonnant, et remplaçant fort mal la femme de chambre. On oublia M. Faflaux qui philosophait au jardin en attendant l'heure du dîner ; on oublia M. de Bourgalys, qui jouissait d'une fièvre de cheval dans son auberge de Carville, et le marquis de Lanrose qui se mourait peut-être au quai d'Orsay, et Lambert qui pleurait comme un bon grand enfant sur le lit de M. de Lanrose, et la pauvre Éliane qui se jetait dans un couvent, ou dans la rivière, à son choix : ainsi va le monde.

On dîna pourtant à la fin, et M. Faflaux en fut bien aise. Ce n'était pas qu'il eût jamais grand appétit, mais il avait deux rendez-vous importants dans la soirée : « Je dois voir deux personnes à l'hôtel. » Quel hôtel ? L'hôtel de Mably ? Non. Les collaborateurs du bonhomme ne s'aventuraient pas ainsi dans les habitations mondaines. Ils étaient convoqués à l'hôtel de Bethléem, ce domicile d'élection auprès duquel l'hôtel du bon La Fontaine est presque gai.

Valentine, entre son oncle et son mari, pétillait. Elle agaçait Gontran, elle taquinait M. Faflaux, elle riait au nez de la barbue et raillait la mélancolie d'un gros chapon rôti.

« Çà, mon oncle, dit-elle au vieillard, que me contiez-vous donc du marquis de Lanrose ?

— Je ne t'ai rien conté, que je sache.

— Mais si !... Rappelez-vous !... à Carville !... Je ne suis pas encore hallucinée, Dieu merci, et je n'entends pas les choses sans qu'on me les dise.

— Bien, bien. Nous reparlerons de cela, s'il y a lieu.

— Pourquoi n'en parlerions-nous pas tout de suite ? Moi, je l'aime, d'abord, le marquis de Lanrose. Pas d'amour ! reprit-elle en souriant à son mari. Mais c'est un bon ami et un type de galant homme. Je vous passe Adhémar et je vous livre Yolande. Oh ! ceux-là, faites-en tout ce que vous voudrez.

— Mais je te prie de croire, et vous aussi, mon cher neveu, que je ne fais de mal à personne.

— On le sait bien, mon Dieu ! Mais j'avais peur pour ce pauvre homme, sur le peu que vous m'en aviez dit. Quand je l'ai vu chez nous, tranquille, heureux et souriant comme à son ordinaire, il m'a semblé que j'avais un poids de moins sur le cœur.

— Tant mieux ! Laissons. »

Il arrêta la conversation d'un ton si discret que la curiosité de Gontran fut d'autant plus éveillée.

« Cependant, dit-il, mon cher oncle, il faut que

vous ayez entendu parler de.... la personne en question ; car vous n'êtes pas homme à proférer des jugements téméraires.

— Je n'ai pas ouï dire que M. de Lanrose eût rien fait de mal.

— Mais, reprit Valentine, vous m'avez dit : son honneur. Oui, c'est cela, puni, frappé,... je ne sais plus.... dans son honneur.

— Dans son honneur ! s'écria Gontran fort ému. La chose est grave, mon cher oncle.

— Eh ! bonté divine ! voilà comme un petit esprit femelle exagère tout ce qu'il entend ! Je t'ai dit simplement, ma nièce, que dans un certain monde.... à Lyon.... je dis bien, il avait couru des bruits.... errones probablement, sur le.... la.... les.... façons d'agir de madame la marquise. »

Gontran bondit.

« Sur sa conduite ? s'écria-t-il.

— Je n'en sais pas si long ! Je ne suis qu'un pauvre bonhomme. Le temps est un grand maître. Qui vivra verra. Tel mystère qu'on croit impénétrable aujourd'hui peut être révélé demain. La justice céleste déjoue souvent les précautions de la prudence humaine. Mais toi, ma nièce, tu as la manie de faire parler les gens et tu compromettrais un saint si l'on te laissait dire. Je ne sais rien de positif à l'heure qu'il est, foi de chrétien ! »

Pour un homme qui ne sait rien, il laissait entendre bien des choses. Gontran reprit la balle au bond :

« Nous sommes en famille, mon oncle, et ce que vous direz ne sortira pas d'ici.

— D'ailleurs, ajouta Valentine, la grande dame en question n'est pas de mon intimité, grâce à Dieu. »

M. Faflaux redemanda des petits pois et se ferma la bouche à coups de fourchette.

« Mais, mon oncle, reprit la comtesse mutine, est-ce à Lyon aussi qu'on vous a raconté la ruine d'Adhémar? »

Le vieillard tressaillit sur nouveaux frais. Il regrettait évidemment d'avoir oublié sa réserve habituelle dans une minute d'expansion. Quant à Mably, non-seulement il ne se troubla point, mais il partit d'un grand éclat de rire. La nouvelle était trop invraisemblable !

M. Faflaux réfléchit deux minutes, et sans doute il se dit qu'à tout événement on pouvait battre en brèche le crédit de maître Adhémar.

« Oui, mon enfant, répondit-il, c'est à Lyon, au cercle du Commerce.

— En vérité? dit le comte, qui n'avait pas fini de rire. Voilà ce que j'appelle un cercle bien informé. En êtes-vous, mon oncle?

— Je ne vous répondrai qu'un seul mot : on y joue au billard !

— Peccato! Mais vous avez des amis qui en sont; eh bien, dites-leur de ma part que la maison Adhémar est une des plus solides de France.

— On en a vu crouler de plus solides depuis dix ans.

— Mais il ne joue pas, lui ! Il achète, il vend, il exploite.

— Les dupes.

— Non ; les mines et les gisements du Humbé.

— C'est bien loin.

— On y va, et même on en revient. Comment donc ! vous avez un Lyonnais qui y fait des affaires énormes.

— J'ai ? moi ? quelqu'un là-bas ?

— Non, c'est nous qui l'avons. Nous lui avons vendu des terrains, des maisons, des articles de traite. Il s'appelle Mouton, si vous voulez le savoir.

— Mais, mon neveu, vous semblez bien connaître l'affaire du Humbé, et la prendre surtout terriblement à cœur.

— Je m'y intéresse, oui, parce qu'elle est belle et bonne.

— Savez-vous ce qu'on y a déjà engagé de millions ? Cinquante !

— Vous vous trompez, cher oncle, cinquante-sept.

— S'il est permis !... C'est-à-dire qu'il expose non-seulement sa fortune, mais celle du prochain !

— Le prochain ne s'en plaint pas. Nous touchons de beaux dividendes.

— Malheureux ! Vous avez souscrit ?

— Mais je viens de vous le dire !

— Mais je ne pouvais pas le croire ! Et... beaucoup ?

— Pas assez !

— Ouf !

— J'y ai mis toute ma fortune, simplement.

— C'est un crime ! monsieur. Vous n'en aviez pas le droit ! C'est le bien de ma nièce, le fruit de mes travaux et de mes économies que vous avez jeté dans ce gouffre ! Je vous l'avais formellement défendu !

— Eh! là, là, cher monsieur, ne nous emportons pas, au nom du ciel! Valentine est la maîtresse de son bien; j'en suis le gérant, seul, et je n'en dois compte qu'à elle. Nous avons décidé d'un commun accord le placement qui vous inquiète, et je persiste à croire que vous vous agitez un peu dans le vide. Quel que soit votre avis sur les talents de celui-ci, ou les vertus de celle-là, les faits sont toujours les faits, et notre colonie du Humbé produit des résultats qui s'expriment en chiffres.

— Et moi je vous prédis qu'avant deux mois vos chiffres, votre Adhémar et votre colonie du Humbé seront tombés à la rivière!

— Avant deux mois, monsieur, la rivière tombera dans la mer, et, ce jour-là, chaque million engagé en vaudra dix. C'est pourquoi j'ai risqué, non-seulement mes valeurs mobilières, mais tout ce qu'on m'a voulu prêter sur cet hôtel.

— Allons! de mieux en mieux! En sorte que si par malheur le roi des nègres tournait casaque à M. de Lanrose, ma nièce serait ruinée sans ressources?

— Oui, mais vous oubliez qu'Adhémar a pris ses garanties contre Mamaligo. Sa convention particulière est doublée d'un traité national. Il a derrière lui le gouvernement, le budget, l'armée, la flotte, en un mot la France!

— Soit, mais le sauvage a derrière lui quelque chose de plus invincible.

— Quoi donc?

— Le désert!... Au reste, poursuivit-il d'un ton sensiblement plus doux, ne nous alarmons pas trop tôt: les bruits qui circulent à Lyon sont vagues;

rien au monde n'est moins prouvé. Je suis bien aise de vous avoir éclairé sur votre imprudence. Je vous dirai bientôt, demain peut-être, s'il y a véritablement péril en la demeure, et vous aurez le temps de vendre vos actions avant la baisse. Bonsoir, je sors; que la paix soit avec vous! Vous êtes bien heureux, jeunes gens, de posséder un vieux bonhomme d'oncle qui défend vos écus comme il les a gagnés! »

Cela dit, il se glissa hors de la maison par le trou des serrures ou par la fente des portes, car il avait le don de sortir et d'entrer sans être vu ni entendu de personne.

Il fila d'un pas discret, mais vif, à travers les rues du faubourg et s'arrêta rue du Puits-qui-Parle, devant une maison qui tenait le milieu entre le monastère et la pension bourgeoise. Cinq coups frappés d'une certaine façon firent entre-bâiller la porte. Il prit sa clef chez une concierge qu'on appelait tourière, laissa sur sa gauche une salle à manger nue et proprette, qui portait le nom de réfectoire, et monta au deuxième étage. Dans un long corridor assez mal éclairé, il devina plutôt qu'il ne lut le numéro de sa chambre. Cette chambre n'était pas même une cellule : quatre murs blanchis à la chaux, un plancher de sapin, une table de bois noirci, chargée d'un encrier d'un sou et d'une petite lampe fumeuse, trois chaises de paille et point de lit. Le seul luxe de ce réduit, c'est qu'il avait deux issues hermétiquement closes et munies de judas grillés.

M. Fafiaux alluma la lampe, poussa un gros soupir et tira de son gousset ce demi-kilogramme de métaux assortis qu'il appelait sa montre. Il était neuf heures moins cinq. Il s'assit, plongea la tête dans ses mains et donna cinq minutes à la méditation. Lorsqu'il entendit sonner neuf heures aux couvents du voisinage, il se dirigea vers la deuxième porte de la cellule, ouvrit le volet du judas, et se trouva face à face avec la dame aux yeux brillants.

« Bien, dit-il. Toujours exacte. Entrez, madame Martin. »

A peine entrée, elle fit une révérence si basse qu'elle put ramasser une main du petit homme et l'approcher de ses lèvres. Il se défendit mollement :

« Laissez, dit-il, laissez ! C'est une pratique d'idolâtrie. Asseyez-vous.

— Oh! monsieur! devant vous! je n'oserai jamais!

— C'est moi qui vous l'ordonne. »

La vieille dame aux cheveux blancs planta un petit coin de son individu sur l'angle d'une chaise.

« A vos commandements, mon vénéré monsieur.

— Eh bien, où en sommes-nous ?

— C'est fini.

— Comment, fini ?

— Il me semble ; du moins, monsieur sait mieux que moi si j'ai mérité la récompense promise

— Je ne sais rien du tout. Et même je suppose qu'on s'est moqué de moi. »

L'espionne se confondit en protestations.

« Au fait! au fait! dit le bonhomme, je n'ai qu'une demi-heure à vous donner.

— Monsieur n'a donc pas lu ma lettre numéro 23 ?

— Si, puisque j'y ai répondu en vous donnant

ce rendez-vous ! Vous me disiez : « Je l'ai prise en faute... »

— Conformément aux ordres de monsieur.

— Vous y avez mis le temps : quatre années !

— Je n'en peux mais, si elle n'a pas failli plus tôt !

— Bah !... Vous ajoutiez : « Le mari sait tout, « l'heure, le lieu, la durée des rencontres ; il est « en possession d'un itinéraire tout fait pour la sur- « prendre, il n'a qu'à se laisser conduire. Je réponds « qu'avant vingt-quatre heures il aura constaté le « crime. » Combien y a-t-il de temps que vous m'écriviez cela ?

— Cinq jours.

— Eh bien, madame Martin, j'ai vu le mari aujourd'hui même. Il avait l'air tranquille, heureux et confiant d'un homme qui ne sait rien.

— Ça m'étonne.

— Pourquoi ?

— Parce que moi aussi je l'ai vu aujourd'hui, et qu'il avait l'air d'un fou.

— A quelle heure ?

— Entre une et deux, monsieur.

— Et moi, madame, entre quatre et cinq. Si vos lettres avaient été interceptées !

— C'est impossible ; j'en ai vu une entre ses mains ce matin même.

— Et.... ces grands seigneurs ont quelquefois des dédains bizarres.... il la lisait ?

— Mieux que cela, monsieur : il la relisait !

— Comment l'avez-vous su ?

— Parce qu'il l'a reprise dans une poche de côté où elle était pliée en quatre, sans enveloppe. Il l'avait reçue sous enveloppe et pliée en deux. Est-ce clair ?

— Et vous avez bien reconnu que cette lettre était la vôtre ?

— Monsieur sait que j'avais les meilleurs yeux de Lyon. Maintenant qu'on m'a établie Parisienne, j'ai les meilleurs yeux de Paris.

— Alors, quand il m'a paru si tranquille, vous supposez qu'il dissimulait ?

— J'en suis sûre, et je peux dire pourquoi.

— Parlez donc !

— Parce qu'il attendait un dernier renseignement.

— Qui est ?...

— Le nom du jeune homme.

— Ah ! Vous me rappelez un grief que je conservais contre vous. Est-ce par négligence ou par incapacité que madame Martin n'a pas trouvé le nom d'un homme dont elle connaissait la figure ? le propriétaire d'une maison dont elle voyait tous les jours la porte ?

— J'ai vu plusieurs fois le jeune homme, mais dans la chapelle de Saint-Joseph, où je ne pouvais me renseigner sur lui. Il y était nouveau et inconnu de tous les nôtres. J'ai essayé de le suivre ; sa voiture l'attendait toujours dans le voisinage, et il a des chevaux qu'un fiacre ne peut pas suivre.

— Mais cette porte de jardin ?

— Elle donne sur une impasse à peu près déserte. Le premier individu à qui j'ai demandé un renseignement était par malheur un domestique de l'hôtel. Il ne m'a répondu que des injures, m'appelant intrigante et moucharde et signalant ainsi ma personne aux rares habitants de ce petit coin. La seconde fois que je m'y suis risquée, le marchand de vin qui fait l'angle a crié haro sur moi et j'ai failli être battue.

— Bien, bien; tout n'est pas roses. Mais en face de ce jardin mystérieux, il y en a un autre?

— Oui, monsieur.

— Cet autre appartient à un couvent que vous connaissez?

— Et où je suis connue. Or, vos ordres me prescrivaient la prudence. De là, le temps perdu. Mais n'importe. Ce fameux nom, je l'ai trouvé.

— Quand?

— Aujourd'hui.

— Pourquoi ne l'avez-vous pas fait savoir au mari?

— Il le saura demain matin. Ma lettre est à la poste. Et celle-là, pour plus de sûreté, je l'ai chargée.

— A la bonne heure! Ainsi, demain, à la première distribution, il saura le nom de celui qui le trompe?

— Le nom et l'adresse, monsieur. Est-ce assez?

— Moi, je voudrais encore quelque chose de plus.

— Quoi donc?

— Des preuves!

— J'en avais une bien belle, et je l'ai envoyée au mari.

— Dites.

— Le jeune homme écrivait quelquefois, et il glissait ses lettres dans le prie-Dieu de madame. J'ai surpris un billet; je l'ai emprunté pour un quart d'heure; j'ai couru le porter chez un photographe, et je suis revenue à temps pour le remettre en place. La copie est en route, elle arrivera demain matin chez le marquis.

— C'est assez bien inventé. Pas de signature, malheureusement ?

— Non, mais on reconnaîtra l'écriture.

— Le texte est-il compromettant ?

— A souhait.

— Il suffit. Le reste ira tout seul. Le jeune homme est-il noble ?

— Un comte !

— Bien. Vous m'avez dit qu'il était grand, svelte et de bonne mine ?

— Comment donc ! Il a l'air d'un officier.

— Parfait. L'autre est un vieux bretteur : on jouera de l'épée. Quoi qu'il arrive, le scandale est acquis. Mes compliments, madame Martin. Vous toucherez la somme et vous monterez en grade. A partir d'aujourd'hui, vous n'êtes plus distributrice, mais lieutenante d'inspection. Et maintenant, adieu jusqu'à nouvel ordre ! Sortez par le couloir ; j'attends quelqu'un par l'escalier tournant. »

La vieille dame partit à reculons ; elle se confondit en révérences et en remerciments jusqu'à la porte :

« A propos, dit M. Fafiaux, vous ne m'avez pas nommé l'heureux mortel.

— Vraiment ? Quelle étourderie ! Il s'appelle le comte de Mably, et il demeure rue Saint-Dominique.

— Malheureuse ! Rentrez ! Répétez-moi cela ! »

Il arracha du corridor la pieuse coquine, la jeta violemment dans la cellule et se mit à la secouer avec fureur. La femme, prise à l'improviste, se débattait en criant grâce. Elle se gourma deux bonnes minutes avec son chef et son bienfaiteur, et comme elle était la plus forte, elle s'échappa de ses mains. Ce fut pour tomber à ses pieds, embrasser ses genoux et lui dire au milieu d'un torrent de larmes :

« Hélas ! mon doux monsieur ! J'ai donc fait un malheur sans le savoir ?

— Vous ! cria-t-il avec un redoublement de rage ; vous ne savez rien ; vous ne devinez rien, vous êtes la plus inepte et la plus dangereuse de vos pareilles ! Je vous casse aux gages, sans rémission, je retiens la récompense qu'on vous avait promise, je vous jette sur le pavé, et puissiez-vous y tomber morte !

— Mais, monsieur ! mon bon, digne et respecté monsieur !

— C'est mon neveu, le mari de ma nièce, de ma fille adoptive, que vous livrez au scandale des tribunaux et au glaive des spadassins.

— Le comte de Mably ?

— Eh ! sans doute ! Elle est de Lyon, l'infâme ! Et elle ne sait pas que Valentine a épousé ce suborneur ! Malheur à lui ! Trahir la plus jolie et la plus... Je voudrais qu'il fût puni cruellement. Non, non ! Elle en mourrait ! Elle l'aime ! Ce soir encore !... Mais lui ! Quel comédien ! Ces gens du monde sont aussi hypocrites que n'importe qui, quand ils s'y mettent. Que je le tienne entre quatre yeux, je lui dirai son fait, et demain !.... Oui, mais demain il aura d'autres affaires sur les bras. S'il était tué en duel ; il ne l'aurait pas volé. Préférer cette vieille coquette ! J'y suis ! Voilà pourquoi monsieur n'est pas venu à Carville! Mais Valentine l'adore! Je n'y peux rien. O le cœur! Quel instrument de sottise et de misère! Moi, j'aimerais assez à l'avoir veuve et tranquille auprès de moi, à moi tout seul. Reste à savoir si elle lui survivrait! Rien qu'à l'idée de le trouver maussade, elle frissonnait aujourd'hui en rentrant chez elle. Et demain elle saura qu'elle est trompée! On lui rapportera peut-être son mari sur un brancard. Femme Martin! vous avez porté le deuil et la honte dans ma famille! Je vous maudis!

— Mais, monsieur, je n'ai fait qu'obéir à vos ordres!

— Il fallait me désobéir! Je vous aurais comblée d'honneurs et de richesses! Y a-t-il un remède au mal que vous avez fait? Cherchez donc! trouvez donc! Si vous arrangez ça, je vous fais cadeau de la France! Je mets toute l'Europe à vos pieds, madame Martin! »

Tandis qu'il s'arrachait les cheveux en trépignant dans la cellule, tandis que la femme aux yeux brillants, écrasée par cette colère, sanglotait sur le plancher, on frappa cinq coups à la porte du petit escalier.

« Bon! s'écria le vieillard, le désespoir ici, et là peut-être la ruine! Travaillez donc toute une vie pour donner la richesse et le bonheur au seul être que vous aimez! »

Il courut au guichet :

« Deux minutes, mon cher Mouton ; je termine une affaire.... Et vous, madame, avez-vous imaginé quelque chose, depuis le temps ?

— Hélas, monsieur, que puis-je? Le travail est si bien fait que Dieu lui-même ne saurait plus le défaire. Vous m'aviez dit de ne ménager ni mon temps ni ma peine.

— Assez! n'outragez pas la victime de vos intrigues. Occupez-vous plutôt de reprendre la maudite lettre que vous avez envoyée ce soir.

— Impossible, puisqu'elle est chargée.

— Vous avez un reçu, courez à la poste.

— A neuf heures et demie du soir!

— Demain matin, alors!

— Quand la porte des bureaux s'ouvrira, la première distribution sera faite.

— Va donc au diable, vieille coquine! Je sauverai ma famille sans toi. »

Ainsi chassée, la dame aux yeux brillants s'enfuit sans retourner la tête. Elle venait d'apercevoir son respectable chef sous un jour tout nouveau.

M. Faflaux verrouilla la porte sur elle, et introduisit le sieur Mouton qui l'embrassa.

Ces deux hommes étaient du même âge et de la même taille; ils semblaient avoir partagé ensemble les dons les plus piteux de la nature: figure racornie, genoux cagneux, cheveux râpés, regard louche, pieds plats. Adhémar de Lanrose avait été frappé de leur ressemblance lorsqu'il conclut son premier marché avec M. Mouton. Mais aujourd'hui Mouton était bruni, bronzé, tanné par le soleil des tropiques; Faflaux gardait son teint blafard. Les fatigues, les dangers, les luttes avaient creusé trois ou quatre sillons énergiques sur le visage de

Mouton; les rides de Faflaux étaient toujours ce je ne sais quoi de mou, de vague et d'indéplissable qui moire le vieux cuir des hommes qui n'ont pas vécu. Mouton s'était hérissé d'une grosse barbe poivre et sel, Faflaux restait glabre comme un enfant de chœur. Les bras et les jambes de Mouton semblaient avoir acquis une certaine vigueur; sa voix était presque virile; enfin les deux ménechmes ne se ressemblaient plus du tout. Au physique, le revenant du Humbé valait quatre hommes comme M. Faflaux; mais l'humble président des bonnes œuvres lyonnaises conservait la suprématie morale sur son collaborateur *in partibus*.

C'était M. Faflaux qui avait choisi Mouton au couvent de la Balme et qui lui avait dit : « Il y a des millions à gagner pour vous et pour votre ordre. Vous serez seul en nom, mais le banquier Pichard et les plus honnêtes gens de Lyon se feront un plaisir de vous avancer des capitaux. Faites vite, brûlez l'affaire et tâchez que l'opération se liquide en moins de deux ans. Vous vendez des alcools, dont les nègres sont très-avides; vous achetez des diamants beaux ou laids, gros ou petits : attachez-vous de préférence à la menue marchandise qui se vend mal dans un pays neuf; nous en avons le placement en Hollande, dans les tailleries, où les petits diamants font de l'égrisée pour polir les autres. Subsidiairement, on espère que vous vous emparerez de l'esprit du roi, que vous saurez l'indisposer contre les fondateurs de la Compagnie française, qui sont des hommes à punir, et que cette prétendue colonisation ne survivra pas un mois à votre retour en France.

Agissez sans vous compromettre, et n'employez que des moyens irréprochables. »

Ces instructions avaient été commentées entre deux embrassades par M. Faflaux lui-même lorsqu'il avait expédié Mouton. Mouton, propriétaire et commerçant à Lohé, n'avait jamais passé trois mois sans écrire à M. Faflaux. Sa dernière lettre, datée de Marseille, annonçait sommairement un grand succès sur toute la ligne. Or, M. Faflaux n'avait pas engagé un centime dans l'entreprise commerciale; ce n'était pas pour lui qu'on vendait des alcools et qu'on achetait des diamants. Donc le père adoptif de Valentine était à peu près sûr que son doux mandataire avait ruiné la colonie, Adhémar, les Gilot et tous les intéressés sans exception. Mais cette nouvelle qui l'avait comblé de joie lui semblait maintenant un horrible désastre. Il l'avait acceptée d'abord comme très-vraisemblable, car l'homme, bon ou mauvais, croit volontiers ce qu'il espère : il commençait à trouver la chose impossible, fabuleuse, ridicule même, depuis que la chute du comte Adhémar entraînait la ruine des Mably.

Il repassait dans son esprit les difficultés presque insurmontables de l'entreprise qu'il avait confiée à Mouton : comment donc un seul homme, assez fin, mais d'un esprit ordinaire et d'une instruction presque nulle, aurait-il pu lutter contre tant de talents et de capitaux réunis? Mouton s'était vanté. Peut-être avait-il cru, de bonne foi, saper les bases de la colonie; mais on se trompe souvent, Dieu merci! En admettant, à la rigueur, qu'il eût fait un certain mal, causé quelque dommage, il ne pouvait pas avoir tout mis à néant. Le Humbé existait toujours ; les droits de la France et des Français étaient imprescriptibles. On perdrait de l'argent ; il y aurait quelques mauvaises années, des dividendes médiocres ou même nuls ; mais le capital ne devait pas être perdu. D'ailleurs maître Mouton avait un ordre formel : n'employer que des moyens irréprochables ! Malheur à lui, s'il l'avait oublié ! Tout homme est responsable du tort qu'il fait au prochain, et Mouton, seul en nom dans un commerce immense et prospère, avait de quoi indemniser au moins une de ses victimes.

Voilà les réflexions qui défilaient au pas de course dans l'esprit de M. Faflaux, tandis qu'il frottait ses petites joues bien râclées contre la barbe épaisse et rude de Mouton. Aussitôt qu'il put se dégager de l'étreinte, il regarda fixement cet homme qui tenait dans ses mains la fortune de Valentine. Mouton avait l'œil vif et même un peu émerillonné. Sa figure brillait d'une joie pleine, épanouie, cordiale et communicative. Non-seulement il apportait de bonnes nouvelles, ce cher Mouton, mais il était en paix avec sa conscience ; de plus, il avait bien dîné.

« Prenez place, Mouton. »

Il s'assit résolûment, en faisant craquer sa chaise, et il croisa les jambes.

« Si j'osais, dit-il, monsieur Faflaux, je vous demanderais la permission de fumer.

— Comment ! vous ?...

— Ah ! dans les pays chauds, c'est un besoin ! Et le besoin engendre l'habitude.

— Faites, Mouton. J'ouvrirai la fenêtre. Est-ce

aussi dans les pays chauds qu'on s'habitue à boire le vin pur ?

— Non. Défense absolue. Tous les alcooliques interdits à l'émigrant. C'est pourquoi,... vous entendez ? Quand on revient au pays, on se rattrape.

— Je comprends, mon ami, je comprends. »

La peur lui inspirait une tolérance lâche.

« Vous avez bonne mine, dit-il ; je vois avec plaisir que vous vous êtes toujours bien porté. »

Il lui semblait qu'en flattant cet homme décisif il désarmait les rigueurs de la destinée. Les hommes sont ainsi faits ; on caresse le messager pour adoucir les nouvelles qu'il apporte.

Mouton ne se trouva pas confortablement assis. Il se leva, retourna sa chaise, et l'enfourcha comme un cheval.

« Eh bien ! » dit-il d'une voix rude en plaquant ses deux mains ouvertes sur les cuisses de M. Fafiaux.

M. Fafiaux bondit, mais il ne se fâcha point. Il ébaucha même une espèce de sourire.

« Eh bien ? répondit-il de sa voix aigrelette. C'est à vous de parler, mon cher Mouton. J'écoute.

— A la bonne heure ! Avons-nous le temps ?

— Oh ! mon Dieu ! tout le temps que vous voudrez.

— C'est que j'en ai long à vous dire.

— Tant mieux. Parlons d'abord de vos affaires, Mouton.

— Quant à ça, liquidé dans la perfection ; des résultats superbes. Ces messieurs m'ont porté en triomphe, quand j'ai rendu mes comptes à Lyon.

Vous recevrez une lettre de remerciments, car enfin si j'ai tué le lièvre, c'est vous qui l'avez levé, sapristi! Il est vrai que pour vous les alcools n'étaient que l'accessoire.

— N'en croyez rien, cher ami. Le plaisir d'être utile à mon prochain fut en cela, comme en tout, mon principal mobile. Le reste est peu de chose en vérité, et vous auriez négligé.... l'autre affaire, je n'en serais pas moins votre obligé de tout mon cœur.

— Allons donc, farceur! ce n'est pas moi qui donne là-dedans. Et cette jolie petite rancune?

— De la rancune? mais non; vous exagérez beaucoup.

— Taratata! vengeance, plaisir des dieux! Eh bien! soyez content! je l'ai laissée sur le feu, votre vengeance. Elle mitonne dans la perfection.

— Ah! Rien de fait, alors?

— Si je n'avais rien fait, cher bienfaiteur et ami, est-ce que j'oserais me présenter devant vous?

— Vous le pourriez, mon bon ami. Croyez-vous donc parler à une bête féroce? J'espère que vous n'êtes pas allé trop loin?

— Pas plus loin que vous ne m'avez dit.

— Surtout, rien contre les lois, ni contre la morale, ni contre le prochain, ni....

— Halte-là! le prochain n'était pas compris dans le programme. Rappelez-vous vos instructions, et si vous ne comptez pas sur votre mémoire, relisez-les.

— Mais je n'ai rien écrit!

— Non; c'est moi qui ai pris note de vos paroles.

La chose est rédigée en double expédition ; savoir : la copie déposée aux archives de la Balme; la minute présente ici, dans ma poche. Voulez-vous voir?

— Merci ; j'ai confiance. Mais au nom de tous les saints, mon cher Mouton, dites-moi que vous n'avez fait de mal à personne!

— Trop prudent, monsieur Faflaux! S'il y a du sang répandu, tout s'est fait depuis mon départ, et je m'en lave les mains.

— Vous me faites plaisir, oh! grand plaisir! Ainsi, la colonie était en bon état quand vous l'avez quittée ?

— Magnifique!

— Et vous êtes parti assez récemment?

— Il y aura demain sept semaines.

— Je respire.

— Respirez! nous sommes nets. Personne ne pourra nous rendre responsables.

— Mais de quoi?

— De la catastrophe.

— Il est donc arrivé quelque chose?

— Plus que probablement.

— Vous avez reçu des nouvelles?

— Les nouvelles doivent être en chemin.... si tant est qu'il soit resté un Français vivant pour raconter le mélodrame.

— Tenez, Mouton, vous me faites mourir. Je ne vous questionne plus : racontez!

— Si nous avions débuté par là, vous sauriez toute l'histoire depuis un bout de temps, et vous ne vous seriez pas fait de bile. En arrivant à la baie Saint-Ambroise, j'apportais mille caisses de vingt-cinq bouteilles.

— Quand ça?

— Mais à mon premier voyage donc ! Il faut bien que je commence par le commencement. Votre scélérat de Lanrose me fait payer un droit de dix pour cent, ad valorem, attendu qu'il a établi une douane à son bénéfice. Dix pour cent à l'entrée, autant à la sortie : c'est exorbitant!

— Il ne me semble pas, mon cher Mouton.

— Comment! Mais savez-vous que le fret sur leurs méchants bateaux, et le transport par terre, qu'ils ont pris en monopole, doublent déjà le prix des marchandises? Ce qui valait dix francs à Marseille m'en coûte plus de vingt à Lohé.

— Vous le vendez deux cents!

— Qu'est-ce que ça me fait? Les affaires sont les affaires. Mon premier coup de commerce réussit sans opposition. Je traite avec le roi lui-même, il prend la cargaison en bloc, paye comptant, et me donne une commission de cent mille bouteilles. Vous me direz qu'un seul homme, si bon nègre qu'il soit, n'en pourra jamais boire autant à lui tout seul. Mais notre ami Mamaligo est commerçant dans l'âme. Il a compris d'emblée que s'il payait mille francs dix bouteilles de Thaborine, et s'il en vendait cinq à deux cents francs la pièce, soit chez lui, soit chez le voisin, les cinq autres ne lui coûteraient pas un centime. Et comme il est maître absolu, ses fidèles sujets ne marchandent pas dans sa boutique.

— Tout ce peuple est donc adonné aux boissons capiteuses?

— Depuis deux ans le roi ne s'est pas dégrisé un quart d'heure. Ses seuls moments lucides sont ceux où il n'est pas ivre-mort. Les grands vassaux de la couronne n'aspirent à le renverser que pour avoir le droit de boire autant que lui. Quant aux simples citoyens, ils s'enivrent depuis la création du monde avec une bière de millet, qu'ils appellent Vouli dans l'ouest et Pombé dans l'est de l'Afrique; mais le plus sobre des Chôta vous livrerait ses femmes et ses enfants contre une chopine d'eau-de-vie. Ces peuples n'ont que deux besoins : l'alcool pour s'abrutir et la poudre pour se battre. Ils vont tout nus, ils mangent ce qu'ils rencontrent; ils n'ont pas un amour insensé pour la verroterie. Vous comprenez? quand on a devant les yeux les trente-six chandelles de l'ivresse, la perle-anneau d'Allemagne semble pâle, et les colliers de verre blanc manquent d'éclat. Mais les armes? direz-vous. Ils en ont trop. Votre Lanrose a gâté le commerce en leur livrant deux ou trois millions de fusils, le triple de ce qu'il faut pour armer la nation. Il a même, comme un sot, donné au roi des fusils trop bons et des carabines trop justes. Présents diplomatiques, vous savez! Attends, attends! nous aurons bientôt des nouvelles de cette diplomatie-là!

— Quoi, Mouton? Vous pensez que les nègres se serviront jamais de leurs armes contre une colonie française?

— Ils se gêneront peut-être?

— Mais, puisqu'ils ont besoin de nous, ne fût-ce que pour satisfaire leurs passions et leurs vices! La poudre et l'alcool, Mouton, la poudre et l'alcool!

— Moi, je l'ai dit à Mamaligo, dès qu'il a su assez de français et moi assez de chôta pour nous entendre : « Tu crois être un puissant roi, mais tu n'es que l'esclave des blancs, et tu seras toujours traité comme une bête de somme, car tu ne sauras jamais faire pousser la poudre sur ton terrain, ni remplir d'eau-de-vie une bouteille vide. Nous te marcherons sur le corps jusqu'à ce que la langue te sorte de la bouche, à moins que tu deviennes un grand magicien comme nous. »

— C'est juste, ils croient à la magie, ces malheureux païens.

— S'ils y croient ! c'est leur unique religion, jusqu'à nouvel ordre. Aussi leur en ai-je montré de toutes les couleurs. J'avais fait à Paris, dans je ne sais quel passage, une provision de gobelets, de boîtes à double fond et autres brimborions magiques, qui m'ont acquis en un rien de temps la confiance et l'admiration du roi.

— Ah ! Mouton, il fallait profiter d'une position si belle pour amener ce sauvage à la foi catholique !

— Je l'ai fait, monsieur Faflaux. Je ne vous dirai pas que Mamaligo ait appris le catéchisme en douze leçons, comme on apprend l'écriture à Paris ; mais je lui ai enseigné un peu de tout : quelques atomes de religion, un brin de morale, et même un tantinet de politique. Par exemple, je lui ai fait comprendre qu'aux yeux de Dieu un nègre vaut un blanc. Je lui ai inculqué petit à petit le grand principe des nationalités. Il comprenait fort bien ma théorie, et il aurait lancé notre colonie à la mer si la question des poudres et des alcools ne l'avait retenu.

— Heureusement ! Alors...

— Ce n'est pas à lui seul que je révélais dans l'intimidé les grandes idées modernes. Les grands vassaux venaient me voir à Lohé, et je me faisais un plaisir d'en griser un de temps à autre.

— Pour les civiliser ?

— Sans doute. Il faut être un ascète comme vous, monsieur Faflaux, pour ignorer qu'une ivresse modérée élargit les canaux de l'entendement. Après un bon dîner, moi, je parle toutes les langues, comme si l'Esprit-Saint m'avait soufflé dessus. Ces bonnes gens n'allaient pas jusqu'à me répondre en français, mais ils comprenaient fort bien mon chôta, qui n'était certes pas classique.

— J'aime à croire, Mouton, que vous ne leur conseilliez rien de mal !

— Au contraire ! Je leur conseillais d'obéir au roi tant qu'ils le verraient appuyé par la France. Je catéchisais aussi les gens du peuple et je leur conseillais d'obéir aux grands vassaux, tant qu'ils les verraient soutenus par le roi.

— Mouton ! Mouton ! Est-ce que le pays semblait troublé lorsque vous le quittâtes ?

— Non. Les Français, au nombre de cent personnes valides et bien armées, étaient groupés autour de leur consul. Six mille noirs, requis par le roi, travaillaient mollement, mais sans relâche, au canal Lanrose. Un aviso de deux canons, portant le pavillon français, allait et venait sur le fleuve. Enfin, M. Castafigue lui-même animait la colonie, poussait les ouvriers, et menait le roi à la baguette.

— Bien ! Mouton, bien ! Si vous m'aviez dit cela plus tôt vous m'auriez épargné des transes.

— Attendez donc ! J'ai lieu de croire que tout

a changé d'aspect le lendemain de mon départ.

— Pourquoi ? comment le savez-vous ? Il ne faut pas mettre l'esprit des gens à la torture pour une simple supposition !

— Monsieur Faflaux, si je jette mon cigare en l'air et si je dis : Il va retomber sur le parquet, est-ce une simple supposition ?

— Non ; il y a quelque chose de plus.

— Eh bien, en quittant le Humbé, j'ai jeté mon cigare derrière moi, et l'on m'étonnerait beaucoup si l'on venait m'apprendre qu'il est resté en l'air. Et comme je l'ai lancé dans les matériaux les plus inflammables, je suis prêt à parier mon salut contre le vôtre que toute la boutique a sauté.

— Mais c'est un crime, alors ! Et vous m'aviez promis.... ! Mouton ! S'il arrive malheur aux colons de Lohé, je vous rends responsable !

— Eh ! là, là ! monsieur Faflaux, comme vous prenez la mouche ! Je parle au figuré : nos faits et gestes sont irréprochables et nous n'avons rien à craindre du procureur impérial ! Connaissez-vous une loi qui nous défende d'avoir de l'esprit ?

— C'est selon ! Il n'y a peut-être pas de loi positive. Mais enfin cet esprit tant vanté fait plus de mal que de bien sur la terre !

— Pardon ! Vous m'avez dit vous-même, en m'expédiant à Lohé : « L'affaire est délicate, « agissez en homme d'esprit. » Est-ce qu'un Français peut être pendu pour avoir fait une farce à un nègre ?

— Non sans doute, et si vous n'avez tourné en ridicule que ce Mamaligo....

— Lui seul, et voici comme. Vous pensez que Mamaligo se chamaillait de temps à autre avec les représentants de Lanrose et compagnie. C'était tantôt pour une affaire d'intérêt, tantôt pour une question d'étiquette. C'était, neuf fois sur dix, pour l'exécution des travaux, que la colonie hâtait de toutes ses forces et que Mamaligo entravait de tout son pouvoir.

— Il osait entraver!... Eh! mais sous quel prétexte?

— Sans l'ombre d'un prétexte.

— Par quels motifs, enfin?

— D'abord, pour le plaisir de nuire, qui exerce une grande attraction sur les demi-singes de ces climats. Ensuite pour se faire offrir mille petits cadeaux et revendre en détail ce qu'on lui avait déjà payé en gros. J'ai songé un moment à profiter de ses mauvaises dispositions pour livrer le Humbé à l'Angleterre et jeter mon Lanrose à la porte sans avoir l'air d'y toucher. J'ai entamé des négociations; je me suis mis sous le protectorat anglais, et j'ai cru un instant qu'on pourrait élever colonie contre colonie. Mais les Anglais ont refusé mes offres, après avoir étudié la question sur place. Ont-ils pensé que l'achèvement du canal leur coûterait trop cher? Ont-ils craint de désobliger la France? Est-ce ma propagande catholique qui leur a déplu? Je ne sais; le fait est qu'ils m'ont tourné le dos, et que j'ai dû opérer moi-même.

— J'aime mieux ça.

— Moi aussi, maintenant que l'affaire est faite. C'est plus flatteur. Chaque fois que Mamaligo avait maille à partir avec les représentants de Lanrose, il me faisait appeler par un de ses pages et me donnait une audience intime dans son *tipouroum*, autrement dit sa salle à boire; il en avait une autre pour manger. Là, vautré sur une natte, il s'épanchait en récriminations contre la colonie et maudissait le flot qui avait jeté Castafigue sur ses rivages. Il regrettait sa vie nomade, ses voyages, ses guerres de fantaisie; en un mot, le bon temps! Il se plaignait d'habiter toujours la même maison : c'est un palais de briques et de bois, construit et offert par le moyen chef Lanrose. Mamaligo disait avec juste raison que ses mille femmes y étaient trop entassées, qu'elles fermentaient là dedans comme la bière dans une cuve et qu'il serait cent fois plus hygiénique de les parquer. Il supputait les trois ou quatre mille noirs qui étaient morts sur les chantiers du canal; il estimait leur valeur en argent et criait qu'on lui avait volé un capital énorme : « Tout mon peuple y pas« sera ! disait-il en s'arrachant la laine, et je me rui« nerai pour enrichir un blanc ! » Il savait, à deux millions près, les sommes que M. de Lanrose avait emportées du Humbé.

Moi, je lui disais franchement, en lui versant à boire : « Tous les blancs t'exploitent, Mamaligo, et « moi le premier; mais comment faire? Tu ne seras « jamais si grand magicien que nous. Pourquoi ne « sais-tu pas cueillir la poudre? Pourquoi ne sais« tu pas faire jaillir la Thaborine? Nous savons, « nous. » Petit à petit, je lui fis croire que l'industrie des blancs n'était qu'une magie perfectionnée; la chose était d'autant moins difficile que le bonhomme avait constamment la vue trouble. Je lui pondais un œuf; il le cassait, et il trouvait une montre; la montre ouverte, on en voyait sortir un oiseau; j'enfermais l'oiseau dans un coffre vide, et le coffre se remplissait de plumes jusqu'aux bords.

Quelquefois, dans son jardin, créé par l'agent de Lanrose, je le priais de choisir une calebasse et de la couper en deux; il y trouvait six douzaines de couteaux d'un sou. Pensez-vous qu'il faille beaucoup de ces tours-là pour fausser le jugement d'un nègre toujours ivre?

— Hélas! non.

— Donc, il y a quatre mois, mon affaire étant faite, pressé d'ailleurs par vos honorées lettres, car vous me rappeliez souvent cette œuvre de justice que j'avais promis d'accomplir, je vais trouver le roi. Je le supplie de me louer une perche de terrain dans son parc, c'est-à-dire dans un enclos de six hectares peuplé d'un seul arbre. Il veut savoir pourquoi son terrain me séduit plus qu'un autre. Le fait est qu'il reste encore plus de mille lots à vendre dans la banlieue de Lohé. Je prends mon air le plus réservé, et je réponds que le parc royal étant inviolable j'y serai mieux en sûreté pour l'essai que je veux faire. J'ajoute qu'après le bail, le roi me permettra de m'enclore de palissades et qu'il fera serment de respecter mon secret. Le vieux nègre accepte et me conduit à cinquante pas environ de son arbre. « Voilà, dit-il, es-tu content? » Je lui fais observer que mes opérations exigent le mystère le plus absolu, car il s'agit de savoir si la terre du Humbé peut produire le plus admirable fruit de la France. Or un page, un écuyer, un serviteur du roi n'aurait qu'à monter à l'arbre pour tout voir. Le roi répond avec dignité que si un homme de sa maison se permettait chose pareille, il le tuerait lui-même à coups de fusil.

Je prends acte de ses promesses, je fais planter ma palissade, je l'arme de mille pointes, je consolide la porte avec des plaques de fer, et je fais piocher tout l'enclos par deux nègres sûrs. Le lendemain, je vois à leurs poignets meurtris et à leurs chevilles écorchées que le roi leur a fait donner la question. J'y comptais. Je m'aperçois bientôt que je suis gardé à vue. Chaque fois que je me dirige vers le parc de Sa Majesté, un nègre prend ses jambes à son cou et se précipite dans la direction du palais. J'achète un lot de fumier, je le fais transporter de nuit, je le fais enfouir séance tenante, et pendant que mes hommes travaillent, je me tourne sans affectation vers l'arbre de Mamaligo. Sa Majesté se tenait à califourchon sur une grosse branche et surveillait ma petite magie, par un clair de lune superbe. Le lendemain, pour plus ample informé, on met mes gaillards à la torture; ils reviennent à demi morts : de mieux en mieux. Les pauvres diables m'avaient pourtant trahi en conscience. La seule chose qu'ils n'eussent pas dite c'est que je me promenais derrière eux avec des pois secs plein mes poches, et que j'avais semé la graine à leur insu. La nuit suivante, je m'enferme chez moi avec mon vieux valet de chambre, le plus fidèle de mes nègres, un homme dévoué jusqu'à la mort, ou peu s'en faut.

Je déballe devant lui un paquet de poudre de mine,

en gros grains, ronds et polis; j'en essaye une pincée, et je fais jurer à l'homme sur les os de ses vieux parents, qu'il ne vendra mon secret à personne. Nous sortons ensemble à pas de loup, nous faisons mille détours avant d'ouvrir la porte de l'enclos, et nous semons à fleur de terre un bon kilogramme de poudre. La nuit était noire et le ciel chargé de nuages. L'opération finie, j'allume une fusée volante, qui me montre le roi dans son arbre. Je ramène mon nègre au logis et je lui recommande encore le silence; on me le vole, et ma foi! je ne sais pas ce qu'on lui fait : il n'a jamais reparu. La pluie tombe le lendemain et les trois jours suivants; mes pois s'en trouvent à merveille. Ils germent, ils lèvent, je les rame moi-même; je les visite tous les jours, et tous les jours je m'aperçois que je ne suis pas seul à surveiller leur croissance : il y a des traces d'échelle au pied de la palissade et des traces de pieds nus sur le sol. La floraison se fait, les premières cosses se remplissent; j'éprouve à cette vue une violente tentation de manger des petits pois. Mais je refrène mon appétit : ces légumes sont réservés à de plus hautes destinées.

Deux mois juste après les semailles, nous avions çà et là quelques pois mûrs. Je me rends seul à mon enclos, avec un grand ballot de percale en pièce, et je déroule ma cotonnade sur le sol, entre les rangs de rames; j'ouvre, sans les arracher, les cinq ou six cosses les plus mûres, et je sème vingt-cinq grains de poudre, bien comptés, qui se dessinent en noir sur le blanc. J'aurais été bien étonné le lendemain si j'en avais trouvé plus de douze. Il me parut évident que les oiseaux ne les avaient pas mangés. Je doublai, je triplai la dose, et je constatai avec joie que ce cher Mamaligo s'associait en frère à ma petite récolte. Alors je simulai la méfiance, j'arrachai tout et j'emportai les tiges mêmes à la maison. Une semaine après, Mamaligo mit son parc en culture. Le jardinage agit favorablement sur son humeur ; il devint gai, caressant, plaisant même. Lorsque je répétais devant lui, par habitude : « Les Français seront toujours plus grands magiciens que toi, » il se mettait à danser dans sa chambre en se donnant des coups de poing sur la tête. Il trouvait un malin plaisir à me promener des heures entières dans son parc fraîchement labouré. Je me faisais tirer l'oreille, j'alléguais tantôt la fatigue, tantôt une indisposition, mais je me laissais toujours entraîner, pour lui complaire. Seulement, je prenais une grosse canne, et chaque fois que je m'appuyais, mon bâton creux, bien machiné, plantait un pois. J'espère, monsieur Faflaux, que vous voyez d'ici l'effet de ma malice ?

— Que trop, Mouton ! Ah ! je ne vous savais pas si dégourdi.

— Soyez juste ! Si j'étais un liquoriste à la douzaine, j'aurais pourri à Bordeaux sur ma faillite ; je ne serais pas venu à Lyon, je n'aurais pas inventé la Thaborine, ni acheté la Grande-Balme, ni fondé ce que j'ai fondé. Et vous, qui paraissez tout ébahi de mes ressources, vous n'auriez pas eu l'idée de m'offrir une si belle mission en Afrique !

— Allez toujours ; je veux épuiser le calice.

— Lorsque les petits pois commencèrent à lever dans le jardin royal, Mamaligo laissa percer dans toutes ses actions une joie insolente. Il traita familièrement le factotum de M. de Lanrose, il fit emprisonner un jeune ingénieur qu'il soupçonnait à tort ou à raison de lui avoir emprunté une femme ; il prétexta une guerre lointaine pour enlever deux mille nègres aux travaux de la colonie ; il réclama la moitié du revenu des douanes et parla de soumettre les blancs à des impôts exorbitants. Du jour au lendemain, il tripla le prix des bestiaux et des grains qu'il nous livrait. Le consul, qui n'avait que son traitement pour vivre et qui entretenait un personnel assez nombreux, réclama à cor et à cri : on le prenait par la famine ! Le roi laissa crier, il devint inabordable ; il inventa mille prétextes pour éloigner une audience qu'on lui demandait. Au milieu de ces tergiversations insolentes, survint le paquebot de Marseille avec M. Castafigue.

— Ah ! bravo !

— Vous croyez ? Le fait est que ce cher capitaine était absolument de votre avis. Aussitôt débarqué, il annonça qu'il venait rétablir les affaires, châtier les intrigants, déjouer les complots, et mettre le roi lui-même à la raison. Le roi, qui n'était pas trop rassuré, doubla sa garde et défendit sa porte : à peine s'il accepta les présents diplomatiques de son ancien ami. Plus il se renfermait, plus le capitaine faisait rage : j'ai reçu sa visite ou pour mieux dire sa bordée ; mais au lieu de lui tenir tête, je l'entretins dans l'idée que tout devait trembler devant lui. Mamaligo finit par lui donner le jour et l'heure d'une audience ; mais au lieu de l'attendre, il s'embarqua dès le matin avec dix femmes et cent bouteilles sur le bateau magique ou l'aviso à vapeur que M. de Lanrose mettait à sa disposition. Les petits pois commençaient à fleurir. Le roi fut quatre jours en voyage, recrutant en chemin les principaux vauriens de son empire. Il revint ivre, au milieu de quarante gaillards plus intraitables que lui. Toute cette canaille hurlait d'insolence en abordant à Lohé; ils jetaient leurs bouteilles vides à la tête du commandant et du mécanicien, et tiraient à balle sur les curieux de la ville. Au moment de débarquer, Mamaligo courut à l'arrière, s'empara du pavillon français et s'en fit un manteau grotesque qu'il emporta fièrement dans son palais. »

Ce dernier trait mit le comble à l'exaspération de M. Castafigue. Tandis que la colonie française délibérait en tumulte au consulat, le Marseillais fourra deux revolvers dans ses poches et prit une *courbache* à la main. C'est un fouet découpé dans le cuir d'hippopotame. Les sentinelles du palais s'enfuirent en voyant qu'il avait le chapeau sur l'oreille; il poussa jusqu'aux appartements de réception où les grands vassaux tout nus firent un semblant de résistance et s'enfuirent sur la simple présentation des pistolets. Le capitaine enfonça une dernière porte et surprit Sa Majesté qui dansait un pas triomphal au milieu de cinquante femmes. Saisir le roi par les cheveux, lui arracher le drapeau tricolore et le fouailler à nu, jusqu'au sang, fut pour ce vaillant marin l'affaire de cinq minutes. Les femmes se dérobèrent, Mamaligo pleura, demanda grâce, promit monts et merveilles, et jura *in petto* de se venger dès qu'il pourrait. Le même soir, à la nuit tombante, j'allai prendre congé de lui. Mes employés étaient partis dans la journée avec tous nos bagages; j'avais mes chevaux tout sellés pour gagner la mer pendant la nuit et prendre le paquebot qui avait amené M. Castafigue.

Le roi me reçut sans difficulté; depuis plus de six mois, j'avais les grandes et les petites entrées. Je le vis aussi pâle qu'un nègre peut l'être; il semait de la poussière sur ses cheveux beurrés et serrait son menton entre ses genoux en poussant des cris farouches. Je le flattai de la main et je l'invitai à venir boire le coup de l'étrier dans une de mes cabanes. Ma proposition ne pouvait lui déplaire, mais elle l'étonna : je lui avais vendu huit jours auparavant mon solde de marchandises, avec un fort rabais pour cause de départ.

« Tu en as encore? me dit-il.
— Pas une goutte.
— Hé bien?
— J'en ferai devant toi.
— Tu le peux?
— Mais sans doute, avec la bouteille magique. Dis qu'on apporte des gourdes, des bouteilles, des cruches, des cuveaux; je remplirai tout ce que tu voudras. C'est un cadeau d'adieu; un souvenir que je te laisse en attendant que je revienne. »

Mamaligo me suivit en chancelant un peu, car il avait lavé dans l'alcool les injures de Castafigue. Derrière lui, marchaient douze esclaves chargés de toute sa vaisselle disponible. Je fis porter les gourdes et les flacons dans une maison vide et démeublée qui n'était même plus à moi.

« C'est donc ici, dit-il, que tu vas faire ta magie ?

— Sans doute.

— Avec quoi ?

— Avec ça, » répondis-je en lui donnant une bouteille vide qui trainait dans un coin. Il la prit, la tourna en tout sens, la flaira et me la rendit en secouant la tête.

« Allons, dis-je, assieds-toi, et fais sortir ton monde. Tu sais que la magie ne se fait pas en public. »

Il s'accroupit, me présenta une énorme calebasse et attendit le miracle ; mais son regard disait assez clairement qu'il n'avait pas la foi. Je le fis languir un bon moment en secouant devant lui la fiole vide. Lorsqu'il fut sur le point de perdre patience, je lui dis :

« Écoute-moi bien, il faut parler à la bouteille....

— En français ?

— Bien entendu, puisqu'elle est française. Mais le discours n'est ni long ni difficile ; ce n'est qu'un mot.

— Dis-le !

— Coule ! »

Aussitôt la bouteille coula, mais non pas timidement, avec hésitation, comme les flacons ordinaires : elle regorgea, elle jaillit, elle lança le liquide au visage du roi qui riait, qui criait, qui se léchait, se gargarisait et plongeait son museau camard dans la calebasse à demi pleine.

« Ah çà ! comment donc faisiez-vous ? Vous n'êtes pourtant pas sorcier !

— Non, mais j'ai tâté de plusieurs métiers, monsieur Faflaux, après ma grande déconfiture. D'ailleurs j'ai la main leste, et puis c'est un jeu d'enfant que de berner un nègre, surtout quand il est ivre. J'avais mis en réserve un tonneau de Thaborine, contenant environ mille litres. Il était caché au milieu de cent futailles vides, dans un chai voisin ; (à Bordeaux, nous appelons chais nos greniers à liquides). Un grand tube logé sous terre communiquait avec un tuyau de caoutchouc que je portais sur moi, le long du corps, jusqu'au bout du bras droit. La bouteille était percée d'un trou invisible, dans le fond ; j'établissais ou je fermais la communication par un simple mouvement du coude : un jeu d'enfant, vous dis-je !

Mamaligo n'y vit que du feu. Je remplis tous ses ustensiles, j'inondai le sol de la baraque, je le baignai lui-même, depuis la tête jusqu'aux pieds ; je lui fis tenir la bouteille, je lui appris à dire : coule !

De sa vie, il n'a prononcé plus correctement un mot français ! Jugez dans quelle ivresse il devait être après une heure de ce commerce : je chancelais moi-même, la vapeur seule m'avait grisé ! Mais je n'étais pas encore assez pris pour oublier mon plan, c'est-à-dire le vôtre. Lorsque le roi fut bien persuadé qu'il tenait à la main la source inépuisable de son plaisir favori, je lui repris poliment la bouteille et je me mis en devoir de l'emballer devant lui. J'avais fait préparer trois cassettes d'inégale grandeur qui s'emboîtaient l'une dans l'autre. La bouteille fut logée dans la plus petite et entourée de coton en feuilles, comme un bijou précieux. Le roi me voyait faire et son visage exprimait une stupeur touchante.

Chaque boîte fermée, chaque tour de clef donné aux petites serrures lui arrachait des soupirs. Il offrit trois ou quatre fois de m'acheter le trésor magique, haussant toujours la mise et enchérissant sur lui-même chaque fois que je disais non. Foi d'honnête homme, il n'a tenu qu'à moi d'échanger cette bouteille contre des tonneaux d'or, des poignées de diamants, des cargaisons d'ivoire et mille femmes, que dis-je? mille reines! Car il en vint à m'offrir son troupeau favori.

Mais vous m'aviez défendu de rien faire contre la morale, et d'ailleurs votre vengeance devait passer avant mes intérêts.

— Ne parlons plus de cela, je vous prie. A tout péché miséricorde, mon cher ami : je ne veux plus aucun mal à M. de Lanrose.

— Ah! tant pis! car le roi, lorsqu'il vit que je ne voulais pas lui vendre la bouteille, essaya de me l'arracher par force. J'en eus raison sans peine et je l'assis par terre au milieu des calebasses qui débordaient sur son corps nu. Il se releva tout piteux et me suivit comme un chien.

— Tu ne peux pas venir avec moi, lui dis-je, car je vais déposer cette boîte au consulat français, où elle attendra mon retour. J'ai peur que le consul ne soit furieux contre toi. »

« Bien! tu feras ton devoir. Mais nous allons peut-être rencontrer M. Castafigue! »

Il jura de prendre le pied de Castafigue et de se le poser sur la tête. A la bonne heure!

Je lui permis de me suivre à distance et vous jugez si mon entrée, suivie de la sienne, fit sensation au consultat français. Castafigue y avait dîné, il fumait sur la terrasse avec les ingénieurs et les principaux employés de la colonie. Mamaligo s'imposa mille petites humiliations à lui-même; il fit pitié. Cependant je crus voir que ses yeux éteints par l'ivresse lançaient de temps à autre un éclair. Il ne me quitta point d'une semelle et me vit confier mon dépôt à M. le consul. Toute l'assistance, excepté lui, pensa que je laissais des papiers et des titres. Le consul enferma le coffre dans une armoire de fer et me promit que, lui vivant, personne n'attenterait à mon bien. Le roi tressaillit en entendant fermer la lourde porte, et il tomba dans une rêverie que mon départ seul interrompit.

Je pris congé de M. le consul et de tous ces braves colons que je n'espérais plus revoir, et j'allai retrouver mes chevaux, toujours suivi du roi : il me tint l'étrier de son auguste main tremblotante. Au moment de quitter cette pauvre ville de Lohé, dont j'avais assuré l'avenir à ma manière, je me penchai une dernière fois vers Mamaligo et je lui dis :

« Voyons, décidément, combien de poudre d'or me donnerais-tu pour ma bouteille ? »

Il releva la tête et me dit :

« Pas un grain ! »

J'en conclus, cher monsieur Faflaux, que votre affaire était faite.

— Expliquez-vous, Mouton. J'ai peur de vous comprendre ; mais malgré moi j'espère encore qu'il y a un malentendu entre nous.

— Tiens ! Je croyais avoir été limpide.

— Pensez-vous que le roi, après votre départ ?...

— La nuit de mon départ, il a dû s'aplatir n'importe où, le long d'un mur et cuver sa Thaborine jusqu'au matin, la chose est sûre. Mais le lendemain, dès l'aurore, il a couru chez le consul et sommé les autorités françaises de lui délivrer mon dépôt.

— Le consul ?...

— Lui a ri au nez ; c'est un honnête homme à tous crins, et par-dessus le marché, un dur à cuire. Là-dessus, Mamaligo a convoqué le ban et l'arrière-ban de sa noblesse, car ils sont féodaux en diable, dans cette illustre Moricautie, il a battu le rappel de ses troupes, distribué des fusils à tous les ouvriers et jeté vingt mille hommes sur le palais du consulat, qui est grand comme deux guérites.

— Mais les Français sont braves et bien armés, grâce à Dieu.

— Certainement. J'estime que chacun d'eux a jeté bas cinq ou six nègres. Mettons dix, si vous voulez, pour bien faire les choses. Après quoi leur tour est venu, et Mamaligo s'est emparé de ma cassette. Tandis qu'il lui dit : *Coule* et qu'il serre le goulot au point de l'étrangler entre ses mains royales, le peuple victorieux se livre aux plaisirs de la destruction. L'homme est partout le même, monsieur Faflaux. Les maisons, les magasins, les navires, les machines, les outils, tout ce matériel qui représentait là-bas les millions de M. de Lanrose a fourni les éléments d'un feu de joie comme vous n'en avez jamais vu, même le jour de la Saint-Jean.

— Mais c'est un crime affreux. Les hommes, passe encore ! Mais les machines, les outils, les millions, Mouton !

— Crime est un mot qui manque au dictionnaire chôta de ce bon M. Castafigue. Les naïfs habitants du Humbé, malgré mes soins et mes leçons, ignorent la distinction du bien et du mal.

— On la leur apprendra à coups de canon, j'espère ! Pourquoi la France a-t-elle des flottes et des armées, sinon pour châtier de pareils attentats ? Mamaligo payera en bon argent la peine de son crime. Oui, crime ! Le mot est français, et il y a trente-six millions d'hommes pour l'expliquer à votre scélérat de roi noir. Nous lui ferons payer cent millions d'indemnité ; et pourquoi pas deux cents, puisque nous sommes les plus forts ?

— Reste à savoir, monsieur, si Mamaligo vit encore, et j'en doute. Les grands vassaux guettaient l'occasion de démembrer la monarchie, et le roi leur a fait la partie belle en s'adonnant à la boisson.

— Soit ! Ils payeront pour lui. Qu'importe, pourvu qu'on paye ?

— Oui, mais je crois que les seigneurs, après avoir jeté le roi par terre, sont tombés à leur tour. On exploitait beaucoup le simple nègre, et maintenant qu'il a passablement de fusils...

— Peuple, noblesse ou roi, quelqu'un payera, sapristi !

— Le peuple ? Il n'a rien. Je dis plus : il n'existe pas. Ce n'est qu'une poussière noirâtre dont la plus grande partie se dispersera dans l'intérieur des terres au premier coup de canon : le reste continuera de vivoter le long du fleuve, attrapant le poisson avec des épines fourchues ou cultivant le sol à la pointe d'un petit bâton. C'est un État de trois millions d'hommes que j'ai effacé de la carte, mon cher monsieur Faflaux, pour votre bon plaisir.

— Hélas !

— Je n'y avais aucun intérêt, moi ; au contraire. L'usine de la Grande-Balme va perdre, par mes soins, son plus précieux débouché. »

M. Faflaux s'était laissé aller à un mouvement de franchise devant Mme Martin. Il fut plus sage avec M. Mouton, car il était mieux sur ses gardes. Au lieu de s'arracher les cheveux, il prit un air résigné, presque indifférent, et dit à l'instrument de ses vengeances :

« Savez-vous qu'il y aurait de l'argent à gagner sur cette nouvelle-là ?

— Comment ? vous voulez dire : à perdre ?

— Est-ce qu'on ne gagne pas à la baisse comme à la hausse ? Si j'avais trois mille actions de Humbé, je me hâterais d'en vendre six mille, fin courant, et, supposé que je perdisse quelque chose sur les miennes, je m'indemniserais grassement par la différence réalisée sur les autres.

— Je crois que la baisse est escomptée.

— C'est impossible : personne ne sait rien à Paris.

— A Paris ? dame ! voyez ! Le certain, c'est qu'à Lyon et à Marseille le Humbé est invendable aujourd'hui. »

M. Faflaux pâlit et ses mâchoires se contractèrent. Ainsi, dit-il, tout le monde a su mon secret avant moi ?

— Eh ! que diable, répondit Mouton, soyez juste ! Je vous ai averti en débarquant à Marseille ; vous aviez tout le temps de faire un coup, si vous vouliez. Nos amis n'ont été avisés qu'après vous : ils se sont mis tous à vendre des Humbé. En voulez-vous dix mille à vingt sous pièce, livrables fin courant ? Je gagnerai encore dix mille francs sur l'affaire, car en liquidation le papier de M. Lanrose se donnera pour rien.

— Cependant il y a un actif.

— En Afrique ?

— A Paris ! maisons, navires, valeurs en caisse et le reste !

— Le tout ensemble ne payera pas le quart des dettes : il y a des mémoires formidables à la Ciotat, au Creuzot, à Paris. Les créanciers toucheront quinze à vingt pour cent, les actionnaires n'auront pas un sou. M. de Lanrose n'est pas seulement ruiné avec M. Gilot et tous les parents de sa femme, mais s'il met les pieds à la Bourse, il sera lapidé. Ai-je bien travaillé, mon maître ?... »

Le bonhomme haussa les épaules en frappant du pied pour toute réponse. Ce mouvement d'impatience fut mal interprété par le thaborite ; il se rapprocha de M. Faflaux, lui caressa doucement l'omoplate gauche, cligna des yeux et lui dit :

« Eh ! gros farceur ! Je sais où le bât vous blesse. Ne craignez rien ; on vous a fait votre lot dans la répartition des bénéfices. C'est une cinquantaine de mille francs qui vous tombent du ciel. »

M. Faflaux rebondit sous le coup. C'était assurément la première fois de sa vie qu'il s'entendait traiter de gros farceur. L'exiguïté de son physique et la gravité imperturbable de son esprit protestaient unanimement contre cette qualification malsonnante. « Ménagez vos expressions ! répliqua-t-il, et apprenez à me connaître ! Je fais le bien pour le bien !

— Oui, pour le bien qu'il vous rapporte. Nous ne sommes pas des enfants, caracabombi ! Ne faites pas attention ; c'est du chôta, une langue morte. Je dis, monsieur Faflaux, que nous ne sommes pas des enfants. On sait ce que l'on sait. Eh ! là-bas ! Simple commis de librairie ! homme aux quinze cents livres par an ! Ce n'est pas aux vieux singes comme moi qu'on apprend l'art des grimaces. Voulez-vous que je vous dise ce que vous avez placé chez votre notaire, M. Paumule, en moins de quatre ans ? Quarante mille de nous, trente du mobilier et des voitures Saint-Génin, vingt-cinq...

— Assez ! Si votre ingratitude oublie que je vous ai tiré de la poussière, souvenez-vous au moins que vous pouvez avoir encore besoin de moi.

— Besoin de vous ? Pour moi ?

— Pour vous, ou pour les vôtres.

— Ces braves gens de la Balme ? Hé bien, tenez ! je pense sérieusement à leur envoyer ma démission. J'ai quelques capitaux, je fabriquerai la thaborine à mon compte.

— Malheureux !

— Pas si malheureux que vous croyez. J'aime mieux redevenir un homme pour de vrai que d'être un moine de fantaisie.

— C'est ce voyage qui vous a perdu !

— Et qui est-ce qui m'a conseillé ce voyage ?

— Adieu, monsieur Mouton ! je vous plains.

— Bonsoir, monsieur Faflaux. Vous serez seul à me plaindre. »

Sur cette conclusion, M. Mouton s'assura que son bout de cigare était bien éteint, secoua la cendre avec scrupule et s'introduisit le reste entre la joue et la mâchoire. Puis, boutonnant jusqu'au menton sa redingote trop longue, inclinant sur l'oreille son chapeau à larges bords et fredonnant une chanson de matelot, il arpenta les couloirs de l'hôtel mystérieux.

Il était onze heures du soir. M. Faflaux avait si grande hâte de conférer avec son neveu qu'il prit un fiacre. Mais il eut beau prodiguer un franc cinquante, il ne joignit pas le jeune homme aussi vite qu'il l'espérait. Ce fut en vain qu'il interpella tous les valets de sa petite voix sèche et despotique : les valets n'aiment pas les parents de leurs maîtres, et généralement tout ce qui leur donne des ordres sans leur payer des gages. Ils savent opposer aux étrangers domiciliés sous leur toit une résistance inerte et polie, à moins que les intrus ne leur donnent beaucoup d'argent. Or, M. Faflaux n'avait pas su se rendre populaire à l'office : on l'appelait le père dix sous. Les domestiques de la maison, adjurés l'un après l'autre, se retranchèrent dans leur service et protestèrent qu'ils se feraient tuer plutôt que de se rendre importuns à M. le comte. Le valet de chambre de Gontran ne niait pas qu'il n'eût le droit de réveiller son maître en un besoin pressant, mais rien ne lui prouvait que monsieur fût endormi, et son service n'était pas dans l'appartement de madame. La femme de chambre de madame avait le droit d'entrer chez sa maîtresse, mais le respect et le devoir lui interdisaient de déranger monsieur. Le bonhomme écumait ; ce dernier contre-temps usait son reste de patience : il arrivait à ce degré de mauvaise humeur où l'on voudrait avoir du canon pour ouvrir une porte.

Tout ce qu'il put obtenir de ces despotes en livrée fut une chaise, une lampe et la permission d'attendre monsieur dans l'antichambre de son appartement privé. Mais on l'avertit que monsieur pouvait rentrer fort tard ou point du tout. Malice gratuite : le comte de Mably, fidèle à son système, ne s'oubliait jamais hors de chez lui jusqu'au matin. Le fait est qu'il apparut vers une heure et demie, souriant avec béatitude, l'esprit déblayé de toutes ses préoccupations, et le corps admirablement disposé au sommeil. Il ne vit cet animal modeste qu'au moment de marcher sur lui. « Que diable faites-vous là ? dit-il en lui promenant le bougeoir autour de la figure. Est-ce bien vous, cher oncle, qui montrez ce visage sinistre à la porte d'un homme heureux ?

— Monsieur, dit le vieillard, parlez plus bas, entrons dans votre chambre et poussons les verrous. J'ai à vous annoncer les choses les plus graves.

— Votre parole ? Eh bien, mon oncle, si le sujet est sérieux, raison de plus pour l'ajourner à demain. Aujourd'hui, je n'ai qu'une idée : dormir solidement sur mon lit de garçon. Vous-même, vous avez fait infraction à toutes vos habitudes, on le voit. Vous n'avez pas bonne mine. Allez dormir aussi ; il fera jour demain.

— Demain, monsieur, vous serez mort ! Et ruiné !

— Si je suis mort, la ruine tombe au rang des malheurs secondaires.

— Secondaires? Et ma nièce?

— Ah! pardon. Eh bien, non. Je suis sûr que Valentine, si elle était ici, ne me démentirait pas. Monsieur Fafiaux, votre nièce est la meilleure et la plus adorable des femmes, et je ne pourrais jamais vous dire combien je vous sais gré de me l'avoir donnée.

— Il n'en est pas moins vrai que vous l'avez indignement trahie!

— Chut! Parlez plus bas. On ne crie pas ces sortes de choses dans une maison habitée. Vous savez donc l'histoire?

— Je sais tout, déserteur de la foi conjugale!

— Pas si haut, sarpejeu! Eh bien, oui, j'ai fait une étourderie, et, sincèrement, je déclare qu'on ne m'y reprendra plus. J'y mettais du mien, là, sans rire.

— Je ne ris pas, monsieur. Je pleure intérieurement à l'idée des conséquences imminentes.

— Quoi! vous craignez que Valentine...? Non, elle ne sait rien, et, si vous n'êtes pas plus bavard que moi, elle ne saura jamais rien.

— Mais, malheureux! il ne s'agit pas d'elle! On vous a dénoncé nominativement au mari. Le glaive est suspendu sur votre tête. Habillez-vous, fuyez, emmenez Valentine! Il ne faut pas que le soleil levant vous trouve en ces lieux. Je resterai seul à Paris, et si j'arrive à sauver quelques débris de votre fortune, je vous les ferai tenir à l'étranger.

— Quels débris? De quelle fortune?

— Hélas ! tout ce que je pourrai reprendre à M. de Lanrose.

— Vous supposez qu'il songe à se payer sur mon bien ?

— C'est lui qui aura du mal à vous payer ; j'en tremble. Il est ruiné de fond en comble.

— Le marquis ?

— Non ! Le comte.

— Ah ! pour le coup, cher oncle, je n'y suis plus. A quel jeu jouons-nous ?

— Un jeu, monsieur, où l'on perd la fortune et la vie.

— Moi, je n'y perds que la tête, au moins pour le moment. De quel Lanrose parlez-vous ?

— Des deux. Le père vous tuera si vous ne fuyez cette nuit même ; le fils vous mettra sur la paille si je n'arrive à temps pour tout sauver.

— Nous disons donc deux dangers ?

— Sans doute ! Deux dangers terribles !

— Hé bien ! si le second n'est pas plus à craindre que le premier, je me couche.

— Mais c'est de la démence !

— Soit ! Qui est-ce qui vous a conté mon histoire avec le marquis ?

— Une personne admirablement informée.

— Dites-lui de ma part qu'il lui reste beaucoup à apprendre.

— Elle en sait plus que vous, puisqu'elle sait qu'il viendra demain matin…..

— C'est parfait. Maintenant, l'autre affaire. On dit donc que ce pauvre Adhémar ?….

— Est ruiné, et qu'il vous ruine.

17

— D'où vient-elle, cette histoire-là ?

— De Lohé, capitale du....

— Connu. Et la colombe ou le corbeau qui nous apporte ces nouvelles ?

— Un homme admirablement in....

— Formé, oui. Mais si vous ne me dites pas son nom sans barguigner, je me couche.

— Il le faut ? Eh bien, le messager de votre ruine s'appelle M. Mouton.

— Mouton ! Mouton lui-même ? Le coup est décisif. Ah ! c'est Mouton qui vient prophétiser notre ruine ? Alors, je n'hésite plus. Bonsoir, mon oncle, je dors. »

M. Faflaux saisit Gontran par les deux mains, le regarda dans les deux yeux, et finit par tomber à deux genoux devant cet incrédule.

« O lumières du ciel ! disait-il, vous ne voulez donc pas briller pour cet aveugle ! Mon neveu ! cher neveu ! mari de Valentine ! il s'agit de vos jours et de vos capitaux. Laissez-moi tout sauver ; ce n'est pas pour vous, c'est pour elle ! »

Le comte éclata de rire à cette naïveté. M. Faflaux fit un dernier effort et trouva dans le coin de son œil gauche une larme oubliée.

« Mais pourquoi ? criait-il, pourquoi refusez-vous de me croire ?

— Eh ! cher oncle, parce que je vous connais comme le plus naïf et le plus pusillanime des hommes. Parce que je vous ai déjà vu faire deux ou trois scènes pareilles pour des enfantillages. Je ne crois pas aux deux dangers dont vous me menacez, parce que le premier est évidemment absurde, et que sur le premier je mesure l'authenticité du second. Vous me citez le témoignage d'un Lyonnais appelé Mouton?

— Oui, cent fois oui !

— Mais ce Mouton nous est connu pour un intrigant et un ennemi de la colonie. Ce n'est pas la première fois qu'il cherche à propager des bruits alarmants. Nous sommes donc autorisés à dédaigner ses racontages.

— Et moi je vous affirme qu'il dit la vérité. Je vous jure que vous n'avez pas une minute à perdre pour vendre à n'importe quel prix le papier de M. de Lanrose; et comme cette fortune aujourd'hui si compromise appartient à ma nièce, comme elle est le fruit de mes travaux, de mes calculs et de mes économies, je vous somme, monsieur, de me livrer les titres à l'instant.

— Et moi, mon cher monsieur, comme ce n'est pas la première fois que vous cherchez à vous immiscer dans mes affaires, comme il m'est démontré que vous avez la manie de morigéner à tort et à travers les bonnes gens qui vous laissent prendre pied dans leur maison; comme je ne suis plus un enfant, mais un homme éprouvé par quelques vicissitudes et capable de me gouverner moi-même; comme je suis chez moi; comme j'ai grand sommeil, comme vous m'ennuyez à la fin, je vous donne le bonsoir et je m'enferme dans ma chambre. »

Le geste suivit la parole. Le vieillard si brusquement éconduit entendit le bruit d'un verrou et demeura bouche béante devant la chambre de Gontran. Il s'escrima des mains et de la voix contre la porte fermée sans obtenir un mot de réponse. En désespoir de cause il enfonça son chapeau sur sa tête, redescendit l'escalier quatre à quatre, éveilla le concierge et se lança à corps perdu dans les rues de Paris.

Les chiffonniers, les balayeurs, les porteurs de journaux et tous les hommes du matin virent passer ce petit homme et saisirent au hasard les fragments d'un monologue assez décousu.

« Ingrat!... c'était bien la peine de prendre un fiacre!... Meurs si tu veux ; je ferai entendre raison à Valentine.... Pourvu que je sauve l'argent! Travaillez donc!... C'est le Lanrose qu'il me faut.... Je lui ferai peur du scandale ; il payera.... Mais aura-t-il de quoi ?... Oui, oui.... Ces gens sont malhonnêtes, grâce à Dieu.... Ils ont gardé une poire pour la soif.... à nous la poire ! »

Je vous fais grâce des jurons innocents et même, Dieu me pardonne! des petits bouts de prières qui coloraient ce singulier discours.

Il s'arrêta rue de Ponthieu, et perdit une grande demi-heure à réveiller le concierge d'Adhémar. Ces messieurs ont l'oreille dix fois plus dure que d'habitude quand leurs maîtres sont à la campagne. Enfin M. Faflaux put contempler face à face un grand coquin renfrogné, qui d'une main entr'ouvrait la porte et de l'autre frottait ses yeux bouffis.

« Monsieur de Lanrose est-il toujours à la campagne?

— Puisque vous saviez qu'il n'est pas ici, vous n'aviez pas besoin de me réveiller.

— J'ai besoin de savoir où il est tout de suite.

— Mais c'est donc une rage de savoir où il est?

— Je ne suis pas le premier?

— Il en est venu plus de vingt depuis hier quatre heures, et tous des figures à l'envers, comme la vôtre.

— Diable! Et il est toujours à Carville?

— A Carville-sur-mer, département de la Normandie. A preuve que je lui ai encore envoyé une dépêche hier soir.

— Merci.

— Dites donc, m'sieu, si j'avais su que j'aurais un beau merci pour ma peine, plus souvent que j'aurais quitté mon lit à des quatre heures du matin! »

M. Faflaux ne releva pas l'impertinence; il courut au chemin de fer d'Amsterdam et s'enquit du premier train en partance pour Carville. C'était un train mixte, mi-parti de voyageurs et de bestiaux; il correspondait à Poissy avec un train omnibus, et, grâce à toutes ces lenteurs additionnées, M. Faflaux arrivait une heure plus tard que l'express, en partant deux heures plus tôt. Il partit cependant, car il ne se sentait pas la patience de piétiner deux heures de plus sur le pavé de Paris.

Chemin faisant, le chef de cent mille hommes et de cent millions fut contraint de s'avouer que son omnipotence avait des bornes, puisqu'en un besoin si pressant, il cheminait, comme un Mérovingien, du même pas que les bœufs.

Aussitôt débarqué, il courut au célèbre chalet de la falaise, mais les portes ne s'ouvrirent point par enchantement devant lui. Il demanda M. le comte.

M. le comte était sorti. Où pouvait-on le rencontrer? Madame seule le savait. Madame était-elle à la maison? Oui, mais madame n'était pas visible. Il fit passer sa carte, sa belle carte manuscrite en papier doré sur tranche. On la lui rapporta d'un air impertinent en l'invitant à écrire à Mme la comtesse s'il avait quelque chose à solliciter. Il écrivit séance tenante :

« Comme représentant des intérêts de M. le comte de Mably, M. Faflaux désire communiquer immédiatement avec M. le comte de Lanrose au sujet de la colonie du Humbé. »

La fière Yolande fit répondre que le comte Adhémar était reparti pour Paris dans la matinée et qu'elle n'avait pas pouvoir pour traiter avec les gens d'affaires.

M. Faflaux n'obtint rien de plus, mais ces pourparlers lui avaient fait manquer un train. Il revint à Paris pour minuit moins le quart, moulu de fatigue et ivre de colère. En courant à l'hôtel de Lanrose, il acheta le dernier journal du soir à une marchande qui fermait boutique. Mais il eut beau s'écarquiller les yeux sur le cours de la Bourse à la lueur d'un bec de gaz : le Humbé n'avait pas été coté ce jour-là !

Il aborda les faits divers, pour voir si son neveu Gontran avait été égorgé à domicile. L'égorgement du comte de Mably ne figurait point parmi les crimes du jour. Mais en revanche une nouvelle étourdissante lui dilata les pupilles. Il faillit tomber à la renverse en lisant les lignes que voici :

« M. le capitaine Castafigue, chargé d'affaires de S. M. le roi du Humbé, est arrivé hier à Marseille et parti immédiatement pour Paris. »

C'était ample matière à réflexion. Si Castafigue est revenu, pensa M. Faflaux, tous les Français n'ont pas péri à Lohé. Que dis-je? Aucun n'a péri, car le roi était spécialement indisposé contre le capitaine, et pour cause. Donc nous sommes vainqueurs, donc j'ai bien fait de ne pas vendre aujourd'hui les actions de Valentine. Quand je dis que nous sommes vainqueurs, est-il même certain qu'il y ait eu bataille? Castafigue n'est pas homme à rester le chargé d'affaires d'un ennemi du nom français. Il garde son mandat, donc les choses sont en ordre, nos intérêts en sûreté, et je n'ai pas besoin de courir chez le comte de Lanrose, qui très-probablement ne me recevrait pas si tard.

Cette réflexion coupa son itinéraire par le milieu; il se rabattit sur la rue Saint-Dominique et surprit Valentine et Gontran qui soupaient en tête à tête, dans la petite salle à manger. Une véritable partie fine!

Les deux époux avaient l'air de deux amants. Valentine rougit comme une bergère surprise, en voyant entrer le barbon. Gontran lui-même était si heureux qu'il oublia la scène de la nuit. Il invita M. Faflaux à souper et l'installa d'autorité dans une excellente chaise. Le bonhomme hésitait, quoiqu'il eût oublié de manger depuis la veille. Ce tableau d'intérieur déroutait ses idées; il croyait rêver.

« Nous sommes allés au théâtre, dit Valentine.

— Ah!... Et, comme ça, il n'y a rien de nouveau?

— Mais si! Une première représentation de MM. Barrière et Thiboust. C'est très-fort et très-joli, deux qualités qui ne vont pas souvent ensemble. »

M. Faflaux secoua la tête comme un chien taquiné par une mouche. Ses yeux mal rassurés interrogèrent Gontran, qui se mit à rire : « Eh bien, mon cher oncle, dit-il, vous ne faites pas comme nous? On ne va pas mal ici, vous voyez. Une aile de poulet froid avec une tranche de jambon, hein? »

Le vieillard se laissa faire. On lui versa du vin de Champagne glacé, et, dans son émotion, il oublia qu'il était à Paris, rue Saint-Dominique : « Allons, dit-il en approchant son verre, à vos santés ! »

On sourit et l'on trinqua. Cet homme, desséché par les petites ambitions et les tripotages mesquins, avait eu un bon mouvement, en somme.

« Ainsi donc, reprit-il, tout va bien dans ce pays-ci. A la bonne heure. Qu'est ce que la Bourse a fait? Le sait-on ?

— Ma foi, répondit le comte, je ne m'en suis pas informé.

— Vous n'avez rien entendu dire sur le Humbé ?

— Nous n'avons pas bougé d'ici jusqu'à l'heure du spectacle ; nous avons vu la comédie sans sortir de la loge, et, ma foi ! les acteurs n'ont rien dit du roi Mamaligo.

— Le capitaine Castafigue est arrivé ce matin.

— Tant mieux. Vous l'avez vu?

— Non. Demain. M. Adhémar de Lanrose a quitté Carville; je le verrai aussi. J'ai besoin de fixer mes idées.

— Sur quoi? dit Valentine.

— Sur rien qui t'intéresse, chère enfant. Sur un nommé Mouton, un assez mauvais garnement, qui publie des mensonges horribles.

— Hé bien, reprit Gontran, il faut le laisser dire.
— Oui, vous avez raison. L'homme qui rompt ses vœux les plus sacrés est capable de tous les crimes. A la santé de monsieur Castafigue, du roi Mamaligo et de monsieur.... je dis bien.... de monsieur le comte Adhémar de Lanrose! »

L'oncle, la nièce et le neveu soupèrent de grand appétit et devisèrent gaiement jusqu'à deux heures du matin. M. Faflaux daigna sourire aux jolis enfantillages des jeunes gens, qui semblaient recommencer sous ses auspices une nouvelle lune de miel. Il leur donna le bonsoir à la porte des petits appartements de Valentine et leur administra du bout des doigts quelque chose qui tenait le milieu entre la pichenette et la bénédiction. Rentré dans sa cellule, il dormit d'autant mieux qu'il était moulu de fatigue; les rêves les plus séduisants le bercèrent jusqu'au jour. Il vit la hausse des actions du Humbé, la déconfiture exemplaire de M. Mouton, qui avait spéculé sur la baisse; il s'admira lui-même vendant les actions de sa nièce avec un bénéfice de cent pour cent, rachetant du Trois français, des obligations du Nord, des actions de la Banque de France, et, sur les gains réalisés, acquérant pour Valentine le magnifique château de Romanchard, dans l'Isère, au-dessus de la papeterie des frères Santis.

Hélas! cette soirée et cette nuit ne furent qu'une embellie entre deux orages. Les illusions du doux vieillard ne devaient pas durer longtemps.

Il se leva, contre son habitude, une grande heure après le soleil, et trotta de son pied jusqu'au chemin de Sceaux pour saisir M. Damidoux, son agent de change. M. Damidoux, qui fit deux ans plus tard une si belle fortune en portant à New-York les capitaux de ses clients, était alors célèbre par ses vertus, ses manières surannées et ses petits ridicules édifiants. Quoiqu'il n'eût pas encore atteint la quarantaine, il passait dans Paris pour un homme de cinquante à soixante ans. Il se voûtait comme un acteur, il faisait tomber ses cheveux à grand renfort de poudre épilatoire, il portait des lunettes d'argent qui lui pinçaient le nez. Ses bureaux de Paris, meublés de fauteuils à sphinx et de pendules à troubadour ; sa maison de campagne, infiniment plus humble que le presbytère de Fontenay-aux-Roses ; son berlingot noir déverni, sa vieille jument Cocotte, ses gros souliers, son large parapluie rouge, sa lévite râpée, sa tabatière à musique et mille autres détails du même genre, le livraient en pâture aux bons vivants de la corbeille : on l'appelait l'aumônier de la Bourse, et il répondait avec un sourire modeste : « *Non sum dignus*, messieurs, *non sum dignus.* » Digne ou non, ce phénomène vivant avait une clientèle magnifique. Sa charge acquise à vil prix en 1848 par des commanditaires inconnus, lui rapportait, bon an, mal an cent vingt mille livres pour sa part.

Du plus loin qu'il aperçut le bonhomme Faflaux sur l'escalier de la gare, il salua jusqu'à terre et accourut à petits pas avec un sourire obséquieux. Le vieillard lui tendit la main ; il ne la serra pas familièrement à la mode anglaise : il la prit à deux mains, la garda longtemps comme pour la réchauffer, et ne se décida à la rendre au propriétaire qu'après avoir bien dûment installé M. Faflaux sur les coussins aplatis de la célèbre voiture. Un cocher de mine piteuse ferma doucement la portière, se guinda sur le siège et fouetta Cocotte à petit bruit jusqu'aux bureaux de la charge, qui se cachaient derrière Saint-Germain l'Auxerrois.

« Eh bien, mon bon monsieur, dit l'agent de change, me voici tout à votre dévotion.

— Que pensez-vous du Humbé?

— Mais je pense, cher monsieur, qu'il est bon à acheter aujourd'hui, comme placement.

— Ah! vous me faites plaisir. Et pourquoi aujourd'hui plutôt qu'hier?

— Parce qu'hier, ou du moins la semaine dernière, il était à 1,250.

— Et maintenant?

— Maintenant, mon honoré monsieur, vous savez qu'il est à rien. Si modeste que soit l'intérêt, si faible que soit le dividende, on est sûr que le revenu égalera au moins le capital. »

M. Faflaux fit un geste d'impatience.... « Je parie, dit-il, que vous avez causé avec Mouton, de la Grande Balme?

— J'ai eu ce plaisir et cet honneur.

— Mouton est un scélérat, *et puis pas mais!...* »

M. Damidoux sourit doucement à cette locution lyonnaise. « Mon cher monsieur, dit-il, ce n'est pas moi qui me permettrai de vous contredire. Vous vous connaissez en hommes. Moi, je ne connais que le cours de la Bourse.

— Le cours d'hier, enfin?

— Pour les Humbé? Zéro.

— C'est-à-dire que les affaires ont été nulles ? Ou bien encore qu'on n'a ni haussé ni baissé, n'est-ce pas ?

— Mon Dieu ! monsieur Faflaux, vous me faites frémir. Seriez-vous porteur de Humbé ?

— Non ; mais je ne veux pas que cette valeur baisse.

— Elle ne peut plus baisser, hélas

— Mais on ne sait donc rien à la Bourse ? On ne lit donc pas les journaux ? Le capitaine Castafigue est arrivé hier à Paris ! Ah !

— Certainement ; je l'ai vu. M. de Lanrose le promenait hier à cinq heures devant le passage de l'Opéra. Mais cette exhibition n'a trompé personne. On sait que le capitaine s'est échappé tout seul, et par miracle. Tout le reste de la colonie a péri corps et biens ; naufrage complet.

— Qu'en sait-on ? Ce n'est pas Castafigue qui l'a dit !

— Non, c'est le commandant du *Firefly* qui a tout raconté à la bourse de Marseille. Il a croisé trois jours en vue de Saint-Ambroise pour recueillir les autres fugitifs, s'il y en avait. Personne ! Il a tiré sur les sauvages qui incendiaient les dernières maisons du petit port. Tout est fini, croyez-moi, bien fini.

— Voyons, monsieur Damidoux, je n'ai pas de secret pour vous, qui êtes des nôtres. Une personne à qui je m'intéresse a compromis toute sa fortune, quelque chose comme trois millions, dans cette déplorable affaire. Est-ce qu'un habile homme comme vous ne trouvera pas moyen de passer l'allumette aux mains d'un maladroit avant qu'elle ne soit éteinte ?

— Mais c'est qu'elle est éteinte, malheureusement.

— Vous le savez, c'est bien ; moi aussi, mais tout le monde ne le sait pas.

— Tous les intéressés sont avertis au moins depuis vingt-quatre heures. Et la preuve, tenez, c'est que M. Gilot est arrivé secrètement à Paris la nuit dernière. C'est lui qui fait la grosse perte, avec son gendre : ils ont mis tous leurs œufs dans le même panier. A l'heure qu'il est, ils doivent se remuer comme vous pour vendre à tout prix ; mais ils perdront leur peine.

— Mais comment M. Gilot a-t-il osé venir à Paris ? Il a un jugement sur le dos.

— Mieux que cela, mon bon monsieur, un arrêt de la cour d'assises.

— Et vous êtes sûr qu'il est à Paris, chez son gendre ?

— La nouvelle m'a été transmise ce matin par notre police, et vous savez qu'elle est infaillible.

— Ah ! c'est ainsi ? Eh bien, mon cher M. Damidoux, les trois millions sont sauvés. On me les donnera contre mes titres aujourd'hui même.

— Si vous obtenez cela..., ce ne sera pas la première fois qu'un saint aura fait un miracle.

— Vous ne comprenez pas que l'arrivée de M. Gilot me livre tous ces gens-là, pieds et poings liés ? J'aurai les trois millions.

— Mais où les prendre ? Ils n'ont plus rien.

— Ils ont une famille. A bientôt, monsieur Damidoux. »

M. Faflaux se fit déposer sur le quai et sauta dans un coupé de remise. Ses prodigalités ne connaissaient plus de bornes. Il passa fièrement sous la porte d'Adhémar et dit au concierge avec un sourire satanique :

« Monsieur le comte n'est probablement pas visible ?

— Non, m'sieu.

— Aussi n'est-ce point à lui que j'ai affaire. Conduisez-moi discrètement, je vous prie, à la retraite de monsieur Gilot. »

L'homme ébahi se rangea. M. Fafiaux entra d'un pas vainqueur dans une maison où tout, meubles et gens, trahissait la confusion d'une déroute. Il se lança si énergiquement à travers les valets qu'il fit balle pour ainsi dire, et tomba dans le cabinet d'Adhémar qui causait en particulier avec deux intimes. Le comte fut saisi :

« Monsieur Fafiaux ! s'écria-t-il.

— Oui, monsieur, l'oncle et le second père de Mme de Mably, que vous avez ruinée. Un honnête homme qui vous tient, vous et les *vôtres* et qui ne vous lâchera pas avant d'avoir récupéré le patrimoine de sa fille ! »

Adhémar baissait la tête ; un vieux monsieur assis à ses côtés regardait furtivement les trois portes du cabinet. Mais un autre vieillard, sec comme un bâton et hâlé comme un hareng saur, se leva sans paraître ému, vint se camper devant M. Fafiaux, et le regarda de haut en bas.

« Ainsi, mon bon, lui dit-il, c'est vous qui vous appelez Fafiaux ?

— Oui, monsieur, et vous ?

— Moi, je suis le capitaine Castafigue, et je rends

grâce aux dieux qui vous ont semé sur ma route.

— En vérité, monsieur le géant?

— Oui, insecte. Il est bon de vous dire que j'ai ouï parler de vous sous d'autres cieux, mon brave.

— Et par qui ?

— Par un drôle à qui j'administrais une légitime raclée.

— Mamaligo, alors ?

— Non, mon cher. Connaissez-vous un paltoquet qui tourne la tête au nom de Mouton ?

— Monsieur, je n'ai pas de compte à vous rendre.

— Fafiaux! les comptes sont tous rendus, car vous avez rougi.

— Si j'ai rougi, monsieur, c'est parce que vous me parlez sur un ton.... je dis bien, que je n'ai pas l'habitude d'entendre.

— *Pichoun*, je vous ferai entendre des choses qui vous étonneront bien plus, si vous me prêtez un instant ces grandes oreilles.

— Mais je ne vous connais pas et d'ailleurs c'est à ces messieurs que j'ai affaire.

— Vous aurez d'abord affaire à moi, s'il vous plaît, et je vous jure, mon bon, que vous ne tarderez pas à me connaître. Votre honorable ami, le sieur Mouton....

— Il n'est pas mon ami!

— Eh! c'est donc que vous êtes brouillés de ce matin, bagasse! Lorsque je fis invasion dans sa boutique, la courbache à la main, il commença par monter sur ses grands chevaux et cria comme un million de diables : « Prenez garde! dit-il, vous attaquez plus puissant que vous. Je m'appelle légion!

J'ai derrière moi cent mille hommes. Faites un geste seulement, et vous vous mettez sur les bras la grande armée de M. Fafiaux! » Fafiaux, mon garçon, je fis le geste. Appelez votre armée, petit brave; il y a lieu.

— Je vous ai déjà dit, monsieur, que les affaires de M. Mouton ne sont pas les miennes.

— Alors, faites-moi le plaisir de m'apprendre pour mon instruction personnelle, pourquoi ce cher Mouton, lorsqu'il fut rossé à point, embrassa mes genoux en criant : « Je suis un pauvre diable! un malheureux instrument! » Instrument de qui, mons Fafiaux? « Frappez plus haut! » disait-il encore. Comme je lui en avais donné sur la tête, il n'avait assurément rien à désirer pour sa part. Donc il parlait d'un *otre*, et cet *otre*, mon bon, doit avoir le truffier modelé dans le style du vôtre. Réponse, s'il vous plaît!

— Je n'ai rien à répondre, sinon que les fautes sont personnelles. Si... quelqu'un, je dis bien, vous a fait tort en quelque chose, adressez-vous aux tribunaux. Moi, je n'ai rien à débattre avec vous.

— C'est ce que nous verrons, simple et disgracieux atome. Le Mouton n'est pas mort : il se retrouvera; et j'ai encore là-haut, dans mon sac, la clef qui lui ouvre le bec au grand large. Mais, qu'il parle ou se taise, je prouverai qu'il était le seul confident de Mamaligo, qu'il l'abrutissait au jour le jour, qu'il l'excitait contre la France, qu'il a passé la nuit avec lui avant de s'embarquer pour Marseille, et que le lendemain l'autre égorgeait toute la colonie, excepté moi. Son compte est bon, troun de l'air! et s'il tient à sa peau, je lui conseille de faire un doigt de cour à monsieur le juge d'instruction en dénonçant tous ses complices. »

M. Faflaux avait cessé de rougir : il était pâle comme un mort et ses dents claquaient. Par un effort désespéré il parvint à se mettre en colère :

« Mais, sapristi! s'écria-t-il, dans quel intérêt me serais-je fait son complice? Vous ne savez donc pas que la ruine de ces messieurs entraîne celle de ma famille!

— Nous le savons, monsieur, répondit Adhémar. Mais vous ne le saviez peut-être pas quand vous avez dressé vos batteries.

— Moi! je.... ne savais pas?

— Niez plus hardiment, si vous voulez qu'on vous croie. Vous avez défendu à Mme de Mably d'aventurer un sou dans mes affaires : c'est elle-même qui me l'a dit. Vous êtes mon ennemi, et cela de vieille date. Pourquoi? Je n'en sais rien, mais je ne peux pas en douter : vous l'avez laissé voir à mon cousin Lambert de Saint-Génin, qui me l'a dit. Tout se découvrira, monsieur, et vous aurez à répondre des malheurs que vous aurez causés par vos détestables intrigues. »

En présence d'une accusation si directe, il se redressa de nouveau, mais mollement, et il balbutia du mieux qu'il put quelques paroles arrogantes :

« Assez, messieurs; puisque la calomnie est la seule monnaie que vous ayez au service de vos victimes, je vais de ce pas implorer la justice de mon pays. Et j'espère que la balance ne restera pas longtemps indécise entre un homme adonné à la pratique de toutes les vertus et la coalition d'un spéculateur véreux, d'un aventurier marseillais et d'un repris de justice. »

Cela dit, il enfonça son chapeau sur ses oreilles et pirouetta sur ses talons avec une légèreté relative. Mais avant qu'il eût touché le bouton de la porte, Castafigue le saisit par le fond de sa culotte et le rapporta au milieu du cabinet :

« Un dernier mot, Fafiaux de mon âme. Vous allez de ce pas dénoncer la retraite de M. Gilot ici présent?

— J'en ai le droit.

— Minute! je ne suis pas fixé sur les antécédents du susdit, et, d'ailleurs, je m'en moque comme d'un pépin de grenade. Ce que je sais, c'est qu'il a mis bravement tout son bien dans une œuvre de civilisation que vous avez fait rater, singe ténébreux que vous êtes! et que nous avons besoin de lui pour liquider l'affaire au mieux de tous les intéressés. C'est pourquoi, doux Fafiaux, si je vois poindre ici le tricorne d'un gendarme, je vous cherche, je vous trouve et je vous casse en deux comme un morceau de canelle! *Avisse!* Et maintenant, trésor de bienfaisance, va comme Dieu te pousse, et ne retombe pas sous la main de l'aventurier marseillais. »

M. Fafiaux sortit beaucoup plus vite qu'il n'était entré. Peut-être murmura-t-il encore sur le seuil une vague menace, mais ces velléités d'intimidation ne tinrent pas contre l'avis du capitaine. Le premier soin qu'il prit en sortant de l'hôtel fut de chercher M. Mouton, de faire sa paix avec lui et de lui annoncer le retour de Castafigue. Mouton savait déjà la nouvelle, et il était dans les transes depuis la veille au soir. Les deux amis tremblèrent de compagnie, ce qui ne laisse pas d'être une petite consolation pour les hommes d'un naturel doux. Le distillateur en chef de la Grande-Balme ajourna ses projets d'émancipation à des temps meilleurs. Pour parer au danger le plus imminent, il résolut de s'enfouir dans la succursale des Bigarades, fondée deux ans après la maison mère de la Balme, dans le voisinage de Grasse. Là, caché sous un pseudonyme impénétrable à la justice elle-même, il pouvait vivre en paix, à l'abri de toutes les poursuites, jusqu'à la liquidation définitive du Humbé. Cette éclipse garantissait M. Faflaux contre tout accident : Adhémar ne pouvait l'atteindre qu'à travers son ami Mouton. Le principal acteur disparu, l'auteur de la comédie était net ; il n'y avait plus de recours à exercer contre lui.

Après avoir assuré ses derrières, le bonhomme demeurait en présence de la ruine qu'il avait faite : Valentine et Gontran n'avaient plus rien. Ces trois beaux millions arrondis patiemment, l'un après l'autre, par le travail de toute sa vie, étaient allés se perdre à la côte d'Afrique ; il n'en restait pas une épave. Si les créanciers d'Adhémar pouvaient encore espérer une parcelle de leur capital, les actionnaires n'avaient pas un centime à prétendre. M. Faflaux tomba dans une tristesse profonde à l'idée que cette petite Valentine, objet de ses plus paternelles complaisances, allait connaître le besoin. Plus que jamais, il maudit l'entraînement fatal qui avait jeté la pauvre petite dans les bras de M. de Mably.

« Si elle avait épousé Lambert de Saint-Génin, elle aurait aujourd'hui 270 000 francs de rentes; et elle demeurerait à Lyon, sous ma main! »

Ces réflexions le conduisirent jusqu'à la rue Saint-Dominique; il prépara chemin faisant une demi-douzaine de phrases adaptées à la circonstance.

« Le plus tôt sera le mieux, pensait-il ; je ne dois pas les laisser dans l'ignorance de leur malheur. Le coup, venant de moi, sera moins rude au cœur de la pauvre Valentine. Allons ! »

Tous les objets qui frappèrent ses yeux, depuis la porte d'entrée jusqu'au jardin, aggravèrent sa mélancolie : cette plaque de marbre où le nom de Mably étincelait en lettres d'or, n'appartenait déjà plus à sa nièce; les livrées des domestiques, le landau qu'un valet d'écurie lavait devant la remise, les quatre grands tableaux de Joseph Vernet qui décoraient le vestibule, les beaux meubles des trois salons, tout était condamné d'avance à l'ignominie des enchères. Il estimait tout au rabais, à la façon des commissaires-priseurs, et se demandait si la vente suffirait à payer les dettes du ménage. Quant aux économies que M. de Mably pouvait avoir dans son secrétaire, il n'y avait pas trop à compter là-dessus. Ces jeunes gens vivaient au jour le jour.

Mais les résolutions de M. Fallaux, ses phrases toutes faites et son sermon préparé, tout fut mis en déroute par le spectacle qui lui apparut au jardin. Valentine et Gontran étaient descendus ensemble. La jeune femme avait mis un peignoir blanc tout uni, sauf quelques rubans bleus passés au bout des manches et autour du col; ses admirables cheveux châtains étaient noués au-dessus de la tête par un ruban pareil. Gontran avait l'air d'un berger, dans son charmant petit costume de coutil gris. Un doux soleil illuminait les feuillages dorés, mais à peine éclaircis par les premiers frissons de l'automne. A peine si l'on voyait quelques feuilles des tilleuls et des marronniers se poursuivre dans les allées quand la brise fraîchissait un peu. La rosée du matin, encore mal essuyée, scintillait çà et là parmi les herbes de la pelouse. Trois ou quatre oiseaux familiers, merles et pinçons, égrenaient à coups de bec les petites baies orangées d'un sorbier. Le nom de paradis arriva tout naturellement sur les lèvres de M. Fafiaux, à la vue de ce joli décor et du couple qui l'animait. Il oublia pour un instant le danger qui pendait sur ces deux têtes rayonnantes. Rien ne nous porte à l'oubli comme les splendeurs de la nature : n'est-elle pas elle-même une grande oublieuse? Quel écho du jardin se souvenait encore du nom de Lanrose? Et pourtant il n'y avait pas quarante-huit heures que les larmes d'une noble femme et le sang d'un gentilhomme accompli avaient coulé sous ces beaux arbres.

Valentine poussa un cri de pensionnaire en apercevant le bonhomme. Elle se dégagea lestement, car la vérité m'oblige à dire que son mari la tenait par la taille.

« Un steeple-chase! dit-elle. C'est mon oncle qui est le but. »

Et de courir. Mably se jeta à sa poursuite et crut l'atteindre du premier bond. Le but, pour lui, n'était pas M. Fafiaux; c'était elle. Mais au moment où il étendait les deux mains pour la prendre, elle fit un saut de côté et arpenta la pelouse humide, sans pitié pour ses bas à jour et ses petits pieds presque nus dans leurs souliers découverts. Son mari l'eût suivie dans le feu, ce matin-là; à plus forte raison la suivit-il dans la rosée.

« O jeunesse! murmurait Fafiaux. C'est bizarre : il y a des gens qui sont toujours jeunes et d'autres qui ne le sont jamais. »

Valentine interrompit par deux baisers sonores cette réflexion toute personnelle. Le comte, qui galamment s'était laissé battre, arriva bon second pour serrer la main du vieillard.

« Salut, salut! grommela M. Fafiaux. Il paraît qu'on s'amuse ici.

— Non, mon cher oncle, dit Valentine. On ne s'amuse pas : on s'adore.

— Certainement ça vaut mieux que de se chavasser. Et... comme ça, tout va bien?

— C'est-à-dire que je suis heureuse, heureuse... ah! tenez! mille fois plus heureuse qu'aux premiers jours.

— Saperlotte! Et moi qui vous apporte une mauvaise nouvelle.

— Ne nous la dites pas! Écoutez. Nous avons pris ce matin une résolution qui me comble de joie. Il s'agit de nous cloîtrer ici pour quinze jours, et de vivre, mais là, tout à fait l'un pour l'autre.

— C'est toi qui as eu cette idée-là, poulette?

— Moi et lui. Cela nous est venu à tous les deux en même temps. Personne ne viendra nous relancer ici; nos amis sont encore en villégiature; nous pouvous être à nous sans éveiller la jalousie du monde ; il y a si longtemps que je rêve d'être un peu seule avec lui !

— Alors, ma chère enfant, je puis risquer ma mauvaise nouvelle, car elle ne sera plus mauvaise qu'à moitié. On me rappelle à Lyon pour les affaires de la librairie.

— O le vilain oncle que vous faites ! Avez-vous peur de nous gêner ? Mais vous êtes une partie de nous, la meilleure !

— Câline, va ! Si tu m'aimes un peu, je te le rends avec usure. Tu verras ! Je ne suis qu'un pauvre bonhomme, mais s'il fallait donner ma peau pour tenir tes pieds chauds, je la donnerais. On te dira peut-être que je ne t'aimais pas, que je t'ai fait du tort...; mais Dieu qui lit dans les cœurs... je m'entends. Pense à moi, quand tu pourras..., je reviendrai peut-être ici plutôt que je ne te le dis. Si je te quitte comme ça, c'est encore une preuve d'amitié. Pas de danger que je t'oublie en route..., au contraire. Suffit. Quand on fait ce qu'on peut, on fait ce qu'on doit. Embrasse-moi encore. Aux grands maux les petits remèdes. Adieu, mes enfants ; ne me reconduisez pas : je connais mon chemin ; adieu ! »

Il partit le matin même après avoir brûlé quelques papiers dans sa chambre. Valentine et Gontran demeurèrent sous une vague impression de tristesse. Ce n'était pas que le comte de Mably attachât une grande importance aux grimaces de ce grotesque, mais on l'avait vu pleurer de vraies larmes. A travers son radotage incolore un sentiment mal défini, mais sincère, avait percé. « Je ne reconnais pas mon oncle, dit Valentine. C'est la première fois qu'il se montre ainsi. On ne m'étonnerait guère en m'apprenant demain qu'il est tombé malade.

— N'aie donc pas peur, dit le comte en essuyant les yeux de sa femme. Le père Faflaux est éternel. »

VI

LIQUIDATION

Ce ne fut pas précisément le besoin de solitude qui décida Valentine et Gontran à se cloîtrer chez eux. La jeune femme savait que le moindre accident, la lecture d'un journal, la rencontre d'un ami, une visite au club pouvait révéler à Mably toute l'histoire des vacances et gâter sa vie à jamais. Or, Valentine appréciait son bonheur, depuis qu'elle se sentait menacée de le perdre. Elle s'était reprise d'un sentiment très-vif pour ce mari qu'à vrai dire elle n'avait jamais cessé d'aimer. Le feu latent, ou comprimé, dans le fond de son cœur, éclatait avec joie depuis qu'il avait trouvé une issue ; Mably, de son côté, comprit que sa liaison avec Éliane et sa rencontre avec le marquis ne tarderaient pas à tomber dans le domaine public. Or, une jolie femme est toujours la première informée des trahisons de son mari. Les deux sexes ont intérêt à lui ouvrir les yeux. Ses amies (et quelle amitié féminine va sans un grain de jalousie?) se réjouissent de lui montrer qu'elle n'est pas la plus belle de toutes aux yeux de l'homme qui la connaît le mieux. Ses amis, qui presque tous seraient bien aises de monter en grade, croient mériter leur avancement en lui prouvant qu'elle est dupe d'un ingrat. La trahison d'un mari, lorsqu'elle est publiquement constatée, semble ouvrir la succession du coupable à tous les amis de la maison. Gontran savait le train du monde. Il avait trop souvent exploité les bonnes fortunes de ses amis pour croire que personne ne prendrait avantage de la sienne. Et, depuis qu'il était rentré en possession de Valentine, il n'était pas d'humeur à expier son vol par la perte d'un bien si cher.

> Voilà nos gens unis, et je laisse à songer
> De combien de plaisirs ils payèrent leurs peines!

Leurs peines n'est pas ici le mot juste; mais aussi ne conté-je pas les aventures de deux pigeons. Si Valentine avait souffert à Carville, elle s'y était vaillamment amusée. Quant à M. de Mably, il avait égayé par un bel et bon crime la solitude de son colombier.

Cependant, s'il est vrai de dire que Dieu pardonne beaucoup à ceux qui aiment fort, Valentine et Gontran méritèrent leur grâce dans la semaine qui suivit le départ de M. Fañaux. La lune de miel ajournée depuis quatre ans se leva sur l'horizon. Les deux amants se mirent à dépenser en prodigués les trésors qu'ils avaient économisés à l'hôtel Meurice.

Pour la première fois ils furent absolument l'un à l'autre; les théories de Gontran étaient en déroute et sa politique de ménage à vau-l'eau. Il eut vingt ans; il jouit de ce bonheur imprudent, mais délicieux, qui consiste à nous absorber en autrui. Il retrouva les molles extases où le cœur se fond, les transports qui nous enlèvent bien au delà du septième ciel, et les heures de plénitude orientale où l'homme se détache de lui-même, se regarde languir et se trouve beau ainsi.

Cette fête durait depuis sept jours lorsqu'un matin Gontran reçut la carte du baron de Saint-Génin. Il descendit du ciel pour donner audience à l'excellent garçon. Lambert n'était pas un étranger, que diable! Dans tout bonheur honnête et permis, on réserve une petite place à la famille.

Les deux cousins s'abordèrent avec des physionomies bien diverses. Autant le sourire du comte était ouvert et sa poignée de main cordiale, autant Lambert semblait froid et contraint. Vous auriez dit, en vérité, que les deux personnages avaient interverti leurs rôles.

« Que diable as-tu? dit Gontran.

— Rien.

— Si! tu es tout chose. On dirait que tu sors du bain froid.

— Je ne tremble pas, cependant.

— C'est bien heureux. Pourquoi tremblerais-tu? Veux-tu fumer?

— Merci. Je viens te voir, simplement.

— Pourquoi es-tu resté si longtemps sans nous donner de tes nouvelles ?

— T'aurais-je fait plaisir ?

— Oui, morbleu !

— Je n'en étais pas sûr.

— Pourquoi ?

— Je ne sais pas.

— Ah ! Tu m'ennuies, dis donc. Déjeunes-tu avec moi ?

— Avec toi, ou avec vous ?

— Avec nous deux, bêta ! Est-ce que nous avons l'habitude de faire table à part ?

— Ainsi donc, elle mange ?

— Qui ?

— Val.... ta fem.... ma cousine ?

— Pourquoi ne mangerait-elle pas ?

— Et elle va toujours bien ?

— A merveille. Tu vas la voir.

— Ah !... c'est drôle.

— Mais enfin, vieux sauvage, à qui en as-tu ?

— A personne.

— Il ne t'est rien arrivé de fâcheux ?

— A moi ? Rien.

— Qu'as-tu fait dans Paris depuis qu'on ne t'a vu ?

— J'ai soigné le cousin Lanrose.

— Ah ! voilà pourquoi tu me boudes ?

— Je ne boude pas.

— Qu'est-ce qu'il t'a dit de moi !

— Rien, sur l'honneur.

— Sait-il que je fais prendre de ses nouvelles ?

— Pierre le lui dit tous les matins. Du reste, tu

peux t'en dispenser à partir de demain : nous l'avons levé il y a une heure.

— Tu n'es donc pas seul auprès de lui ?

— Il y a ma cousine, Haut-Mont qui ne le quitte guère.

— Et Adhémar ?

— Il vient, mais il ne reste pas. Les affaires ! tu sais. On dit même qu'il s'en est trop mis sur le dos, des affaires.

— Bah ! il est fort.... Ainsi, le marquis ne t'a point reparlé de moi !

— Jamais.

— Tu sais pourtant à quel propos nous nous sommes battus ?

— Pas encore. Ce n'est pas faute de l'avoir questionné !

— Je m'en rapporte à toi.

— Dame ! C'est trop drôle aussi, de servir de témoin sans connaître un mot de l'affaire ! Quand on veut s'aligner pour des secrets d'amour, ou d'État, on ne se fait pas assister par un parent ! On va au bois de Vincennes, et l'on paye à boire à deux soldats : c'est plus simple.

— Ne te fâche pas, mon bon ami ; tu sauras tout.

— Quand ?

— Plus tard. Tiens ! au premier changement de ministère !

— Bon ! je parie maintenant qu'il s'agissait de politique !

— Tais-toi, malheureux !

— Eh bien, crois-moi, si tu veux : je m'en doutais !

— A quoi as-tu vu ça?

— Mais on peut être bon enfant et avoir le nez creux, comme disait un saltimbanque de province appelé Chambard, ou Ducosquet. Suis mon raisonnement. Quand on se bat sans dire pourquoi, c'est qu'il s'agit d'amour ou de politique. Or, le cousin Lanrose est un homme fini, comme homme.

— Qu'en sais-tu?

— Eh! parbleu! crois-tu donc que sans ça il aurait permis à sa femme d'aller moisir dans un couvent?

— Elle entre au couvent, ta cousine?

— Elle y est.

— Pas possible!

— Tout Paris le sait. Ça lui a pris le lendemain de notre départ pour Carville. Elle devait finir de cette façon-là : je l'ai toujours connue mystique.

— Et le monde, qu'est-ce qu'il dit?

— Le monde dit comme moi. C'était prévu. N'importe, le matin où elle a renvoyé son paquet avec la lettre, j'ai senti quelque chose qui me trifouillait dans les yeux. Le cousin était sur le dos, et pas fort, je t'en réponds. Pierre entre dans la chambre avec un grand machin noir en serge ou en percaline comme la toilette des tailleurs. La lettre était venue par le même commissionnaire. Il la prend, la décachette et la lit pendant que je dénoue les cordons du paquet, et qu'est-ce que je vois? une robe, des jupons, des souliers, un éventail, tout, jusqu'à la chemise et le chapeau, un peu aplati par exemple. Ça m'a fait l'impression..., comment dirai-je? du tas d'habits qu'on trouve au bord de la Saône quand un individu s'est noyé. Au fait! c'est une femme à la mer; il n'y a pas à dire. Le cousin a fourré la lettre sous son oreiller, et il s'est essuyé les yeux.

— Je croyais qu'une femme mariée ne pouvait pas entrer au couvent?

— Est-ce qu'il y a des règlements pour une marquise de Lanrose? C'est elle qui fait la pluie et le beau temps dans tous ces endroits-là....

— Chut!

— Qu'as-tu?

— Ma femme!

— Eh bien? Après? Est-ce que je dis du mal? »

Valentine accourait en chantant et en faisant de petites glissades sur les parquets dépouillés de leurs tapis. Elle s'arrêta court à la vue de Lambert, et ses yeux se portèrent avec un peu d'inquiétude sur le visage de son mari. Mais elle y lut tant d'amour et tant de confiance qu'elle fut aussitôt rassurée. Lambert la vit sourire et tendre ses deux mains : il se rassura donc à son tour et s'épanouit. La glace fondit entre eux si lestement que Mably n'eut pas le temps de saisir un symptôme de gêne.

« Eh! quoi! mon cher cousin, dit Valentine; vous ne me demandez pas la permission de m'embrasser? Je ne suis pas inabordable ici comme à Carville : j'ai mon mari! »

Lambert écarquillait ses yeux et ne savait que faire.

« Mais va donc! dit Gontran. Je t'ai connu plus embrasseur que ça! »

Il s'exécuta en disant : « Ça n'est pas que ça soit de refus. Je n'osais, voilà tout. Mais, cousine, que vous avez donc bonne mine! »

La comtesse profita du rapprochement pour lui dire à l'oreille : « Pas un mot ! Je vous pardonne. »

Lambert comprit alors que ses fredaines de Carville étaient décidément lettre close pour son cousin. Depuis l'après-dînée où il avait mis habit bas avec tant de candeur, il s'était toujours cru à la veille d'une affaire. Il lui semblait impossible que Gontran ignorât un scandale public, connu de tout Paris, divulgué par les journaux les plus répandus. S'il s'était décidé à reparaître enfin chez son ami, et s'il y avait apporté un visage si sévère, c'est que Mme de Haut-Mont lui avait brouillé la cervelle par des rêveries de l'autre monde. La chère dame avait toujours l'imagination vive : la solitude, l'inaction, les longues veilles au chevet de son frère accéléraient encore le travail incessant de son esprit falot. Le marquis avait promis de lui conter le triste événement qui intéressait à si haut point l'honneur de la famille, mais chaque jour il remettait la confidence au lendemain. Réduite aux conjectures sur cette question capitale, elle s'était rabattue sur ses souvenirs de Carville et sur le dénoûment du petit drame dont elle avait fourni le décor. Elle aussi croyait impossible que Gontran ne sût pas tout ; elle le voyait en proie à toutes les fureurs de la jalousie, à tous les démons de la vengeance.

La réclusion hermétique des deux époux, ce tête-à-tête mystérieux que le comte de Mably semblait avoir imposé à sa femme, huit jours passés sans nouvelles de la rue Saint-Dominique, ouvraient une vaste carrière aux fantaisies romanesques de Mme de Haut-Mont. Elle ne rêvait plus que femmes murées dans leur chambre, poisons lents, supplices raffinés, Ugolin dans sa tour, Pia de'Tolomei dans la Maremme. Et comme l'absurdité est une maladie contagieuse entre toutes, Lambert avait fini par déraisonner en duo avec sa vieille cousine. Il partit à la fin pour l'hôtel de Mably, comme Persée pour le rocher d'Andromède. Le sacrifice de sa vie était fait, mais il voulait dompter le monstre et sauver la victime.

Vous devinez qu'il fut agréablement surpris en voyant la victime si gaie, si florissante, si amoureuse du monstre qui ne la dévorait que des yeux. Impossible de garder une arrière-pensée : la prisonnière n'avait point essuyé ses larmes avant de paraître ; le geôlier ne cachait point des sentiments farouches sous un sourire cordial ; il n'y avait pas à dire : cette prison était un nid.

Les deux amants retinrent leur cousin à déjeuner, et il vit que si l'infortunée Valentine était condamnée à mourir, le supplice adopté n'était pas celui d'Ugolin. Le maître d'hôtel servit des viandes irréprochables, dont pas une n'affectait la forme d'un cœur humain : aucune comparaison à faire entre Valentine et Gabrielle de Vergy. Lambert mangea de tout, selon son habitude ; il prit de tous les vins, et plutôt trois fois qu'une, mais sans éprouver les effets du célèbre poison qui changeait le vin de Chypre en vin de Syracuse. Le seul effet qu'il put observer sur lui-même fut le progrès d'une douce et bienveillante hilarité qui teignit l'univers en rose et accrocha des petits soleils à tous les angles des cristaux. Toute la table se mit à rire, les parois, le plafond, les rideaux s'égayèrent; Lambert devint le centre d'un million de regards non-seulement amis, mais folâtres, et ses yeux se mirent à refléter cet innombrable scintillement qui pleuvait sur eux de toutes parts.

La parole et le geste, on le croira facilement, se mirent bientôt de la partie. Ce brave cœur qui s'était boutonné le matin creva de tous côtés et répandit la joie en mille éclats fantastiques. « Ah ! mes amis, disait-il en tendant la main à Gontran par-dessus la compote, c'est donc vous, encore vous ! Moi, ça n'a rien qui m'étonne ; je serai toujours le même ; tel aujourd'hui, tel demain, et toujours, et même après ! Mais vous retrouver si gentils, j'en ai l'âme tout en l'air. Et ma cousine Haut-Mont ! Tant pis ! laissez-moi rire ! C'est plus fort que moi. On me fermerait la bouche et les yeux, je rirais par les semelles de mes bottes. Ainsi... Y a-t-il des gens drôles, mon Dieu ! pour ne pas dire bêtes ! Bonjour, Valentine ; ça va bien ?

— Merci, Lambert. Vous voyez.

— C'est égal ! Répondez plus catégoriquement, parce que, voyez-vous, j'ai trop besoin de rire. Ah ! ma pauvre cousine ! Pas vous ! Elle ! A la santé de ma cousine Haut-Mont ! Oh ! je vous l'enverrai ; n'ayez pas peur. Il faut qu'elle vous voie. Toi, si tu voulais faire une bonne farce.... Mais non ! Nous ne sommes pas en province, tudieu ! Tu me l'as fait observer, je me tiens.

— Tiens-toi, ne te tiens pas, cela nous est égal. La différence est si minime ! mais tâche de parler clairement si tu peux.

— Je ne parle donc pas ? Merci ! Il y en a que

pour moi. Ah! mes enfants! que je m'amuse!
— De quoi?
— De tout! de vous, d'elle, de moi. Car j'ai été bête aussi, voyez-vous! Mais bête à faire renchérir le foin dans six royaumes. Ah! ah! ah! ah! J'en crèverai. Encore un peu de ton pomard, veux-tu!
— Bois la cave, gros fou, mais tâche d'avoir l'expansion moins énigmatique.
— Mysterium, mystère! Te rappelles-tu le pauvre abbé Grimblot?
— Sans doute. Hé bien?
— Oh! ce souvenir est totalement étranger à la circonstance.
— Tu parlais de Mme de Haut-Mont?
— Un peu! C'est bien le moins qu'on parle de celle qui parle tant.
— Parles-en donc, alors : et puisque tu sais des choses si risibles, ne les garde pas pour toi seul.
— Non! j'aime mieux qu'elle vienne. Elle viendra, mon bonhomme! Et vous aurez le plaisir de la surprise. Surtout ne défends pas ta porte et laisse-la bavarder tout son soûl. »

Le café, les liqueurs, la parole et surtout le gros rire, plus excitant que tous les vins connus, achevèrent de griser le brave Saint-Génin, mais sans le rendre plus explicite. Il s'échappa vers deux heures, le chapeau sur l'oreille et le visage enluminé, donnant à croire au jeune ménage que ses habitudes de table l'avaient rendu un peu fou.

Il n'était pas sorti depuis une heure qu'on annonça Mme de Haut-Mont.

La duchesse, sans rouge, sans mouches, sans paniers, réduite à ses cheveux naturels, n'était que l'ombre d'elle-même. Sa taille paraissait raccourcie d'un demi-pied, depuis qu'elle ne perchait plus sur ses hauts talons. Huit ou dix jours passés au chevet d'un blessé avaient suffi pour ranger cette petite folle et lui donner enfin son âge. Elle entra sans sautiller, d'un pas presque grave. Un changement si radical ne pouvait échapper à Valentine et à Gontran. Ils en furent étonnés, pour ne pas dire émus, et se regardèrent l'un et l'autre avec une expression d'inquiétude et de tristesse. Elle reçut aussitôt le contre-coup du sentiment qu'elle avait fait naître : les larmes jaillirent de ses yeux et elle se jeta dans un fauteuil en sanglotant.

Les deux époux pensèrent en même temps : « C'est une vieille folle, on le sait, mais à qui diable en a-t-elle? Lambert n'est pas un prophète infaillible ; la comédie qu'il avait promise s'annonce mal. » Tout en faisant ces réflexions, ils s'empressaient poliment autour de la duchesse.

Elle releva brusquement la tête, vit qu'ils étaient tous deux à sa portée, étendit les deux bras à la fois, saisit les jeunes gens par le cou, les barbouilla de ses larmes et de son tabac d'Espagne, et les poussa l'un vers l'autre pour les contraindre à s'embrasser.

En pareille occasion les deux êtres les mieux épris se rejettent naturellement en arrière : c'est un instinct. Elle crut qu'on lui résistait, et s'écria d'une voix aiguë avec un redoublement de larmes : « Embrassez-vous! Pardonnez-vous! Les torts sont réciproques! C'est une amie qui vous abjure de renoncer à vos projets de vengeance. Oubliez! Pardonnez! Passez l'éponge sur tout ça! »

L'effet d'un tel exorde est facile à deviner. Les deux têtes s'arrachèrent aux mains débiles de la duchesse. Valentine et Gontran se regardèrent avec stupéfaction, puis avec défiance. Chacun d'eux se tourna ensuite vers cette vieille enfant terrible qui apportait dans son ridicule tous les secrets de la maison. Le comte aurait voulu lui imposer silence, et pourtant il éprouvait un violent besoin de l'entendre. La comtesse brûlait de lui fermer la bouche; mais elle eût été cruellement déçue si Mme de Haut-Mont était devenue muette en ce moment. La jeune femme ne se sentait coupable que d'un enfantillage; elle voulait savoir à tout prix, même au prix de son secret, si Gontran n'était pas coupable d'un crime. Le mari regardait sa faute comme une peccadille : tout homme s'adjuge en pareil cas le bénéfice des circonstances atténuantes. Nos torts ne sont jamais véniels à nos yeux; ceux de nos femmes sont mortels : autre affaire! Gontran donc oubliait déjà son rôle d'accusé pour prendre l'attitude sévère d'un juge. Son cœur bondissait à l'idée que le dommage avait été réciproque, et ce fut lui qui cria d'abord à Mme de Haut-Mont :

« Mais parlez! Parlez donc, madame, au nom du ciel! »

Elle le saisit par un bouton de sa redingote et lui répondit dans le visage avec une égale vivacité : « Que voulez-vous encore que je vous dise, puisque vous savez tout? Vous savez qu'elle n'a pas été coupable, mais coquette et légère! Ce rendez-vous, la nuit, dans ma maison, n'était que l'imprudence d'une enfant ; c'est la fatuité de Bourgalys et la brutalité de Lambert qui ont fait l'esclandre. Le duel de ces deux gamins, pouvait-elle l'empêcher? Pouvait-elle lier les mains aux gazetiers qui ont tout mis dans leurs feuilles? Bagatelles que tout cela ! Et vous seriez un monstre de la faire mourir à petit feu pour des bagatelles ! »

Gontran respira mal : il flairait un scandale énorme, et, quant au principal, la caution de la duchesse ne lui paraissait pas bourgeoise. Le regard qu'il dirigea sur Valentine exprima une inquiétude si froide et si sévère que les deux femmes eurent la chair de poule. La duchesse et l'enfant le traduisirent chacune à leur façon : l'une comprit vengeance et l'autre enquête.

« En vérité, cela vous va bien ! reprit la duchesse avec colère. Que diriez-vous, que feriez-vous si elle avait suivi votre exemple?

— Mais, madame.... Je vous supplie.... »

Valentine s'était rapprochée, et elle écoutait des yeux autant que des oreilles. La duchesse la prit, la baisa au front, et poursuivit sans lâcher le pauvre Gontran, qu'elle tenait courbé dans une position assez ridicule :

« Elle vous a pardonné, cette pauvre petite ! Je vous pardonne aussi, moi qui ai soigné mon pauvre frère, moi qui ai vu porter le déshonneur, presque la mort dans ma famille ! Je compâtis aux faiblesses humaines ; je sais que vous aviez aimé cette illustre hypocrite et que ces amours mal enterrés ressuscitent presque toujours. Comment aurais-je la force de vous haïr? N'êtes-vous pas le fils d'Amélie? Mon pauvre grand Armand ne vous hait pas lui-même; il m'a parlé de vous sans amertume, ce matin. Car c'est d'aujourd'hui seulement que je sais le fin mot. Il ne regrette pas l'amitié qu'il vous avait vouée à la Balme, il ne vous reproche pas le bien qu'il vous a fait avant de vous connaître.

— A moi, madame!

— A vous. Ces deux mille livres de rente dont vous fûtes si étonné quand vous vous les découvrîtes chez Vaucelin, c'était Armand qui vous les envoyait, pour l'honneur de la noblesse française. »

Le comte fit un geste de fureur. Cette révélation, cruellement tardive, lui montra comme une enveloppe de scélératesse autour de lui. Il crut que le marquis de Lanrose, prévoyant dès 1854 ce qui devait arriver quatre ans plus tard, avait acheté sous main le droit d'écraser son rival par un reproche d'ingratitude et de bassesse. Il se sentit comme dégradé par une faute qui n'aurait rien eu d'infâme en elle-même sans cette précaution machiavélique du marquis. Et comme le cœur était haut et l'orgueil irascible, il se produisit en lui un de ces bouillonnements qui font éclater les chaudières.

Mais la bonne duchesse le tenait obstinément par un bouton et suivait le fil de son discours. Elle se précipitait vers le but sans regarder à droite ni à gauche, comme ces trains de vitesse qui sèment de petits incendies sur les talus et n'y font pas même attention.

« Ainsi donc, poursuivit-elle, tout le monde vous

pardonne, et vous seul, méchant garçon, vous garderiez rancune à cette pauvre petite! Embrassez-la, saperlipopette, et rendez grâce aux dieux qui l'ont faite trop femme de bien pour vous payer en votre monnaie! »

Si Gontran n'était pas d'humeur embarrassante, Valentine semblait encore moins disposée à se jeter au cou de son mari. Elle s'était laissée aller dans les bras d'un fauteuil et elle regardait la pointe de son pied d'un air farouche. Depuis qu'elle se savait trahie pour Éliane, elle avait oublié toutes les peccadilles de Carville. Elle ne songeait plus à se faire pardonner ses imprudences : elle se faisait juge, et juge implacable de Gontran. Elle poursuivait l'instruction dans sa petite tête ; elle se rappelait les paroles, les actes, les circonstances les plus insignifiantes qui avaient précédé son départ. Ce n'était plus elle qui avait voulu prendre des vacances, c'était lui qui l'avait éloignée pour se rendre plus libre. Les faits se présentaient en foule à sa mémoire, les preuves s'ajoutaient aux preuves, chaque seconde apportait son contingent d'évidence. Le phénomène de cristallisation qui l'avait rendue folle d'amour à la Grande-Balme recommençait dans le fond de son cœur, mais quelle différence! C'était une myriade de cristaux noirs, d'un éclat lugubre, qui s'entassaient les uns sur les autres en montagne.

L'émotion toujours croissante devint si forte au bout de quelques instants, que la jeune femme se leva et courut à la porte en appuyant son mouchoir sur ses lèvres pour étouffer un sanglot. Mais la porte était trop loin ou le sanglot trop près.

La duchesse et Gontran se levèrent en sursaut et tournèrent les yeux vers elle. Elle leur fit tête en s'adossant à la porte : « Oui, dit-elle, je pleure, soyez contents! Je pleure ma vie perdue, mes illusions détruites, mon amour indignement méconnu! Trahie, mon Dieu! pour cette femme! après huit jours d'une félicité dont les anges auraient été jaloux! »

Il eût été facile de lui répondre que la trahison de Gontran n'avait pas suivi mais précédé cette bienheureuse semaine. Mais le cœur féminin a sa chronologie à part, comme il a sa logique. Du reste, elle n'attendit pas la réponse. Elle s'enfuit chez elle, et laissa la duchesse en tête-à-tête avec Gontran.

Le comte revint tout droit à Mme de Haut-Mont, et lui dit d'une voix serrée :

« Eh bien! madame, êtes-vous contente de ce que vous avez fait? Elle ne savait rien, ni moi non plus; nous vivions ici depuis huit jours comme des tourtereaux dans un nid. Et maintenant, qu'est-ce qu'il nous reste à faire? A plaider en séparation l'un contre l'autre, au grand plaisir des badauds. Elle n'aura pas de peine à prouver que je l'ai trahie dans le domicile conjugal; je ne manquerai pas de griefs aussi sérieux : ceux que vous m'avez fournis suffisent amplement, et j'ai peur d'en découvrir d'autres. L'honneur de votre frère tombera pêle-mêle avec le mien dans la bagarre : nous sommes tous perdus, sans compter deux ou trois messieurs à qui je réserve un coup d'épée pour le tapage qu'ils ont fait. Voilà le fruit de votre ambassade. Jouissez-en, mais, pour Dieu! faites-moi l'amitié d'en jouir désormais chez vous, et permettez que je règle mes comptes avec Mme de Mably sans intermédiaire et sans témoin.

— Polisson ! s'écria la duchesse. Il ne vous manquait plus que de me mettre à la porte. Si votre galant homme de père était là, il vous donnerait le fouet !

— Mon père a eu ses faiblesses ; je les respecte, mais je ne suis pas homme à leur sacrifier mon droit. Je vous baise les mains, madame, et, de peur d'oublier une seconde fois les égards qui vous sont dus, je me mets moi-même dehors. »

Trois jours après cette visite, tandis que la duchesse soignait ses nerfs dans l'hôtel de la rue Cassette, tandis que Valentine et Gontran, invisibles l'un à l'autre, quoique logés sous le même toit, échangeaient des lettres de huit pages et préparaient leur séparation, le marquis de Lanrose fut éveillé vers minuit par son valet de chambre. Le marquis se levait déjà sept ou huit heures chaque jour, mais il était encore faible et ne sortait pas de la maison.

« Monsieur, lui dit le vieux Pierre, c'est M. de Billefoix qui m'ordonne d'éveiller monsieur le marquis. Il paraît fort ému et dit que l'affaire est urgente.

— Qu'il entre vite alors ! » répondit le marquis.

M. de Billefoix se jeta dans la chambre, sans attendre le vieux serviteur qui apportait un flambeau.

« Qu'est-ce que j'apprends ? dit-il. Tu es malade…

— Convalescent, mon cher. Mais, fussé-je à l'agonie, je redeviendrais valide pour te servir.

— Eh! sacrebleu! je voudrais bien avoir besoin de tes services. Mais ce n'est pas sur moi que le malheur est tombé, mon pauvre Armand.

— Ah!... Parle. Mais je serais bien étonné s'il me restait une mauvaise nouvelle à apprendre.

— Tu sais donc?

— Quoi? Dis vite ; j'ai encore un restant de fièvre, et la patience n'est pas mon fort.

— En un mot comme en deux, sais-tu ce qui arrive à ton fils?

— Je crois qu'il est en train de perdre de l'argent par sa faute.

— S'il n'avait perdu que le sien!

— Le malheureux! Il a fait tort à quelqu'un? Je payerai.

— Je te le défends bien! Tu te ruinerais sans rien sauver. Il est dû plus de quinze millions aux créanciers seulement, sans parler des actionnaires. C'est un désastre financier comme on n'en a pas vu depuis longtemps. Le gouvernement s'en est ému, la justice s'en mêle. Tu liras demain au Moniteur la mise sous séquestre et la nomination d'un liquidateur.

— Qui?

— M. Braun, l'ancien banquier.

— Bon. Est-ce qu'il ne loge pas rue Neuve-de-Luxembourg?

— Oui.

— Parfait, j'irai le voir demain.

— Il n'y a rien à obtenir, mon ami. Tu ne sais pas ce que c'est qu'une liquidation.

— Crois-tu donc que je pense à solliciter des faveurs ? Assieds-toi là, mon vieux ; tu vois que le premier choc ne m'a pas ébranlé. Donne-moi tous les détails que tu as. C'est bien le moins que je sache un peu ce qu'il a fait de mon nom, ce jeune homme ! »

M. de Billefoix raconta en un quart d'heure la ruine de la colonie et la perte définitive du Humbé. Toute ressource était perdue, les dernières nouvelles annonçaient la mort de Mamaligo, égorgé par les grands vassaux, avec ses femmes et ses enfants : le soulèvement du peuple contre les chefs, une conflagration générale, et l'invasion imminente d'une flotille betjouana, qui descendait le fleuve avec dix mille hommes de débarquement.

Ce récit qui ne laissait aucune place à l'espérance ne parut point décourager le marquis de Lanrose. Au contraire, le vieux gentilhomme se rassérénait à vue d'œil en écoutant son ami. Quand les derniers détails furent épuisés, il tendit la main à M. de Billefoix et lui dit :

« Je te remercie. Tu m'as fait du bien. Ce n'est que la ruine ; je craignais pis. Adhémar a été imprudent, il a perdu l'argent des autres, mais il n'a pas sauvé le sien. Je peux encore l'appeler mon fils. J'irai le voir demain et nous aviserons ensemble. Maintenant laisse-moi dormir, car j'ai besoin de toutes mes forces. Si j'avais quelque chose à te dire, vers quelle heure seras-tu chez toi ?

— A toute heure du jour et de la nuit. Tâche d'avoir besoin de moi, ça me fera plaisir.

— Je te prierai probablement d'une démarche dans les bureaux.

— Merci d'avance. Adieu. Dors si tu peux, mon pauvre Armand.

— Je pourrai, mon cher Anatole. Bonsoir. »

Il dormit en effet jusqu'à huit heures, fit atteler le coupé, passa chez son notaire, entra successivement à la Banque et au Crédit foncier, s'arrêta quelque temps chez M. Braun, rue Neuve-de-Luxembourg, et descendit vers dix heures dans la cour de son fils.

Le désordre de la maison était au comble. Le concierge fraternisait sur le seuil de sa loge avec un sergent de ville. Une demi-douzaine de messieurs affairés couraient par les salons et les bureaux, la plume derrière l'oreille; un homme de peine, courbé sous le poids d'un grand livre, emplissait la largeur d'un couloir et criait : « Gare devant! » Les cartons bourrés de papiers allaient et venaient; la femme de chambre d'Yolande parlementait avec une figure de recors pour se faire ouvrir une armoire; plusieurs portes fermées par des pitons tout neufs montraient la cire rouge des scellés.

Adhémar se démenait au milieu de neuf ou dix amis dans sa chambre. Le lit n'était pas fait, les fidèles amis du malheur fumaient des cigares à trente sous pièce et buvaient du vin de Madère sur la cheminée comme sur un comptoir. Les uns faisaient une grimace de commisération, d'autres *blaguaient* (passez-moi le mot) la fortune contraire. Castafigue pleurait de rage et taillaidait un guéridon de Boule avec la pointe d'un grattoir.

Personne n'annonça le marquis de Lanrose. Il ouvrit la porte lui-même et montra sa belle figure pâlie. Adhémar, qui gesticulait en lui tournant le dos, l'aperçut dans une glace : « Mon père! » s'écria-t-il. Il jeta son cigare dans la cheminée; presque toute l'assistance l'imita. Un homme de bonne volonté ouvrit les deux fenêtres; plusieurs se levèrent; le seul qui fût du club vint serrer la main du marquis, lui fit son compliment de condoléance et se retira. Quelques minutes après, il n'y avait plus dans la chambre que le marquis et son fils.

« Mon père, dit Adhémar, je vous remercie d'être venu à moi. Je suis fort contre le malheur, si votre estime et votre amitié me restent. Mais n'y a-t-il pas imprudence à sortir dans votre état?... Je crains, en vérité...

— Je serais venu bien plus tôt, monsieur, si j'avais eu connaissance de vos affaires.

— Merci, père, merci! j'ai voulu vous épargner des émotions trop pénibles. Et puis... j'ai espéré jusqu'au dernier moment... J'ai cru qu'on y regarderait à deux fois... C'est la foudre qui me tombe sur la tête!

— Vous vous y êtes exposé contre tous mes avis, mais ce n'est pas l'instant de vous faire des reproches. Je sais qu'en tout ceci vous êtes surtout à plaindre. Votre femme et vos enfants, où sont-ils?

— Yolande est rue Cassette; elle va porter la nouvelle à ma tante de Haut-Mont. Les enfants sont partis hier soir pour la Suisse avec leur grand'mère.

— Votre beau-p..., M. Gilot, est ruiné comme vous?

— Presque autant. Il ne lui reste que son château et quelques malheureuses terres.

— Bien. J'aime à croire que vous n'avez pas détourné un centime de votre actif?

— Quand je l'aurais voulu, la chose n'était pas possible, tant nous avons été pris au dépourvu. Qui m'aurait dit cela? mais ils me le payeront! Je veux choisir un avocat qui les écrase. Je parlerai moi-même, j'écrirai, je dirai tout! Je compromettrai la France entière!

— Ne déraisonnez pas....

— Mais cette spéculation, monsieur, c'était la gloire, la grandeur, la richesse de mon pays! J'entamais l'Afrique par le Sud; je civilisais une population belliqueuse qui m'aurait fourni en moins de deux ans une armée de quatre cent mille hommes. Je raflais toutes les tribus qui séparent le Humbé du Sénégal; ma jonction opérée, je poussais toujours vers le Nord, faisant la boule de neige avec mon armée noire (tiens! c'est un mot!).... J'avais un million de soldats en 1862, trois millions en 1864, et maître de l'Afrique entière, je faisais mon entrée triomphale dans Alger comme Alexandre à Babylone! Ah! monsieur, j'aurais accompli de grandes choses sans la trahison de cette incorrigible catin qu'on appelle la France!

— Le dernier mot dément toutes vos phrases, monsieur. Si vous aviez envisagé un seul instant la sainte image de la patrie, vous ne parleriez pas d'elle avec un sot mépris. Vous n'avez pensé qu'à vous seul et fondé une colonie que pour grossir votre fortune.

— Mais la France en aurait profité plus que moi, et c'est elle qui me trahit. Qu'ont-ils fait, ces agents consulaires ou diplomatiques qui devaient protéger mes capitaux à Lohé?...

— Ils se sont fait tuer, et vous vous portez bien.

— Ils se sont fait tuer parce qu'ils ne pouvaient pas faire autrement. Mais leur mort pourrait encore être une aubaine pour nous, si le gouvernement songeait à l'exploiter un peu. Nous avons une flotte, une armée, que je paye, moi et les autres contribuables : qu'en fait-on? Parle-t-on seulement d'envoyer dix mille hommes à la baie Saint-Ambroise?

— Eh! monsieur! vous savez que le roi nègre est mort, le peuple soulevé, le royaume envahi, et qu'une armée française y périrait sans profit pour personne.

— Vous vous trompez, mon père. Au seul bruit de l'expédition, mes actions remonteraient de zéro à cinq cents francs, et je profiterais du moment pour les vendre.

— Il se peut; je n'entends rien aux agiotages de Bourse. »

Le pauvre homme d'honneur ne comprit même pas que son fils réclamait la flotte et l'armée pour complices dans une immense escroquerie. Il poursuivit du ton le plus calme :

« Mais cette ressource vous est ôtée et votre fortune paraît anéantie sans espoir : que comptez-vous faire maintenant?

— Me relever par le travail!

— Bien!

— Les idées ne m'ont jamais manqué, grâce à

Dieu! j'en ai dix dont la moindre vaut des millions. On verra! vous verrez! Non-seulement je rembourserai tout ce que j'ai perdu, mais j'indemniserai les parents, les amis, les malheureux actionnaires qui ont reçu le contre-coup de mon malheur.

— On n'entreprend rien sans argent, et vous n'en avez plus.

— Le crédit est le grand ressort de la société moderne.

— Oui, mais votre crédit, à vous? Il est malade, j'en ai peur.

— Je ne dis pas qu'aujourd'hui pour demain le public ait des millions à mon service. Mais avant d'implorer cette masse imbécile et poltronne qui fait pourrir ses écus dans les paillasses et les vieux bas, je m'adresserai à mes amis, à ma famille, à vous, monsieur, qui êtes mon père, qui êtes riche et qui ne me laisserez pas manquer mon avenir faute de quelques centaines de mille francs.

— Moi! c'est sur moi que vous comptez, monsieur?

— Et sur qui donc?

— Je vous rendrais service avec un vrai plaisir, si je possédais encore quelque chose. Le malheur est, monsieur, que je n'ai plus un sou.

— Vous avez une fortune de sept à huit millions.

— Je l'ai eue.

— Et depuis quand ne l'avez-vous plus?

— Mais depuis ce matin, et je m'étonne que vous ne l'ayez pas deviné plus tôt. Quoi! vous portez mon nom, vous êtes insolvable, vous ruinez toute une population d'honnêtes gens, ce malheur est publié depuis ce matin, et vous ne comprenez pas qu'avant de vous apporter mes compliments de condoléance, j'ai dû porter tout mon avoir chez le liquidateur de vos affaires! Je vous estimais assez pour croire que vous me connaissiez un peu mieux. »

La duchesse était entrée dans la chambre tandis que le vieillard achevait cette déclaration. Elle écouta bouche béante, et quand il eut tout dit, elle lui sauta au cou en criant:

« Bien! mon frère. Voilà qui est agir en vrai Lanrose! mais rien de généreux ne saurait m'étonner venant de vous! »

Mais Adhémar avait reçu le sacrifice de son père comme un pavé sur la tête. Il en demeura d'abord atterré, puis il rebondit avec énergie et s'écria:

« C'est impossible, monsieur! Vous n'avez pas fait cela.

— Je vous assure, monsieur, qu'il ne m'en a pas coûté le moindre effort.

— Vous ne l'avez pas fait, vous dis-je, car vous êtes trop bon père de famille pour ruiner ainsi votre fils.

— Qu'est-ce à dire?

— Je dis que cette fortune était mon patrimoine, que j'en étais le seul héritier, que je comptais sur elle et que vous n'aviez pas le droit d'en disposer sans mon aveu.

— Était-elle à vous, ou à moi?

— A vous, comme un dépôt que vous deviez me transmettre à la mort. L'honnête homme qui procrée un enfant s'engage à lui laisser son bien; la religion, la morale, la loi l'ordonnent. Croyez-vous que j'aurais exposé d'un seul coup et l'avoir de ma mère et celui de ma femme, si je n'avais compté légitimement sur le vôtre? Vous me déshéritez, monsieur, vous me ruinez, vous partagez mon bien entre des inconnus; c'est le fait d'un mauvais père, et je vous maudis!

— Jarnicotonbleu! cria la bonne duchesse. Mais, mauvais drôle, c'est un quasi-parricide que tu commets!

— Non, ma sœur, répondit gravement le marquis. Je ne suis pas son père. Écoute, mon garçon. Depuis trente et quelques années que tu portes mon nom, je n'ai jamais bien su si tu en avais le droit. Ta mère m'avait trompé durant toute l'année qui a précédé ta naissance; j'en ai la preuve écrite et je te la mettrai sous les yeux quand tu voudras. Cependant, comme elle était ma femme et jouait fort bien la comédie, j'ai pu supposer par moments que tu avais du sang de galant homme dans les veines. Rappelle-toi toutes ces alternatives de froideur et d'amitié que tu as observées chez moi depuis ta première jeunesse. C'est que j'ai douté bien longtemps. Chaque fois que tu laissais voir un bon mouvement, je me reconnaissais en toi, et je disais : « Il est mon fils. » Aujourd'hui l'expérience est décisive; je suis fixé, je ne douterai plus. Appelle-toi Lanrose à la face des hommes; je ne peux pas t'en empêcher, l'état civil fait foi. Mais devant Dieu, mon pauvre ami, tu t'appelles Cadet, comme ton père, un intendant à moi, qui m'a volé. Tu me coûtes plus cher que lui, mais je ne t'en veux pas davantage. Les mauvais chiens chassent de race, comme les bons.

Adieu, petit ; si tu me rencontres désormais, ne me salue point dans la rue. Tu perdrais ton coup de chapeau, et tu n'as plus le moyen de faire des dépenses inutiles. Venez, ma sœur, que je vous tire de ce bourbier : j'ai une voiture à la porte. »

Il donna la main à la duchesse et sortit avec elle, laissant maître Adhémar littéralement aplati. Dans la rue de Ponthieu, ils trouvèrent deux coupés pour un, car Mme de Haut-Mont avait pris ses chevaux pour arriver plus vite. Le marquis renvoya son cocher au quai d'Orsay et fit compagnie à sa sœur.

« Çà, lui dit-elle en s'installant, vous avez tout donné pour ce drôle?

— Sans me réserver un centime.

— Mais puisqu'il n'est pas votre fils ?

— C'est assez qu'il porte mon nom. Je ne veux pas qu'une foule de malheureux soient ruinés par un Lanrose, et qu'un autre homme de ce nom se goberge à Paris dans trois cent mille livres de rente.

— D'accord, la vieille-roche doit payer. Mais de quoi vivrez-vous, je vous prie ?

— J'ai vingt ans de services militaires et civils, j'ai donc probablement quelques droits à une pension de retraite. La France n'est pas plus ingrate aujourd'hui que de mon temps, je suppose. Billefoix arrangera cette petite affaire dans les huit jours.

— Quoi ? vous accepteriez...., quand vos parents, vos amis, tout le faubourg seraient si heureux de venir à votre aide!

— Ma sœur, il n'y a qu'une personne qu'on puisse

implorer sans rougir. C'est la patrie, surtout lorsqu'on a donné quelques gouttes de sang pour elle. J'estime que, tout compte fait, la France me doit bien quatre mille francs de rente.

— Et vous pensez vivre une année sur votre revenu de quatre ou cinq jours?

— Je m'en charge.

— Honneur à vous! Et, dites-moi, comment appelle-t-on ce financier à qui vous avez porté vos titres?

— M. Braun. Que vous importe?

— Il m'importe si bien, que je vous prie de donner son adresse à Joseph.

— J'entends. Mais non, ma chère.

— Et pourquoi? Je ne vous vaux donc pas?

— Vous valez mieux que moi, et ce mouvement le prouve de reste. Mais vous ne portez pas le nom, vous ne devez pas porter les charges.

— Est-ce votre amitié qui parle, ou votre honneur?

— C'est la justice elle-même. Si le sieur Adhémar avait été votre neveu, je vous aurais laissé donner carrière à une si généreuse folie. Mais n'étant à moi que de nom, il ne vous est rien d'aucune façon, ma chère Aurore, et comme chef de la maison je vous défends de vous dépouiller pour lui. »

La duchesse courba le front. Son frère n'était pas seulement un oracle pour elle ; il était l'aîné.

« Maintenant, poursuivit-il, jetez-moi, s'il vous plaît, au numéro 9 de la rue des Saints-Pères ; je ne veux pas que ce pauvre Billefoix perde sa journée à m'attendre. »

La vieille dame obéit sans discuter, et elle retourna toute seule à ce petit hôtel de la rue Cassette où sa personne déteinte et réduite à la plus simple expression faisait depuis trois jours un vivant anachronisme.

Cependant les époux Mably, séparés du monde entier par leur porte cochère, s'entre-dévoraient dans la solitude.

Un sage a dit : Parler est bon, écrire est mieux, imprimer est la meilleure des choses. Ce n'est pas moi qui proteste contre cet axiome, c'est l'amour qui le dément tout du long. La meilleure des choses en amour est la parole; l'écriture a souvent aigri les sentiments les plus doux, la presse est un poison qui tue les plus vivaces.

Valentine et Gontran s'écrivaient tout le jour, les malheureux ! Comme si un baiser n'était pas la seule explication logique entre deux êtres qui s'adorent ! Chacun d'eux s'excusait de son mieux; mais chacun, à son insu et quelques ménagements qu'il y mît, dressait un acte d'accusation contre l'autre. Gontran se voyait compromis par un affreux scandale ; Valentine se savait trahie. En pareille occurrence, il n'y a pas de parti pris qui tienne : les récriminations vont leur train, tout s'aigrit, tout se gâte, tout se perd. La plume n'est pas beaucoup moins vive que la parole, et les blessures qu'elle fait sont autrement incurables.

La comtesse était d'autant plus irritée qu'on lui avait pour ainsi dire coupé le bonheur sous le pied. Rien n'est exaspérant pour une femme jeune et aimante comme l'interruption subite d'une pleine félicité. L'homme, moins bien doué, voit les choses d'un autre œil. Tout bien-être un peu vif lui donne en quelque temps une satiété qui tourne en lassitude et réveille chez lui je ne sais quel besoin d'indépendance.

On a vu les amants les mieux épris s'arrêter brusquement dans la plénitude de leur joie, et saisir comme une aubaine la première occasion de rupture, sauf à se rallumer de plus belle après un calme de quelques jours. C'est un effet bizarre de l'harmonie qui pousse les sexes l'un vers l'autre avec un égal appétit et des aptitudes inégales. L'équilibre des pouvoirs, cette utopie des hommes d'État, est plus impraticable encore en ménage.

Tandis que Valentine, soustraite à l'influence directe de Gontran, laissait percer dans chaque lettre le dépit de son bonheur interrompu, le comte s'enveloppait fièrement dans sa dignité froissée. Il souffrait sans nul doute, mais peut-être n'était-il pas trop malheureux d'afficher la réserve d'un juge après sept ou huit fois vingt-quatre heures de familiarité passionnée.

La jeune femme commit une imprudence assez grave dans le feu de la discussion. Elle laissa comprendre à son mari qu'elle ne voulait point demander une séparation juridique pour éviter la discussion des intérêts matériels.

Si délicatement qu'elle eût touché la chose, Gontran se rappela qu'il ne possédait rien, que sa femme était riche, et que l'inégalité des positions lui défendait de pardonner même une peccadille. Si le monde apprenait les scandales de Carville (et il les avait appris en lisant les journaux), il pouvait expliquer par des calculs ignobles la tolérance du mari. Les pauvres gens ont tout le droit de se remettre des torts réciproques : on sait que l'intérêt ne se mêle jamais à leurs sentiments pour les corrompre. Mais un jeune homme de grande maison qui a mangé son bien, et s'est refait en épousant les millions de la bourgeoisie, est tenu d'enchérir sur Othello s'il ne veut pas jouer le rôle infâme de complaisant. Le comte répondit à Madame que ce dernier argument l'avait décidé, et qu'il allait de ce pas chez l'avoué de sa famille. Il n'eut garde de choisir Vaucelin, qui sur vingt affaires de tout genre en conciliait au moins dix-neuf.

Ce n'est pas tout ; il se souvint qu'il avait plusieurs vengeances à mener de front. Punir les légèretés de Valentine et laisser impunis les hommes qui l'avaient compromise n'eût pas été précisément honorable pour un comte de Mably.

Il retrouva, non sans efforts, les journaux qui avaient publié les événements de Carville. Rien n'est plus abondant à Paris que les journaux du jour ou de la veille encore ; rien n'est plus difficile à saisir que les feuilles de la semaine dernière. Les cercles, les cafés, les marchands du boulevard ne les ont plus ; les bibliothèques publiques ne les ont pas encore en lecture. La *Gazette* de 1690 se trouve, le *Moniteur* de l'an VII pullule dans tous les formats ; pour dénicher la dernière chronique de M. Alfred Saint-Chamas dans la *Conscience publique*, Gontran fut obligé de battre tout Paris.

A toute fin, il lut ce malheureux article que le

marquis de Lanrose avait parcouru dans une circonstance délicate sur une table du club. La conclusion qu'il en tira fut qu'il devait trois coups d'épée : le premier à son vieil ami Odoacre de Bourgalys ; le second à son cher cousin et son fidèle compagnon d'enfance, Lambert de Saint-Génin ; le troisième à M. Alfred Saint-Chamas, si M. Saint-Chamas existait, et s'il n'était ni une femme, ni un vieillard podagre, ni un forçat libéré.

Son siège fait, il prit un beau matin le chemin de fer de Carville. Odoacre y était seul, soigné par la famille de son aubergiste et visité tous les trois jours par un chirurgien de Rouen. La foule des baigneurs avait fui, laissant ce pauvre diable en gage. Le comte s'assura qu'il ne serait pas sur pied avant un mois, et il le fit prier de se guérir au plus vite. Odoacre répondit galamment qu'il désirait déjà la santé pour elle-même, mais qu'il allait se hâter par point d'honneur, afin d'être agréable à un si vieil ami.

Après cette démarche inutile, le comte se rabattit sur Lambert de Saint-Génin. Il députa deux jeunes gens vers l'hôtel du Louvre, où l'ancien châtelain de la Bâtme s'était logé depuis son retour. Mais il était écrit là-haut que Mably aurait du mal à placer un coup d'épée. On lui rapporta que Lambert avait quitté Paris du jour au lendemain, sans laisser son adresse. Il était peut-être à Lyon, mais, avant de l'y poursuivre, Gontran crut à propos de vérifier le fait en écrivant à M. Fafiaux.

Mais il n'était pas d'humeur à se croiser les bras dans l'attente d'une réponse : le besoin de vengeance qui l'agitait se tourna vers le malheureux

Alfred Saint-Chamas. Il apprit avec joie que l'éditeur des grands scandales de Carville était un homme de trente-cinq ans, parfaitement honorable, et qui se battait. Le difficile fut de mettre la main sur lui, car il vivait principalement en voiture. Il logeait officiellement dans une maison meublée de la rue Rossini, mais il n'y rentrait pas tous les soirs, et lorsqu'il y rentrait, c'était aux heures les plus invraisemblables.

On chercha M. Alfred Saint-Chamas deux jours dans tout Paris, et partout, au restaurant, au café, au bois de Boulogne, on arriva juste à point pour apprendre qu'il venait de prendre son vol. Ce n'était point qu'il songeât à se dérober, car aussitôt qu'il sut qu'on le cherchait, il donna rendez-vous aux témoins dans son domicile.

Les amis de Gontran, que ces deux jours de chasse avaient un peu roidis, furent reçus à dix heures du matin dans une petite chambre à deux louis par mois. Le mobilier trop simple et nullement artistique était encombré de livres neufs, non coupés, hommages des auteurs. Un habit noir tout neuf pendait à un champignon, entre une paire d'épées dans leurs fourreaux et un chapeau d'un lustre irréprochable. Une poignée d'or brillait sur la cheminée; un grand verre ébréché était plein de cigares de choix. Cet intérieur expliquait par ses petits détails la vie toute en dehors du journaliste parisien qui, se trouvant partout chez lui, n'a presque pas besoin d'avoir un domicile. Un grand paletot tout neuf remplaçait la robe de chambre absente; on ne voyait ni plumes ni encre sur la table : Saint-Chamas écrivait ses articles au café, quand il ne les faisait pas au journal.

Il offrit aux deux visiteurs son unique fauteuil et sa chauffeuse de tapisserie, gardant pour lui une chaise un peu démolie : il n'y avait pas d'autre sièges dans son taudis. Mais malgré la pauvreté de ce gîte banal, les jeunes gens ne se sentirent point envahis par un sentiment de dédain : la figure du journaliste, ses manières aisées, sa voix mâle relevaient cet entourage mesquin.

« Messieurs, dit-il en bredouillant un peu, je suis désolé, désolé de m'être laissé chercher pendant quarante-huit heures. Si vous m'aviez fait l'honneur de m'écrire tout d'abord, vous m'auriez trouvé du premier bond. »

Les deux amis de Gontran se présentèrent l'un l'autre : c'étaient le comte de Hautséant et le baron de Tour-Mallet. Le baron, qui était l'aîné, tira un journal de sa poche et développa en quelques mots le sujet de sa visite. Saint-Chamas demanda la permission de relire son article : il ne se souvenait plus de l'avoir écrit : « Vous comprenez, messieurs, on vit tellement vite! J'ai trois chroniques par semaine dans trois journaux différents, sans compter les correspondances pour la province. Carville! bon! j'y suis. Mais c'est vieux comme les rues, ce malheureux article. Il aura bientôt quinze jours.

— M. de Mably n'en a pas eu connaissance plus tôt.

— Du reste, il est toujours temps. Mais il n'est pas nommé là dedans, M. de Mably. Je me rappelle l'histoire en question. Elle était drôle, et elle appartenait de plein droit à la chronique...., sauf réclamation des personnes intéressées, bien entendu. Mais il n'y a pas un nom; messieurs, voyez vous-mêmes.

— Les désignations sont assez claires pour que tout le monde s'y soit reconnu.

— Mais, mais, mais..., c'est prodigieux! Faites-moi donc l'honneur de relire l'article. Je n'ai dit de mal de personne, au contraire: j'ai même été charmant pour tous les personnages. Et puis j'ai tout fourré dans un imbroglio de fantaisie où une chatte ne retrouverait pas ses petits. Il n'y a pas plus d'injure ou de diffamation là dedans que dans *Paul et Virginie*.

— M. de Mably se tient pour offensé.

— Et vous, messieurs, vous êtes de son avis?

— Notre visite en est la preuve.

— Alors, je n'ai plus rien à dire. Naturellement, ce n'est pas une rectification que vous demandez.

— Une rectification ne pourrait qu'aggraver l'affaire.

— Je le sais pardieu bien! mais pensez-vous qu'un coup d'épée la raccommode? C'est la pire des rectifications, celle-là, parce qu'elle fait un bruit de tous les diables. *A priori*, messieurs, je suis tout à la disposition de M. de Mably. Mais, comme je n'ai aucun motif de haine contre lui, je le supplie d'y regarder à deux fois avant d'aller sur le terrain. Moi, j'ai plus à gagner qu'à perdre en tout ceci. M. de Mably ne me tuera pas, il en serait désolé, et d'ailleurs je suis en état de me défendre. Il y aura une blessure quelconque; je mets les choses au pis et j'accorde qu'elle sera pour moi. Le lendemain je suis un personnage ; tous les journaux de Paris, de la province et de l'étranger me consacrent des articles ; les cœurs sensibles s'intéressent à mon sort ; je reçois trois ou quatre cents cartes de visite. Le public, qui ne s'est jamais follement occupé de ma littérature, veut connaître ce jeune et vaillant Saint-Chamas ; je fais prime : ma copie, qui vaut encore trois sous la ligne, en vaudra cinq ou six, grâce à M. de Mably. Ce n'est pas tout ; supposez que la politique s'en mêle : je suis un plébéien, mes témoins seront gens de roture ; nous nous trouvons en face de trois noms historiques : en faut-il davantage pour m'ériger en champion de la démocratie ! Je vais être obligé d'avoir une opinion politique ! Et tout cela, messieurs, par la grâce de M. de Mably. Quant à lui, quel que soit l'événement, il n'y peut gagner qu'une chose, c'est de faire connaître à cent mille individus une aventure insignifiante, enfermée aujourd'hui dans un cercle de vingt personnes dont la plupart l'ont déjà oubliée, j'en suis sûr. »

Le baron de Tour-Mallet, qui était un homme de trente ans sonnés, parut ébranlé par ces raisons. Mais son compagnon reprit avec une vivacité qui frisait l'impertinence :

« Il me semble, monsieur, que nous sommes venus vous demander toute autre chose que des conseils.

— Eh ! monsieur, reprit Saint-Chamas, si M. de Mably se décide à passer outre, il trouvera toujours à qui parler. Mais je devais vous soumettre ces observations, et je vous prie instamment d'en faire part à monsieur votre ami. S'il persiste, veuillez m'écrire un mot, et l'affaire suivra son cours. S'il se ravise en voyant que le remède serait pire que le mal, j'oublierai tout de cet incident, excepté l'honneur de votre visite. »

Là-dessus, il croisa son paletot et reconduisit les deux gentilshommes avec une dignité parfaite.

Les jeunes gens discutèrent le cas jusqu'à la rue Saint-Dominique. Le plus sage inclinait vers une solution pacifique ; il excusait un peu la légèreté de Saint-Chamas et insistait sur les dangers d'un éclat : Mme de Mably serait irréparablement compromise, et tout rapprochement devenait impossible entre elle et son mari.

« Mais, disait l'autre, Gontran n'a rien à ménager, puisqu'il plaide en séparation contre sa femme. D'ailleurs, il faut tuer les journalistes, bons ou mauvais, lorsqu'ils touchent à la vie privée. Nos affaires ne les regardent pas, et ils n'ont pas le droit d'imprimer le nom d'un homme du monde.

— Bah ! pourquoi donc ta sœur en a-t-elle invité quatre à ses tableaux vivants ? Toutes ces dames se pâmaient de joie en lisant l'éloge de leurs jambes. Et toi-même, farceur, je t'ai vu rouge comme une pivoine un jour qu'on t'appelait « gentleman accompli » dans le compte rendu d'un steeple-chase. »

Ils ne s'étaient pas mis d'accord lorsqu'ils entrèrent dans le cabinet de Gontran. Le premier qui franchit le seuil faillit tomber à la renverse. Les deux époux étaient dans les bras l'un de l'autre, et M. Faflaux se dressait sur la pointe des pieds pour bénir de plus haut.

M. Faflaux était arrivé de Lyon le matin même.

Il défendit qu'on dérangeât sa nièce et se porta d'emblée au domicile particulier de Mably.

« Cher neveu, lui dit-il, je vous apporte la réponse. Votre cousin M. de Saint-Génin est à Lyon ; il réalise sa fortune.

— Pourquoi faire ? Pour passer en Amérique ? Nous verrons bien !

— Vous n'y êtes pas. Il transforme ses titres en argent, afin de partager le capital avec vous.

— Est-ce qu'il se moque de moi ? Il est donc fou, cet animal-là ? Nous ne sommes pas en Angleterre, où les maris outragés s'indemnisent avec de l'argent.

— Je vois que vous êtes irrité contre lui. C'est sans doute à propos de ces malheureux enfantillages.... je dis bien, dont Carville a été le théâtre.

— Ce que vous baptisez du nom d'enfantillage est une offense dont j'aurai raison. Et puisque je vous tiens, cher monsieur, je dois vous faire part d'une résolution qui intéresse votre famille. Je plaide en séparation contre Mme de Mably.

— Je le sais. Valentine m'a écrit de son côté qu'elle voulait demander la séparation contre vous.

— Nous gagnerons probablement tous deux.

— Elle surtout. La distance est énorme entre un crime d'infidélité et des peccadilles....

— Plus compromettantes cent fois qu'une infidélité cachée.

— Aimeriez-vous mieux qu'elle vous eût été infidèle en secret ?

— Je la tuerais, monsieur.

— Bonne parole ! Vous voyez donc que vous êtes le plus fautif des deux.

— Il ne s'agit pas de mettre nos torts dans la balance, mais d'en finir avec une situation intolérable.

— Finissez-en par une embrassade, et priez Dieu de vous envoyer un petit ange qui scellera le bon accord !

— Est-ce Mme de Mably qui admet cette solution comme possible ?

— C'est moi qui la conseille. Valentine doit être encore plus en colère que vous.

— Cependant elle pourrait tout oublier sans honte ; tandis que moi....

— Eh bien ?

— Je suis pauvre, elle est riche.

— Oui, oui. Si la fortune était de votre côté et la pauvreté du sien, vous lui pardonneriez peut-être.

— Je ne sais pas si j'en aurais la générosité, mais à coup sûr j'en aurais le droit.

— Un chrétien a toujours le droit de pardonner.

— Non. La clémence d'un mari pauvre envers sa femme riche ressemble trop à de la complaisance.

— Mais, j'y songe ! Si du jour au lendemain, vous étiez ruinés l'un et l'autre ; si vous étiez réduits, vous comme elle, elle comme vous, à travailler pour vivre, c'est vous qui seriez le plus riche, mon cher neveu, car les femmes ne gagnent pas de grosses journées par le temps qui court. Dans ce cas-là, quel parti prendrait-on ? M. de Mably tiendrait-il rigueur à sa malheureuse petite femme ? Irait-il demander aux tribunaux la permission de vivre sans elle et de travailler pour lui seul ?

— L'hypothèse, mon cher oncle, est non-seulement absurde mais impertinente.

— Bon ! bien ! bravo ! Vous ne penseriez plus à vous chamailler avec elle ? Vous retrousseriez vos manches comme un bon garçon que vous êtes et vous vous mettriez en devoir de gagner le pain de la maison ?

— Oui certes.

— Eh bien, mon cher neveu, c'est dès demain qu'il faut vous y mettre. Le bon Dieu a permis que vous fussiez ruinés, vous et Valentine, jusqu'aux cendres du feu. La colonie du Humbé n'existe plus, les papiers que vous avez dans votre secrétaire valent juste trois sous la livre ; le comte de Lanrose est en fuite, le marquis abandonne sa fortune aux créanciers, il n'y a pas un centime à répartir entre les actionnaires. »

Gontran écoutait bouche béante. M. Faflaux profita de cette ouverture pour enfourner tous les détails du grand désastre avec les preuves à l'appui.

« Et maintenant, dit-il en manière de conclusion, rendez grâce à Celui qui vous frappe dans votre fortune pour sauver votre bonheur et votre réputation. Vous couriez au-devant d'un procès scandaleux, vous étiez sur le point de quitter une petite femme que vous aimez, qui vous adore : il fallait un coup de foudre, rien de moins, pour vous arrêter court. Vous ne l'avez reçu ni sur la tête, ni sur le cœur, mais sur la poche. Ces blessures-là ne sont pas mortelles, mon enfant. *Gloria in excelsis!* Le reste me regarde. Si vous suivez mes conseils, si vous prenez la vie au sérieux, si vous rendez ma nièce heureuse, vous verrez encore de beaux jours ! »

Le bonhomme se transfigurait en parlant. Sa personne ratatinée semblait croître en haut et en large, le côté singe s'effaçait. Gontran le vit d'un autre œil que dans la vie ordinaire : il est vrai qu'un coup de massue en nous frappant sur la tête ébranle un peu le nerf optique. Pour varier les comparaisons, je suppose qu'un couvreur tombé du sixième étage est impropre à calculer les dimensions du pavé. Gontran tombait du haut d'une grande fortune ; il venait de franchir en un instant tous les étages qui séparent le gentilhomme le plus brillant du travailleur le plus modeste : faut-il donc s'étonner qu'après cette secousse il demeurât comme en extase devant le bonhomme Faflaux ?

Lorsqu'il eut payé ce tribut à la fragilité humaine, il se souvint de Valentine et murmura d'une voix mélancolique :

« Pourra-t-elle encore m'aimer ?

— Moi, répondit le vieillard, je suis persuadé qu'elle vous adore.

— Non, monsieur, non !

— Du reste, c'est facile à savoir. Attendez. »

Il prit un carré de papier sur le bureau du comte et écrivit quelques mots à la hâte.

« Là ! dit-il. On verra bien ce qu'elle pense.

— Qu'avez-vous fait, cher oncle ?

— Je l'ai priée de venir ici.

— Hélas ! Je ne vous promets pas qu'elle accoure.

— Je vous le garantis, moi. »

En même temps, il se dirigeait vers la porte.

« Sonnez mon valet de chambre, dit Gontran.

— J'aime mieux le chercher. Laissez faire. Suis-je un homme de ressources, oui ou non? »

Il rentra au bout d'un instant en se frottant les mains :

« Vous allez voir, dit-il ; elle est là-haut ?
— Oui.
— J'entends une porte qui s'ouvre. C'est mon petit mot qui arrive. On court, c'est elle. On galope dans l'escalier, cachez-vous! »

Mais le pauvre Mably avait tous les ressorts trop fatigués pour manœuvrer au commandement. M. Fafiaux le poussa derrière un rideau, juste au moment où Valentine, haletante, éperdue, presque folle, se jetait dans le cabinet de son mari. Elle tenait encore en main le billet qui l'avait miraculeusement attirée ; ses yeux hagards cherchaient une figure absente ; sa bouche ouverte essayait d'articuler une question et ne pouvait pas.

« Pauvre petite ! dit l'oncle avec son sourire le plus hypocrite. Heureusement, tu ne l'aimes plus.
— Ah! Ne blasphémez point dans un pareil moment! Je l'ai toujours aimé, innocent et coupable! Où est-il? Qu'a-t-il fait? Mort, vivant ou blessé, mon cher Gontran, je t'adore! »

M. Fafiaux reprit de sa voix naturelle en écartant le rideau :

« Eh bien, si tu l'adores, embrasse-le, ma fille. »

Elle poussa un second cri, plus aigu que le premier, sa jolie petite tête se jeta en arrière. Sans un coin de bureau où sa main droite se cramponna, ce beau corps serait tombé sur le parquet.

« Allons donc! dit le vieillard en poussant le mari

hors de sa cachette. On embrasse, monsieur; on embrasse. Ce n'est pas moi qui devrais être forcé de vous le dire. En avant, sapristi! »

Gontran prit son courage et vint s'agenouiller devant la jeune femme, nouant ses bras autour de la ceinture et souriant à travers deux grosses larmes. Valentine lâcha d'une main le coin du bureau et de l'autre le billet de son oncle; elle saisit alors son mari par les épaules et l'éleva doucement, doucement, jusqu'à ce que les deux visages fussent tout proches et les deux bouches à portée l'une de l'autre.

Ce fut alors que MM. de Hautséant et de Tour-Mallet surprirent M. Fafiaux dans l'exercice de sa bénédiction.

Les deux amis se retiraient en s'excusant, tout confus de s'être laissés choir dans un tableau de famille; le comte les rejoignit et leur donna rendez-vous pour quatre heures chez l'un d'eux. En revenant à sa femme, comme il était un peu dégrisé, il releva le billet du vieil oncle et lut ces simples mots :

« Un grand malheur est arrivé. Viens. FAFIAUX. »

Valentine vit le mouvement et se souvint de la peur horrible qu'on lui avait faite.

« Ainsi donc, dit-elle au vieillard, un saint homme peut mentir quelquefois?

— Hélas! je ne t'ai pas menti, chère petite. Un grand malheur est arrivé. Ce n'est pas la mort de ton mari, grâce à Dieu, mais c'est votre ruine complète.

— Eh! que m'importe? s'écria-t-elle avec cet adorable désintéressement dont une femme est seule capable. Je serai toujours assez riche tant qu'il me restera, lui! »

Le grand désastre du Humbé tombait en une minute au rang des petites misères. Peut-être M. Faflaux avait-il compté sur ce résultat et fait d'une pierre deux coups.

« Maintenant, mes enfants, dit-il, asseyons-nous et causons de votre avenir. Je savais en quittant Paris que vous n'aviez plus rien; tout le monde est au courant de l'affaire, excepté vous. J'ai donc tout arrangé dans la mesure de mes pauvres moyens et fait votre nid de mon mieux. Il est désormais impossible que vous demeuriez à Paris : un Mably travaillant pour vivre et se rendant tous les matins au bureau ou à l'atelier mourrait en moins d'un an sous le dédain de ses pairs. Cette petite femme ne peut pas loger sous les toits et faire la soupe elle-même.

— Je vendrai mes diamants! dit la pauvre innocente.

— C'est trop certain, mon pauvre ange. Mais tes diamants, vos meubles, votre hôtel et tout ce que vous avez couvrira tout au plus le total de vos dettes. J'ai pris mes renseignements. Toutefois, un digne homme, un de mes amis, c'est tout dire, liquidera sagement votre affaire et tâchera de sauver quelques billets de mille francs. En attendant, j'ai... on a... un capitaliste discret, qui désire garder l'anonyme, m'a confié deux cent mille francs que j'engage sous votre nom dans la papeterie des frères

Santis. Cela permet à mon cher neveu de se dire l'associé de la maison. Un associé n'est pas un employé, même quand il travaille. Si M. de Mably ne dédaigne pas de consacrer quelques heures par jour à la direction d'un bel établissement, remis à neuf l'année dernière et perfectionné dans le style américain, vous aurez de quoi vivre d'abord, et bientôt vous pourrez faire des économies. Le pain, la viande et les légumes sont pour rien à Romanchard ; une bonne servante, active et propre, s'y loue de 60 à 120 francs par an, et l'on n'a pas de toilette à faire, car on manque de voisins. L'air est bon, quoique vif, et le pays magnifique. Je vous ai préparé moi-même une petite habitation commode ; pas très-ornée par exemple : mais vous pourrez l'embellir petit à petit. Allons, allons, mes pauvres enfants, je connais bien des gens, sans me compter, pour qui cette disgrâce serait une fortune. Pensez donc ! dix ou quinze mille francs à gagner et pas grand'chose à faire ! Une bonne solitude bien tranquille qui vous permettra d'être vraiment l'un à l'autre et finira sans doute par vous ramener à Dieu ! »

Valentine pleura de tendresse à l'idée de ce déménagement pour les paradis inconnus. Le changement fait rêver les enfants et les femmes ; ces imaginations riches se plaisent à dorer tout horizon nouveau. Le comte, moins enthousiaste, retournait volontiers la tête en arrière. Il se souciait peu des choses qu'on lui promettait et beaucoup de celles qu'il allait perdre. Il fallait se faire une raison ; mais c'était par raison qu'il acceptait son nouveau sort. M. Faflaux craignit que les regrets de l'un ne compromissent la joie de l'autre : il brusqua le départ.

« Çà, maintenant, dit-il, vous êtes des voyageurs. Je vous donne jusqu'au soir pour faire vos malles. »

Gontran se récria et cette fois madame fit chorus. Partir au pied levé! Quelle folie! Il fallait au moins la semaine pour se reconnaître et se retourner, pour faire les emplettes les plus indispensables, pour vendre ce qu'on avait, pour choisir dans les meubles et les gens de la maison le peu qu'on en voulait garder. Et les amis à voir! Et les adieux à faire!

Mais le vieillard qui bégayait un peu, l'homme timide et irrésolu en apparence, sut appeler à son aide en ce moment décisif la brutalité d'un dentiste :

« Pas d'amusette! dit-il. Les amis ne donnent pas à manger. Les adieux entraînent des explications à n'en plus finir, et ils laissent quelquefois des regrets. Sortez d'ici par un plongeon; c'est la seule méthode. On parlera pendant huit jours, et le neuvième, Paris vous aura oubliés comme si vous étiez morts. Choisissez vite les hardes qu'il vous faut, et laissez-moi vendre le reste. Je payerai vos domestiques et je les renverrai tous. Ils sont trop grands seigneurs pour vivre à Romanchard. Songez donc, malheureux enfants, que votre nouveau revenu ne suffirait pas à entretenir votre ancienne écurie. Ah. tant pis! Je ne mâche pas la vérité. Et j'ajoute que vous vivrez mieux là-bas que vous n'avez jamais vécu ici. Pourquoi? Mais c'est tout simple. A Paris, on vit pour les autres; dans le pays où je vous expédie, on vit pour soi !

— Eh! c'est impossible ! dit Gontran. Rien ne m'attache ici, mais encore faut-il que je termine mes affaires!

— Je m'en charge. Dressez-moi seulement la liste, et vous verrez comme je mène ça! »

Gontran sourit dans sa moustache en pensant que le premier mot de la liste demandée était l'affaire Saint-Chamas. Mais au même instant il se souvint que ses deux amis l'attendaient chez le baron de Tour-Mallet.

« Mon cher oncle, dit-il, si nous devons partir ce soir, il n'y a pas une heure à perdre. Je vous laisse avec Valentine ; occupez-vous ensemble, tandis que je cours au plus pressé. Et tenez pour certain que si le départ est retardé de mon fait, c'est que je n'aurai pu faire autrement. »

Là-dessus il embrassa Valentine, serra la main de M. Fafiaux et prit l'essor.

Chemin faisant, il s'aperçut que ses idées avaient revêtu une couleur nouvelle. Cette affaire Saint-Chamas, qu'il avait cherchée, il ne la voyait plus des mêmes yeux. Ce n'était pas seulement parce que la vie lui était plus chère depuis qu'il avait fait sa paix avec Valentine. Non, mais il venait d'entrer ou de tomber dans la vie sérieuse, et quoiqu'il n'eût pas encore fait œuvre de ses dix doigts, il avait virtuellement cessé d'être un oisif. Or les querelles inutiles sont le fruit naturel de l'oisiveté, de la vie turbulente et vaine, de ce perpétuel étalage de soi qui condamne l'homme du monde à parader sans cesse devant un petit public. Celui qui n'a d'autre affaire ici-bas que de faire partager à mille autres individus la bonne opinion qu'il a de sa personne est beaucoup plus chatouilleux que l'homme utile. Non-seulement il a le cuir moins endurci, mais il a les nerfs bien autrement irritables. Lorsqu'on est affranchi de toutes les occupations qui remplissent la vie laborieuse, lorsqu'on s'est désintéressé soi-même des recherches et des discussions qui tendent au mieux de l'humanité, on n'en est pas plus libre : au contraire. On tombe sous le despotisme inexorable des riens.

Voilà pourquoi le comte de Mably, qui attachait hier une importance capitale à un feuilleton décousu, amphigourique et oublié; lui qui, la veille encore, voyait un ennemi à tuer dans un pauvre plaisant qu'il ne connaissait pas ; lui qui s'acharnait au duel et qui avait la fièvre de l'épée, devint en moins d'une heure un homme raisonnable, indifférent aux balivernes et juste appréciateur des choses. Il éprouva le même effet que le joueur au sortir du jeu. Tant qu'on est devant le tapis vert, on regarde les pièces de vingt francs comme des jetons, des cailloux, des unités faites pour croître et décroître en nombre; aussitôt qu'on sort dans la rue, on se rappelle que chacune de ces unités représente du pain, des livres, des meubles, des tableaux. Et le joueur dégrisé se demande avec une sorte de remords comment il a pu faire si bon marché de tant de choses utiles, bonnes ou belles. Les mêmes individus qui jouent leur or sans réflexion sont enclins à jouer leur vie sans cause utile. C'est que pour un oisif la vie n'est qu'un jeton ; pour celui qui travaille, elle est une monnaie.

M. de Tour-Mallet n'avait pas assisté à l'entretien de Gontran avec M. Faflaux ; il ne savait pas que son client dans l'affaire Saint-Chamas était conquis depuis une heure à l'industrie papetière ; mais le peu qu'il avait aperçu de la scène finale l'avait affermi dans ses intentions pacifiques. Ce n'est pas seulement l'inaction des bras et le vide du cerveau qui nous poussent aux sottes querelles, c'est aussi l'oisiveté et la sécheresse du cœur. L'homme qui vient de s'attendrir à fond dans une réconciliation de famille n'est pas d'humeur à se monter la tête pour un rien. Lorsqu'un monsieur vous donnera sa carte à l'orchestre d'un théâtre pour un petit banc déplacé ou le coin d'un programme qui lui est entré dans l'œil, pariez à coup sûr qu'il n'a pas assisté ce matin-là à la naissance de son fils ou au mariage de sa fille.

On décida d'un commun accord que M. Saint-Chamas n'était pas un coupable digne des derniers supplices, et Gontran, si roide la veille, remercia ses amis de l'avoir été moins que lui.

Lorsqu'il revint chez lui Valentine et M. Faflaux présidaient aux emballages ; une grande activité régnait dans tout l'hôtel. Les gens ne devaient être congédiés que le lendemain ; ils croyaient à un simple caprice de leurs maîtres ; ils firent donc la besogne en conscience et n'imitèrent point les valets d'Adhémar qui avaient mis moitié de la maison dans leurs poches.

Cette soirée fut rapide comme une minute ; on

dîna gaiement sur le pouce; le travail, le mouvement, le bruit, quelques baisers de Valentine étourdirent si bien Gontran qu'il n'eut pas le temps de s'attendrir sur lui-même et de déplorer son exil. Lui qui avait senti si vivement la joie de retrouver Paris, il ne sentit pas la douleur de le reperdre.

VII

ÉPILOGUE

Le printemps de 1865, quoiqu'il soit venu un peu tard, est un des plus beaux dont il nous souvienne. Or, quand une saison est simplement belle à Paris, elle est admirable en Dauphiné. L'or fluide du soleil a cent fois plus de prix lorsqu'il éclaire des ravins profonds, des montagnes altières, des vallées fertiles encadrées de nobles forêts. Vers le milieu de juin, par une éblouissante matinée, un modeste char à bancs descendait au petit trot la route de Romanchard à Grenoble. C'était la vraie voiture de familles campagnardes, un peu lourde, un peu grossière dans ses formes, repeinte en vert tous les deux ou trois ans, écaillée çà et là, dure à monter, dure à descendre, mais d'une solidité à toute épreuve, munie d'une bonne mécanique en prévision des pentes rapides, et surtout large et longue à loger six personnes, voire huit dans un besoin pressant. La grosse jument normande avait été choisie pour sa force et non pour sa grâce, elle n'eût point paru déplacée devant un omnibus de Paris.

Cet équipage inélégant avait trois sièges parallèles, dont deux, le premier et le dernier, étaient de vrais coffres, assez vastes pour contenir tout un repas, dans les parties de campagne. La banquette intermédiaire n'était qu'une planche suspendue par deux courroies et couverte d'un coussin très-sommairement rembourré.

Sur le coffre d'avant siégeait un bon gros garçon de ferme, remplissant les fonctions de cocher. Son costume de velours vert à boutons de bronze uni ne visait point à la livrée. Cependant la casquette de drap était cerclée d'un vieux galon d'or.

Le fond de la voiture était rempli par un couple encore jeune et d'une remarquable beauté, mais évidemment détaché des vanités de la mode. La femme, vêtue d'une robe et d'une casaque de mohair gris tout uni, ne portait pas de tricorne. Son toquet de paille, enrichi des dépouilles d'un couroucou, datait de 1864. Le mari, grand et svelte, avait un costume de demi-drap bleu clair et un chapeau de feutre mou sans jarretière alentour et sans plume à la boucle. Le seul luxe de son accoutrement consistait dans un nœud de ruban rouge tout petit, mais très-frais, à la boutonnière de l'habit.

Deux jolis petits garçons en blouse grise et en chapeau de paille étaient assis sur la banquette intermédiaire, le visage tourné vers leurs parents. L'aîné pouvait avoir six ans et l'autre trois ou quatre.

Ils avaient le teint hâlé comme deux petits paysans, et ils étaient si gamins qu'ils se fussent jetés cent fois sur la route si les parents n'avaient eu soin de les gourmander à chaque instant. Le cadet s'appelait Valentin, l'aîné Gontran, comme son père. Mme de Mably était sans cesse occupée à rajuster la cravate de l'un, à rabaisser la ceinture de l'autre.

« Tenez-vous donc bien, disait-elle, ou sinon qu'est-ce que votre cousin pensera de vous? »

Je dois dire que les bambins ne se battaient pas; mais ils s'aimaient trop, et ils s'embrassaient comme deux petits diables, et c'est cela qui n'arrange pas les chapeaux de paille tout neufs !

Les parents ne s'embrassaient pas, mais ils échangeaient de temps en temps des regards chargés de tendresse. Quelquefois Valentine ôtait son gant pour serrer à la dérobée la main nue de son mari. Jamais, je pense, ils ne s'étaient aimés davantage; jamais ils n'avaient été si heureux. Cependant un nuage rapide voilait de temps en temps le sourire de la jeune femme. Le mari, accoutumé à lire dans ses yeux, lui disait :

« Je sais à qui tu penses.

— Eh bien, oui, répondait-elle. Cette Manon est si enfant ! si elle allait du côté de la fabrique avec ma fille ! un malheur est sitôt arrivé !

— Mais, grande enfant toi-même, n'avons-nous pas deux cents ouvriers qui se feraient couper en morceaux pour ta fille ou pour toi?

— C'est vrai ; les braves gens !

— Ils sont ce que tu les as faits. Tu es bonne pour eux, tu les soignes quand ils sont malades, tu leur donnes une bibliothèque et une école du soir.... donc ils t'aiment.

— C'est toi qu'ils aiment, qu'ils admirent; et ils ont bien raison. Que suis-je? une pauvre petite bonne à rien !

— Tu es un grand baby d'ange ; et *puis pas mais*, comme disait feu ton oncle. »

Le petit Gontran dressa l'oreille au dernier mot :

« Dis donc, papa, les cousins, ça vient des oncles, tu m'as dit ?

— Je t'ai dit que si tu avais un oncle, ses enfants seraient tes cousins, oui.

— Alors, mon cousin Lambert qu'on va chercher, c'est le fils de tonton Faflaux qui est mort? »

Il fallut un quart d'heure d'explication pour expliquer à l'innocent ce problème de famille.

« Écoute bien, lui dit le père en terminant : tu ne demanderas pas à ton cousin pourquoi il est en deuil. Il vient de perdre sa mère.

— Et ça le ferait pleurer, je comprends. »

On l'embrassa pour sa réponse et l'on parla d'autre chose. Mme de Saint-Génin était morte depuis un mois. Lambert avait écrit à son cousin pour lui donner cette nouvelle; Gontran n'avait pu se dispenser de répondre et la correspondance ainsi engagée avait amené un rapprochement. Le pauvre Saint-Génin ne s'était jamais consolé d'une si bonne et si chère amitié perdue par sa faute. Toutes ses démarches indirectes ou directes avaient échoué l'une après l'autre, non devant la rancune mais devant la sagesse de Gontran. Maintenant il était seul au monde, usé, morose et même goutteux par accès : tout se paye. Après la mort de sa mère, il oublia tout ce qu'il avait souffert par elle et ne se rappela que le bien : c'est le propre des bons cœurs. Alors il écrivit à son cousin une lettre vraiment touchante où il disait :

« Dans quels bras irai-je me jeter, si tu me fermes les tiens ? »

Gontran lui répondit :

« Arrive ! »

Il arrivait.

Gontran, sa femme et ses enfants obtinrent sans difficulté d'aller attendre leur cousin sur le quai de la Gare : l'usine de Romanchard est une forte cliente du chemin de fer, car elle n'expédie pas moins de 5000 kilos de papier par journée. Et M. de Mably, gérant de la maison, décoré depuis un an pour une invention remarquable, est en voie de devenir un personnage à Grenoble et dans le département.

Le train arriva, les freins crièrent, les portières s'ouvrirent, mais Valentine et Gontran eurent beau s'écarquiller les yeux : parmi les voyageurs qui se pressaient vers la sortie, il n'y avait rien qui ressemblât à Lambert.

« Eh ! sacré nom ! s'écria une grosse voix larmoyante, je suis donc bien changé, que vous ne me reconnaissez pas ? »

En effet, il était cruellement changé, le pauvre diable. Sa figure s'était épaissie et son corps avachi. Le puissant estomac qu'il portait haut et fier, comme un gallinacé, était descendu plus bas que la ceinture ; on pouvait sans offense lui donner le nom de ventre. La tête s'était dégarnie de cheveux ; la barbe grisonnait à faire peur; la bouche se démeublait grand train. Ce beau chasseur qui abattait autrefois ses douze ou quinze lieues par jour étayait son pas lent sur un énorme rotin.

Enfin! Tel qu'il était et malgré les ravages de ce suicide ruineux qu'on appelle par excellence *la vie*, c'était encore un des plus braves cœurs qu'on pût rencontrer ici-bas. Gontran lui jeta les bras autour du cou et l'embrassa sur les deux joues; Valentine lui tendit son frais visage; les bambins lui firent fête, et tout le monde pleura un peu, même les deux petits qui ne savaient pas trop pourquoi. Il les tint un moment sur ses bras, à la hauteur de son visage; car les bras étaient toujours bons.

« C'est toi qui t'appelles Gontran? dit-il à l'aîné.

— Oui, mon cousin.

— Eh bien! c'est toi qui aurais dû être mon filleul. Je t'en veux pas, mon gros, c'est pas ta faute. Et maintenant, trop tard! Va te faire fiche! Mais n'importe : tu seras mon camarade, hein?

— Tant que tu voudras!

— Merci!... Toi, tu es Valentin?

— Valentin de Mably, à Romanchard (Isère).

— Bravo! c'est l'orateur. L'autre sera capitaine. Capitaine, orateur, nous allons ensemble aux bagages chercher quelques bibelots qui sont arrivés pour vous. »

Les enfants poussèrent des cris de joie.

« Fermez vos petits becs. Ce n'est que le commencement. Je vous laisserai bien autre chose plus tard... dans pas longtemps. Vous êtes tout ce que j'ai de famille. Dis donc, vieux! te rappelles-tu le

jour où je suis allé te chercher à la gare de Lyon ?
Comme c'est loin de nous, mon bonhomme ! »

Gontran lui serra la main pour toute réponse.
Puis il pencha la tête et rentra un moment en lui-même, ce que les hommes d'aujourd'hui ne font peut-être pas assez souvent. Il se rappela le triste soir où il avait quitté Paris, croyant aller en Crimée; il revit la bonne figure qui l'avait embrassé si cordialement à la gare de Lyon; tous les invités de la Balme, dont plusieurs étaient morts depuis, ou même enterrés avant la mort, comme Éliane de Batéjins, défilèrent silencieusement à sa vue; il se reporta à la scène de la bibliothèque et crut entendre la voix de son cousin répondant au père Benot : « Non! car elle aime Gontran et elle en est aimée! » Toutes ces choses se mirent à revivre dans la mémoire de son cœur; il se dit que si Lambert, au lieu de dire non, avait répondu oui, la vie aurait tourné bien autrement pour plusieurs personnes; que lui-même serait peut-être capitaine dans la ligne ou commandant par la force des protections, mais qu'il ne serait pas le mari d'une femme si belle et si bonne, ni le père de trois enfants que tout le monde lui enviait. Il pensa que Lambert, s'il avait accepté la main de Valentine, serait probablement resté plus intact. Et lorsqu'il eut repassé dans son esprit ces divers événements, les petits scandales de Carville lui parurent bien peu de chose, et il se sentit plein d'indulgence pour les imperfections physiques et morales de ce pauvre Saint-Génin.

La jeune femme avait sans doute contracté l'habitude de penser avec son mari, car elle devint aussi toute mélancolique au souvenir des mêmes choses. Ce que voyant, Lambert toussa, s'ébroua, se moucha, ramassa les enfants qu'il avait mis par terre et courut avec eux à la salle des bagages où il trouva sa malle et toute une boutique de joujoux. Les vieux garçons ne savent pas acheter les joujoux : non-seulement ils les payent deux fois plus cher qu'une maman, mais ils en prennent toujours trop et de trop beaux, et ils étonnent les enfants plus qu'ils ne les amusent. Il faut savoir aussi que les vendeurs de cette marchandise sont particulièrement inhabiles au travail de l'emballage et qu'ils font avec rien un volume effrayant. Je le dis parce que le cocher Dominique passa plus d'un quart d'heure à entasser dans les deux coffres toutes les libéralités du voyageur. Quant à la malle, elle ne tenait pas trop de place, et il put la loger sous ses pieds, sans gêner le tourniquet de la mécanique.

Cela fait, on se mit en mesure de retourner à la maison. Lambert ne prit que le temps de vider deux bouteilles de bière pour abattre, disait-il, la poussière du chemin. Valentine le fit asseoir à sa gauche; Gontran fit face à madame pour qu'elle pût appuyer ses pieds sur la banquette mouvante; le petit Valentin, l'orateur, se fourra dans la poche de son père, et l'aîné passa sur le devant, à gauche de Dominique, ce qui fut une grande joie, car on lui permettait de toucher les rênes et il croyait conduire le gros cheval à lui tout seul.

Il n'y a qu'une promenade d'une heure et demie entre Romanchard et Grenoble, mais le retour prend deux bonnes heures, car la route va toujours montant. On causa donc beaucoup et l'on passa bien des gens en revue.

Depuis tantôt sept ans que les Mably vivaient hors du monde, ils n'avaient pour ainsi dire entendu parler de rien. Ils ne savaient ni la ruine de M. de Girenseigne, littéralement dévoré par son écurie d'entraînement, ni le procès scandaleux de Mme de Champsaison, condamnée pour escroquerie sur la plainte de cinq ou six marchands de Paris, ni la fin bizarre de M. de Sombrevaux, qui, par un caprice héroïque, était allé mourir de vieillesse à la bataille de Castelfidardo.

« Mais tu ne lis donc pas les journaux? demandait Lambert à Gontran.

— Si, quand j'ai le temps.

— On a toujours trop de temps à la campagne. Que fais-tu donc?

— Je travaille. Tu verras!

— Et vous serez étonné, ajouta Valentine. Il est devenu un homme pratique, un industriel de premier ordre, un officier supérieur dans la grande armée du progrès.

— Tout en faisant du papier? La bonne farce!

— Mais c'est précisément parce qu'il fait du papier. Voyons, mon cher cousin, j'aime à croire que vous connaissez la question des drilles!

— Quels drilles? Les bons drilles? J'en suis, cousine, ou du moins, j'en étais.

— Les drilles sont des chiffons, monsieur, les chiffons de chanvre ou de lin, dont on fait le bon papier. C'est une marchandise horriblement chère, et dont le prix va croissant de jour en jour. Eh bien, mon adoré petit mari a trouvé le moyen de remplacer les drilles par quelque chose d'aussi bon et qui coûte beaucoup moins.

— Ah! ah!... Et qu'est-ce qu'on a pu inventer d'aussi précieux que mes vieilles chemises?

— Les déchets des filatures de jutes! Mais je parie encore qu'il ne sait pas ce que c'est! C'est incroyable : un gros homme!

— Ce qu'il y a de plus incroyable, ma cousine, c'est qu'une jolie petite femme comme vous se débrouille si bien dans ces histoires-là.

— Une femme s'intéresse au travail de son mari, à l'avenir de ses enfants, à l'honneur de son nom! Car enfin la mise en œuvre des déchets que vous méprisez nous a fait plus d'honneur que tous les coups d'épée distribués par les Mably dans les diverses croisades. Il en reste quelque chose, mon cousin, et de vos croisades qu'en reste-t-il? »

Lambert ouvrait de grands yeux, et plus il regardait, moins il reconnaissait sa cousine. Ce n'était pas qu'elle eût vieilli ni changé à son désavantage; au contraire. Sa figure avait pris un caractère plus grave et plus rassis, mais elle n'avait jamais été si belle.

On parla de ce pauvre Odoacre de Bourgalys, qui boitait depuis sept ans et que le chirurgien déclarait incurable. Sa blessure s'était compliquée d'un rhumatisme très-douloureux, sous le ciel humide de Carville. Après un an de soins, la jambe droite avait maigri, et l'atrophie avait persisté malgré les bains de sang, l'électricité et la gymnastique. Il avait conscience de son état et disait ironiquement aux amis : Je ne suis plus bon qu'à marier.

On parla des Adhémar qui végétaient toujours en famille dans le château de M. Gilot. Yolande était devenue énorme, elle vivait pour manger. Les enfants, élevés en dépit du sens commun, commençaient à donner de sérieuses inquiétudes. L'aîné, ce petit prodige, avait été chassé de neuf ou dix pensionnats ; on espérait le faire dompter par les jésuites. M. Gilot, l'ancien notaire, tombait en enfance ; sa femme était le grand ressort de la maison : elle trouvait moyen de faire un restant de figure avec dix mille francs de rente. Adhémar poursuivait toujours la fortune, mais avec plus d'obstination que de succès. Il trouvait sept idées par semaine et la moindre était de force à décupler un million dans l'année. Or les millions abondent autour de la forteresse des Gilot, mais par malheur on n'y rencontre que des millions suisses, très-sages, très-timides, plus soucieux de se conserver que de se décupler en un an. Peut-être aussi les financiers de l'Helvétie se rappelaient-ils les aventures de la maison Adhémar et Gilot :

« Ces gens-là ont pris l'argent français pour l'emporter en Suisse ; qui sait s'ils n'auront pas la fantaisie de tenter l'opération inverse et de conduire nos millions à Paris ? »

Éliane avait quitté Paris avec neuf ou dix autres personnes de condition, toutes veuves de maris vivants, ainsi qu'elle. Ces délaissées s'étaient réfugiées à Rome, sur le mont Aventin, où elles fondaient un ordre. Le marquis vivait noblement, simplement, comme par le passé. Tout son revenu consistait dans une pension de quatre mille francs, il se logeait, s'habillait, payait sa cotisation du club, et faisait quelques menues largesses aux jouvencelles de l'Opéra. Ce problème paraîtrait insoluble si l'on ne connaissait le dévouement héroïque de la petite duchesse de Haut-Mont. Cette femme évaporée entre toutes a mûri du jour au lendemain : elle a trouvé un cœur sous ses falbalas, et elle l'a consacré au service de son noble frère. Elle n'a pas même offert au marquis de le recueillir chez elle, car un Lanrose ne doit pas jouer le rôle d'un parent pauvre ; elle a sollicité la grâce de vivre auprès de lui, chez lui. Rompant avec ses habitudes de soixante-quinze ans, abandonnant son cher petit hôtel de la rue Cassette, elle s'est faite la gouvernante du grand vieillard ; elle dépense un million de malices pour lui faire partager ses quatre-vingt mille livres de rentes. L'hôtel Lanrose est démoli ; la forêt patrimoniale du même nom a été rachetée par une bonne maison de Bretagne. Le marquis ne paraît ni abattu ni vieilli. Il est plus recherché que jamais dans les salons du faubourg. Les jeunes gens de sa caste l'entourent, l'écoutent, l'admirent et ne l'imitent pas assez, malheureusement. Ceux qui connaissent le détail de ses malheurs sont en extase devant l'imperturbable égalité de cette âme. Jamais il ne s'est plaint de rien ni de personne : ses jugements respirent la bienveillance ; seulement il évite de parler famille. On dit qu'il a porté le deuil deux années entières après avoir perdu sa femme et son fils.

Valentine et Gontran écoutaient ces nouvelles de leur monde avec plus de curiosité que d'émotion.

Ils avaient l'air de lire un journal intéressant, daté de Washington ou de Nankin.

Midi sonnait à l'horloge de la fabrique lorsque le char à bancs enfila l'unique rue de Romanchard. Le village peut avoir un kilomètre de long; il se compose de deux cents feux semés à droite et à gauche de la route départementale. La fabrique est au bas, jetée sur un torrent d'une grande puissance qui a de l'eau pour dix turbines en toute saison. C'est M. de Mably qui a pour ainsi dire réglé son cours en barrant une vallée voisine de la source. L'eau des neiges s'arrête au printemps dans un lac artificiel de cent cinquante hectares, et l'on économise ainsi une provision considérable pour les sécheresses de l'été. Les maisons de la commune sont presque toutes neuves; M. de Mably les a construites pour ses ouvriers qui, moyennant un ou deux francs d'économie par semaine, deviennent propriétaires en moins de dix ans. L'eau et le gaz affluent directement dans ces jolies petites cabanes, chacune a son bec et son robinet presque gratis. Une vaste halle qui s'élève au milieu du village sert à la fois de magasin et de cuisine à la société de consommation. C'est une commission choisie entre les ouvriers qui pourvoit aux approvisionnements de toute la commune; les ménagères apportent leurs aliments à une chaudière perfectionnée qui cuit en vase clos, pour un centime ou deux, le repas d'une famille.

Gontran expliquait tout à son cousin sans descendre de voiture; il lui montrait comment la prévoyance d'un patron qui veut le bien peut améliorer le sort d'une population ouvrière, instruire les trarailleurs, les moraliser, les assurer contre le chômage forcé des maladies, préparer des ressources pour leur vieillesse et même accumuler un petit capital à l'usage de leurs enfants. Il insistait sur le plus beau côté de cette révolution économique, qui est de procurer le bien-être du pauvre sans attenter à sa liberté.

« Mais, s'écria Lambert, tu es donc comme ces gentilshommes du temps de Molière, qui savaient tout sans avoir rien appris?

— Non, dit Gontran, si nous savons enfin quelque chose, c'est que nous avons appris tous les jours. Mais il y a du vrai dans le raisonnement de Molière et nous l'avons constaté par nous-mêmes. Si un simple Dorante était plus apte que Vadius et Trissotin à juger les ouvrages de l'esprit, c'est que son bon sens tout rond n'était pas infecté par la fausse science des cuistres. Ce qui nous a le plus puissamment aidés à faire un peu de bien dans ce village, c'est que nous y sommes arrivés sans théories toutes faites, sans idées préconçues, sans préjugés acquis, avec la simple lanterne du bon sens. Le pauvre oncle Faflaux et ses amis MM. Santis avaient dépensé beaucoup d'argent et d'intrigue à travailler les pauvres gens que j'occupe; ils les avaient prêchés, catéchisés, enrôlés, distribués sous trois ou quatre bannières; ils donnaient aux uns des prix de sagesse et aux autres des admonestations publiques; ils les *sciaient* si bien (en langage d'atelier), que j'ai trouvé en arrivant une grève toute prête. Moi qui ne savais rien et qui n'apportais pas un plan compliqué dans ma poche, j'ai rompu, par ignorance, avec le vieux système, qui sur dix honnêtes gens faisait cinq hypocrites et cinq rebelles. Et tous ces gaillards-là me regardent comme leur père depuis que je ne les traite pas en enfants. »

Il était facile de voir que M. de Mably n'exagérait pas sa popularité. Les ouvriers sortaient de la fabrique et leur salut, cordial sans flatterie, respectueux sans bassesse, faisait à lui tout seul l'éloge du gérant.

« Mais sapristi! cria Lambert au bout du village, c'est un château que vous habitez! On ne m'avait jamais dit ça. »

Il avait aperçu devant lui, dans le prolongement de la route, un énorme bâtiment construit dans le style de Versailles au milieu de cinq ou six terrasses plantées de tilleuls.

Gontran sourit. « Ce que tu vois, dit-il, est l'abbaye de Romanchard; on l'aurait à bon marché : il y a plus de quarante ans qu'elle est à vendre. Mais je n'y réclame rien. Adieu, châteaux et abbayes! Rien que pour meubler ça, il faudrait un demi-million, et nous n'y serions jamais aussi bien que chez nous. N'est-ce pas, Valentine? Tourne les yeux à gauche, mon bon! Voici le nid. »

Au même instant, le cocher serrait la mécanique et la voiture, quittant la route, s'engageait entre deux massifs d'épicéas. On voyait au bout de l'avenue une petite tourelle à pignon et une maison d'un seul étage. La glycine, le lierre, la vigne vierge couvraient tout, si bien que les portes et fenêtres semblaient découpées à coups de sécateur dans une épaisse verdure.

« Cré nom! dit Lambert. Tu as raison; c'est un nid. »

Valentine ajouta : « Et voyez-vous le petit oiseau bleu qui bat des ailes sur la porte? C'est votre petite cousine, mon cher cousin. Comme je vais m'en donner de t'embrasser, ma chérie! Elle va bien, Manon?

— Très-bien! madame. »

Les garçons se précipitèrent hors de la voiture et coururent à leur petite sœur; on se la passa bientôt de mains en mains, et elle rit à tout le monde, excepté au nouveau venu, dont la barbe grisonnante lui faisait peur. Elle avait un an, cette poulette; elle marchait un peu, elle disait quatre ou cinq mots, et elle avait sa grande petite chaise à table depuis un mois qu'elle ne tétait plus.

Tandis que le cocher, après avoir vidé les coffres dans la cour, prenait son cheval par la bride et remontait entre les épicéas vers l'écurie et la remise, Gontran mena Lambert à la chambre qu'on lui avait préparée. Le pauvre Saint-Génin poussa un cri d'admiration. Ce n'était pas que le mobilier fût splendide : la tenture était de papier blanc à fleurs bleues comme la perse des rideaux; le lit et les chaises de bois dur, peint en blanc, style Louis XVI, n'offraient rien de particulièrement riche; mais l'unique fenêtre s'ouvrait sur un paysage féerique : un beau jardin anglais, terminé par une pelouse d'un kilomètre, traversé par le torrent écumeux de la fabrique et encaissé entre deux montagnes couvertes de forêts! Jamais Lambert n'avait rien vu de si beau, de si frais, de si riche.

« Sais-tu bien, cria-t-il, que cela vaudrait des millions à Paris ?

— Le tout n'a pas coûté 26 000 francs, mon brave homme ! J'en parle savamment, car la propriété, qui nous était louée dans le début, est payée sur nos économies depuis 1863.

— Mais tu y as dépensé un argent fou ?

— Au contraire ; je n'y ai mis que du temps et du soin, c'est-à-dire l'argent du sage. C'est un beau luxe, pas vrai, toutes ces plantes grimpantes qui tapissent la maison ?

— Royal !

— Eh bien, mon cher, le tout, pris à Grenoble, m'a coûté douze francs chez le pépiniériste. Mais je m'en occupe à temps perdu depuis sept ans.

— C'est inouï. On ne sait pas comme on pourrait être heureux à bon marché, dans la vie.

— Je t'avoue entre nous que je ne m'en doutais guère en arrivant ici.

— Est-ce que toute ta maison est installée aussi élégamment que ma chambre ? Ah ! tu t'es dérangé pour moi !

— Tu verras bien que non. C'est Valentine qui a pris soin de tout, et comme nous n'avions pas grand'chose à nos débuts, elle s'est ingéniée. L'oncle Faflaux, en nous fourrant ici, nous a prêté deux cent mille francs, sans intérêts, mais défense d'y toucher. L'argent était placé dans la fabrique. La liquidation de nos affaires, par ce voleur de Damidoux, ne nous en a laissé que cinquante mille. Sur ce chiffre, j'avais une vieille dette de quarante mille francs à payer en l'étude de Vaucelin. Le créancier n'a pas voulu de mon argent, quoiqu'il n'en eût pas de reste ; les pauvres en ont profité, c'est parfait ; reste à dix mille. Nous en avons placé moitié, le reste a servi à nous monter, modestement, comme tu penses, en linge et argenterie. Ah! dame, il a fallu vivre un peu serré dans les premiers temps. La fabrique ne donnait pas quinze pour cent du capital, comme aujourd'hui. C'était cinq, puis sept et demi, puis dix, jusqu'à mon invention. Mon travail personnel était payé dix-huit cents francs pour commencer ; je faisais les fonctions de gérant, mais je n'avais ni les émoluments, ni le titre. Eh bien, mon cher, nous n'avons pas fait un sou de dettes. Il n'y a eu qu'un moment difficile à passer, la naissance de Gontran. L'accoucheur de Grenoble a pris cinq cents francs, la layette m'en a coûté mille ; c'était notre première année ; l'oncle avait cru se montrer généreux en nous envoyant cinq louis : nous avons eu du mal, mais enfin on a joint les deux bouts. Il faut dire que Valentine n'a pas sa pareille dans ces occasions-là : elle tire partie de tout ; elle fait une robe neuve avec deux vieilles. Je parie qu'elle ne s'est pas acheté pour cent louis en sept ans, et je veux que le diable m'emporte si elle n'est pas plus soignée à Romanchard qu'à Paris. C'est sa femme de chambre qui l'habille, et c'est elle qui a formé sa femme de chambre, comme sa cuisinière, du reste, et tous les gens de la maison. Je ne m'expliquerai jamais qu'une femme puisse enseigner la cuisine à une autre quand elle-même n'en sait pas un mot. Et pourtant, je l'ai

ı, ce miracle ! Moi qui mourrais de faim plutôt que de goûter à la ratatouille, je dîne ici, et mieux que rue Saint-Dominique ! Du reste, on nous appelle à la table : tu vas voir. »

Lambert se rhabilla et suivit son cousin clopin-clopant. La salle à manger était précédée d'un office littéralement tapissé de vieilles faïences. Le Rouen, le Moustier, le Haguenau, le Nevers, le Delft s'y serraient sur des étagères de sapin découpé ; douze grands plats de toute forme et de toute provenance cachaient le plafond. Six escabeaux de chêne sculpté et une piscine d'étain portant la date de 1670 complétaient avec un buffet Louis XIV l'ameublement de cette petite pièce.

« Que! luxe ! dit Lambert.

— Dis plutôt : quelle économie ! Quand nous sommes arrivés ici, les faïences et les vieux meubles abondaient encore chez le paysan. On les donnait pour rien ; mes premières assiettes, dénichées par Valentine, ont coûté trois francs la douzaine. Cette fontaine avec sa vasque et son dauphin représente le prix d'un lavabo moderne et laid. »

Les extases de Saint-Génin allèrent crescendo lorsqu'il vit la salle à manger. Ce n'était pourtant rien de vaste ni de seigneurial. Un plancher de bois blanc passé à l'huile, un plafond de plâtre teinté en gris clair, les parois tapissées d'un papier granulé qui imitait assez mal le cuir de Cordoue. Pour tout meuble, une table de vieux chêne et douze escabeaux anciens, deux grands buffets pareils en chêne sculpté sous Louis XIII, une étagère couverte de vieux cristaux et de faïences du siècle dernier ; une pendule Louis XVI sur sa console, un baromètre du même temps où les attributs de la vendange se relevaient en or; un grand tableau de nature morte qui n'était pas signé d'un maître. Certes on ne pouvait dire que tout cela fût bien scrupuleusement assorti. Sur la table, les faïences d'avant 89 juraient avec les cristaux neufs et l'argenterie moderne; le siége du petit enfant n'était pas de la même paroisse que les autres, et la lampe du milieu, plantée dans une grosse potiche de Faenza, était soutenue par une suspension outrageusement nouvelle. Mais toutes ces choses disparates se fondaient dans une harmonie charmante, n'en déplaise aux grands maîtres qui ont rédigé le code de l'ameublement.

La corbeille de fleurs, les assiettes de fruits printaniers, les fraises, cerises, groseilles et framboises, le vin de Bourgogne dans les carafes lisses, au ventre rond, l'eau du torrent voisin dans des aiguières au long col, la lumière qui entrait à grands flots par deux fenêtres ouvertes, la montagne verdoyante qui s'élevait presque à pic devant les deux fenêtres et fermait agréablement l'horizon, tout s'accordait en vertu de je ne sais quelle loi mystérieuse et concourait à produire une impression de joie et de paix. Il y a des intérieurs magnifiques, il y a des paysages splendides qu'on admire aujourd'hui et qu'on oubliera demain. Par quelle anomalie certains objets moins beaux et moins riches nous prennent-ils d'assaut et s'incrustent-ils à jamais dans notre souvenir?

Le repas fut d'une simplicité rustique, mais copieux et bon. Des œufs à la coque, des côtelettes rangées autour d'une montagne de pommes de terre frites, un jambon, une salade et un buisson d'écrevisses récoltées le matin même au pied de la maison.

Un seul vin, que Lambert jugea supérieur à tous les grands crus de sa connaissance... « Te moques-tu? lui dit M. de Mably. Je l'achète cent dix francs la pièce chez un honnête bonnetier de Mâcon, qui a des vignes. » Le baron de Saint-Génin vida trois fois sa petite carafe sphérique qui n'avait l'air de rien, mais qui tenait un bon litre, et lorsqu'on sortit de table il remarqua lui-même que ce singulier petit vin n'empêchait pas les gens de marcher droit.

On profita de ce qu'il avait encore des jambes, pour le promener dans la maison et dans le jardin. Valentine lui fit voir avec orgueil une cuisine énorme, étincelante de faïences, ruisselante de cuivres, remarquable par un grand luxe d'air, de lumière et d'eau. « C'est la plus belle pièce de la maison, dit-elle; une cuisine de château annexée à une chaumière. »

La jeune femme était beaucoup moins fière de son salon. C'était une grande pièce carrée, éclairée par quatre fenêtres, tapissée de reps rouge et garnie d'un meuble Louis XVI à médaillons de même étoffe. On y voyait beaucoup de belles choses, quelques tableaux anciens, un grand cartel très-riche, une table sculptée, des miroirs de Venise, une garniture de cheminée dont la Vénus de Milo et deux lampes de bronze antique faisaient les frais; le lustre était une charmante fantaisie du siècle dernier, et partout où les murs offraient un peu de place on avait accroché des appliques du goût le plus pur; mais l'ensemble était froid, pour ne pas dire triste. Ce salon n'avait pas l'air d'une pièce habitée. « En effet, dit Valentine, ceci est mon erreur. Nous n'avions pas besoin d'un salon, puisque nous ne voyons personne. Je me tiens dans le cabinet de Gontran, lorsqu'il travaille à la maison, et quand il n'y est pas, je cours partout sans me reposer, comme une âme en peine. »

L'appartement du premier étage comprend la bibliothèque, le cabinet de monsieur, et la chambre à coucher unique, séparée par un cabinet de toilette des deux chambres d'enfants. Tout cela est petit, petit, sauf le cabinet de Gontran qui serait à Paris une pièce magnifique. Cinq fenêtres, quatre énormes bahuts dont pas un n'entrerait dans nos appartements modernes; une incroyable profusion de bronzes, de tableaux, d'armes, de miroirs anciens, de curiosités précieuses et bien choisies. « Jour de Dieu! s'écria Lambert en entrant, mais c'est un musée de Cluny. Où diable as-tu volé tout ça, faux pauvre?

— Tout cela, mon ami, s'est payé principalement en monnaie anglaise.

— Quelle monnaie?

— Le temps. C'était l'oncle Faflaux qui nous avait mis dans nos meubles, et le pauvre homme professait un culte pour le noyer poli et l'acajou plaqué. Dès que je me suis vu un peu moins talonné par la besogne, j'ai songé à me remeubler selon mes goûts, les tiens, et ceux de tout homme civilisé. Le voisinage d'une abbaye qui fut riche à faire peur (elle possédait encore un millier de serfs sous Louis XV) m'induisit à penser que des reliques précieuses s'étaient éparpillées dans les chaumières des environs. J'ai cherché, j'ai trouvé; lorsque l'argent manquait, je faisais des échanges. Le bonheur a voulu que nos honnêtes voisins partageassent avec M. Fafiaux le fétichisme de l'acajou et du noyer poli. Voilà comment mes meubles se sont disséminés chez eux, tandis que les leurs se donnaient rendez-vous chez moi.

— Mais, dis donc! c'est que tu en as pour une fortune, on dirait!

— Qu'est-ce que ça me fait? penses-tu que je veuille m'établir marchand de bric-à-brac? On m'apporte encore de temps à autre un meuble rare ou curieux; je réponds que la maison est pleine et qu'il ne me faut rien de plus. »

La maison parcourue, Lambert vit le jardin, le potager, l'enclos qui nourrissait une vache et son veau, la basse-cour, la prairie étroite et longue où le foin achevait de mûrir. Il longea ce joli torrent qui travaillait de si bon cœur avec les ouvriers de la papeterie. On alla, on revint, on s'assit sur les bancs rustiques et quelquefois dans l'herbe. Les deux petits garçons se déployaient en tirailleurs sur les deux ailes de la famille avec leurs fusils neufs qui furent cassés en moins d'une heure. La petite rejoignit après sa sieste, puis le grand air la rendormit, on la reporta dans son berceau, et sitôt qu'elle y fut elle se réveilla de plus belle. Ces gros événements et quelques autres d'égale importance remplirent si bien le temps que tout le monde fut étonné d'entendre sonner huit heures. Lambert surtout refusait d'en croire ses oreilles. Jamais il n'avait vu journée si courte, quoiqu'il eût étudié toutes les manières de hâter la fuite du temps.

Il dîna comme il avait déjeuné, et, tandis que Valentine allait donner un coup d'œil à ses enfants, les deux cousins demeurèrent face à face, le cigare à la bouche, dans le cabinet de Mably.

« Çà, maintenant, dit Lambert, expliquez-moi un peu ce que vous faites ici ?

— Tu ne l'as donc pas vu ? Nous vivons. Je travaille ; Valentine élève les petits, nous nous aimons, nous sommes heureux, nous commençons à placer quelques sous pour l'éducation des bonshommes et la dot de mademoiselle : est-ce qu'il y a autre chose au monde ?

— Oui ; il y a Paris, Lyon, Grenoble, la société, le théâtre, les bals, les plaisirs, les succès, le diable et son train.

— Je le connais, ce train-là. Le diable peut le garder, je n'en veux plus.

— Mais ta femme ?

— Ma femme est, s'il se peut, plus raisonnable que moi.

— Vous ne regrettez rien, ni l'un ni l'autre ?

— Rien.

— Qui voyez-vous ici ?

— Personne. Il n'y a ni voisin ni voisine dans un rayon de trois lieues.

— Mais vous devez vous ennuyer quelquefois en hiver ?

— Es-tu bon ! Les journées de mai nous paraissent déjà trop courtes. C'est encore pis en hiver.

— Je sais bien que tu as ta fabrique ; et puis les

moucherons sont petits, ça occupe. Mais quand ils seront plus grands?

— Nous en aurons d'autres.

— Père Gigogne! Mais, ma cousine, qu'est-ce qu'elle dira de n'avoir pas une minute à elle?

— Elle a plus de temps à elle que tu ne crois, et la preuve c'est qu'elle lit cinquante à soixante volumes par an.

— Pour quoi faire?

— Pour s'instruire, mon bon, et aussi pour s'amuser.

— C'est bien passé, la lecture.

— A Paris, je le sais. Mais le point de vue change à la campagne. Essaye!

— Ça serait drôle.

— Commence seulement par les trois cents et quelques volumes d'Alexandre Dumas qui remplissent trois rayons, là-bas, tout à côté. Quand tu les auras lus....

— J'aurai une fière indigestion!

— Non; tu seras furieux d'être au bout et tu recommenceras. A moins qu'il te prenne fantaisie d'entamer un autre écrivain. Cela s'est vu, à la campagne. »

Huit jours après, Lambert mettait la maison à l'envers. Il venait d'achever les *Quarante-Cinq*, un roman du temps de la Ligue. L'action lui paraissait seulement entamée; il avait cherché la suite, il ne la trouvait pas, et il la réclamait à cor et à cri.

Un mois plus tard, le même Saint-Génin était aussi heureux et presque aussi occupé que Gontran. Il touchait à tout, s'intéressait à tout et s'amusait de tout. La fabrique n'avait plus de secrets pour lui; il savait la maison sur le bout du doigt; les animaux de la basse-cour et les arbres du jardin étaient pour lui autant de vieilles connaissances. Il passait des heures entières à jouer avec les enfants, il étudiait en son particulier la pêche aux écrevisses, il songeait à demander un permis de chasse pour l'ouverture, car ses jambes allaient beaucoup mieux. « Encore dix ans de cette vie, disait-il à son cousin, et je serai un homme comme un autre.

— Achète une propriété, marie-toi, fais comme nous, et le résultat me paraît certain.

— Tu sais bien que je ne me marierai jamais. Fini, mon pauvre vieux!

— Reste garçon, si tu veux, mais achète une terre.

— Tu me chasses donc?

— Non, mais tu dois comprendre que si je suis heureux de te garder quelques jours.. autant de jours que tu voudras, tu ne peux pas installer ta vie ici

— Et pourquoi ça? Ne suis-je pas ton cousin? Tes enfants ne sont-ils pas mes héritiers? N'ai-je pas été sur le point d'épouser Valentine? Ne suis-je pas assez riche pour que personne ne m'accuse de vivre à tes crochets? Je payerai pension.

— Es-tu bête, mon pauvre ami! Si tu n'avais pas dû épouser Valentine, si tu ne t'étais pas rallumé comme un collégien pour elle, si seulement tu étais un pauvre diable sans feu ni lieu, je te dirais : Demeure avec nous! Mais le monde est trop méchant pour que je lui donne une seconde fois ma famille en pâture.

— Ainsi, parce que j'ai fait une sottise à Carville, il faut que j'aille vieillir et crever tout seul dans un coin! Le monde! Mais qu'il regarde un peu comme j'ai le nez fait, et il verra si je ne suis pas la joie des enfants, la sécurité des parents, le repos des familles! Est-ce parce que j'ai cent cinquante mille francs de rente que tu ne peux pas me faire l'aumône de ta médiocrité? mais tu es plus riche que moi, car tu vis cent fois mieux que je n'ai jamais vécu.

— Le monde n'entre pas dans ces détails, malheureusement.

— Mais il est à cent lieues d'ici, le monde, heureusement. Et quand il serait sur mon dos, je lui dirais : « Allez au diable! J'ai roulé dans Lyon, dans Paris, dans toutes les grandes villes de France et je n'y ai pas trouvé un homme à aimer. J'en tiens un, je m'attache à lui, comme cousin, comme ami, comme chien, peu importe, mais je ne veux pas le lâcher, parce que maintenant je ne pourrais plus vivre sans lui.

— Mon pauvre ami, quand tu m'auras ému, nous n'en serons pas plus avancés : ce n'est pas moi que tu as à convaincre. Crois-moi, brisons là. Je ne te chasse point, tu t'en iras quand tu voudras, tu reviendras bientôt, souvent, et tu seras toujours reçu à bras ouverts. »

Lambert n'a pas appelé de cette décision; il est donc entendu que le pauvre garçon fera sa malle un jour ou l'autre. Mais il ne l'a pas encore faite, et je crains que son départ, s'il a lieu, ne fasse pleurer les trois enfants. Ces innocents adorent leur vieux cousin; ils voient en lui quelque chose comme un grand-père.

FIN

TABLE DES MATIÈRES

I.	Éliane	1
II.	La Chute	49
III.	Le Mari	119
IV.	L'éclat	165
V.	Où ce bon M. Faflaux récolte ce qu'il a semé	209
VI.	La Liquidation	281
VII.	Épilogue	333

FIN DE LA TABLE DES MATIÈRES.

COULOMMIERS
Imprimerie Paul BRODARD.

www.ingramcontent.com/pod-product-compliance
Lightning Source LLC
Chambersburg PA
CBHW050308170426
43202CB00011B/1823